Zeit zum Wandern

SCHWÄBISCHE ALB

Die **40** schönsten **Wanderungen** – **GPS-Tracks** zum Download – **Top-Touren** zu sagenhaften Ruinen und spannenden Höhlen – **Highlights** der Region

PETER FREIER

BRUCKMANN

Inhalt

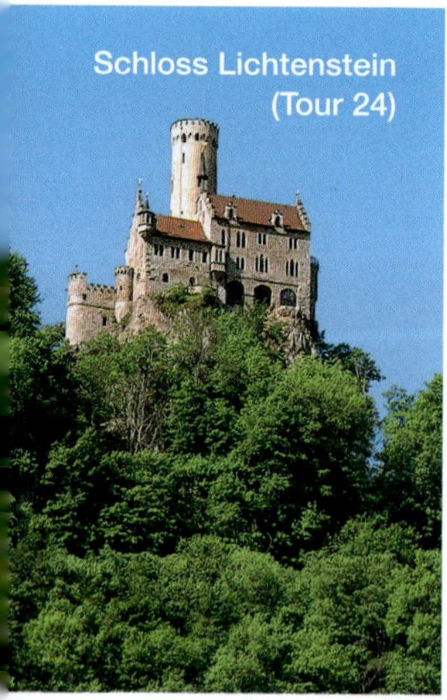
Schloss Lichtenstein (Tour 24)

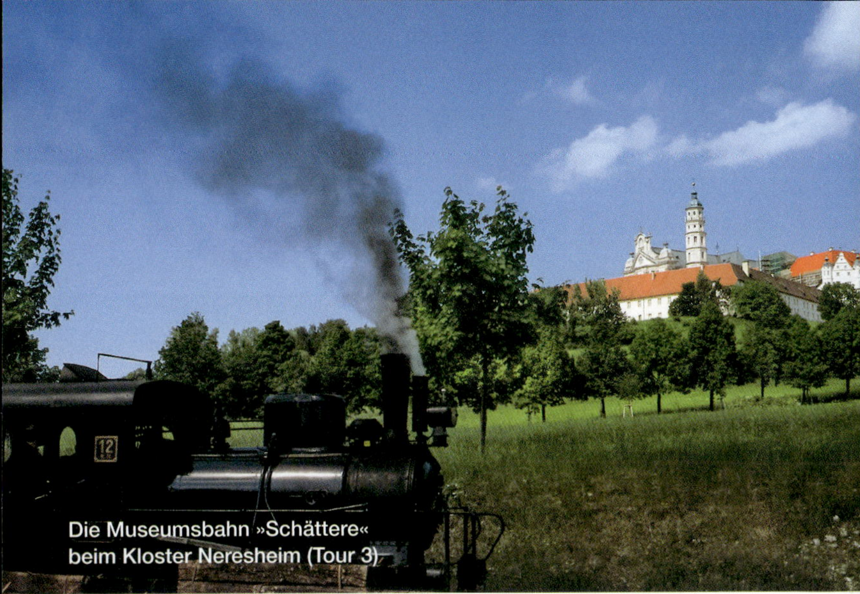

Die Museumsbahn »Schättere« beim Kloster Neresheim (Tour 3)

Mehr entdecken

Top 5: Mühelose Anstiege ... 106

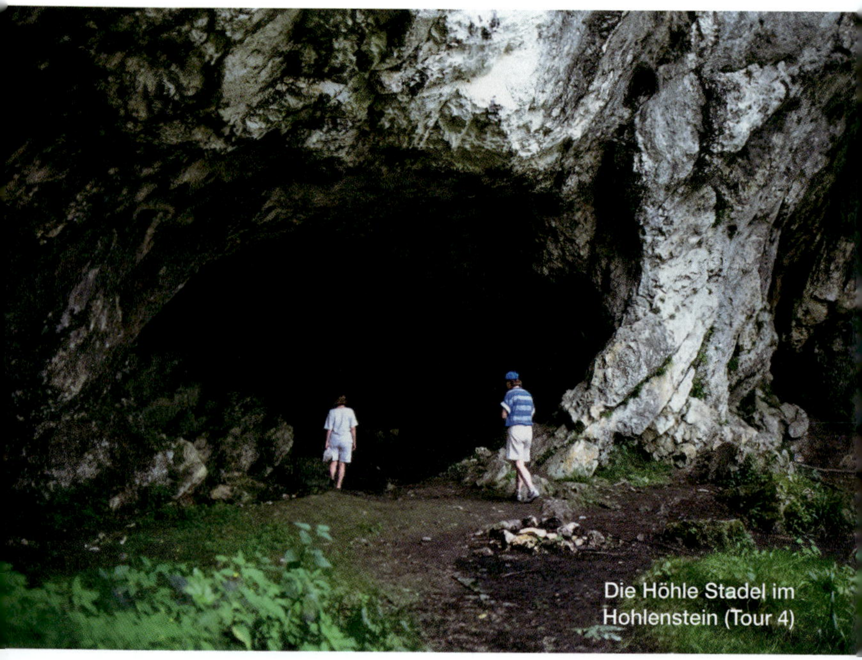

Die Höhle Stadel im Hohlenstein (Tour 4)

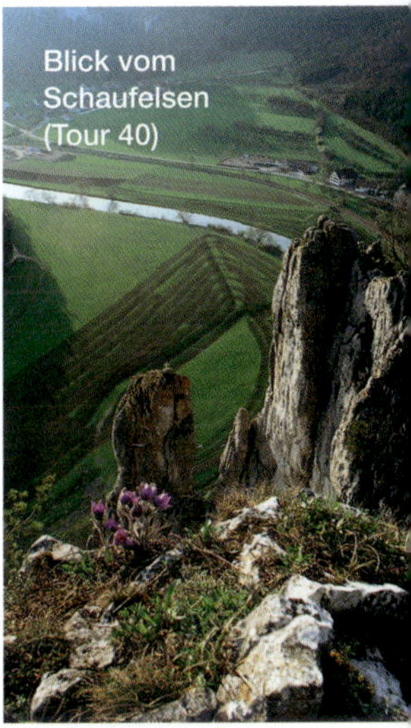

Blick vom Schaufelsen (Tour 40)

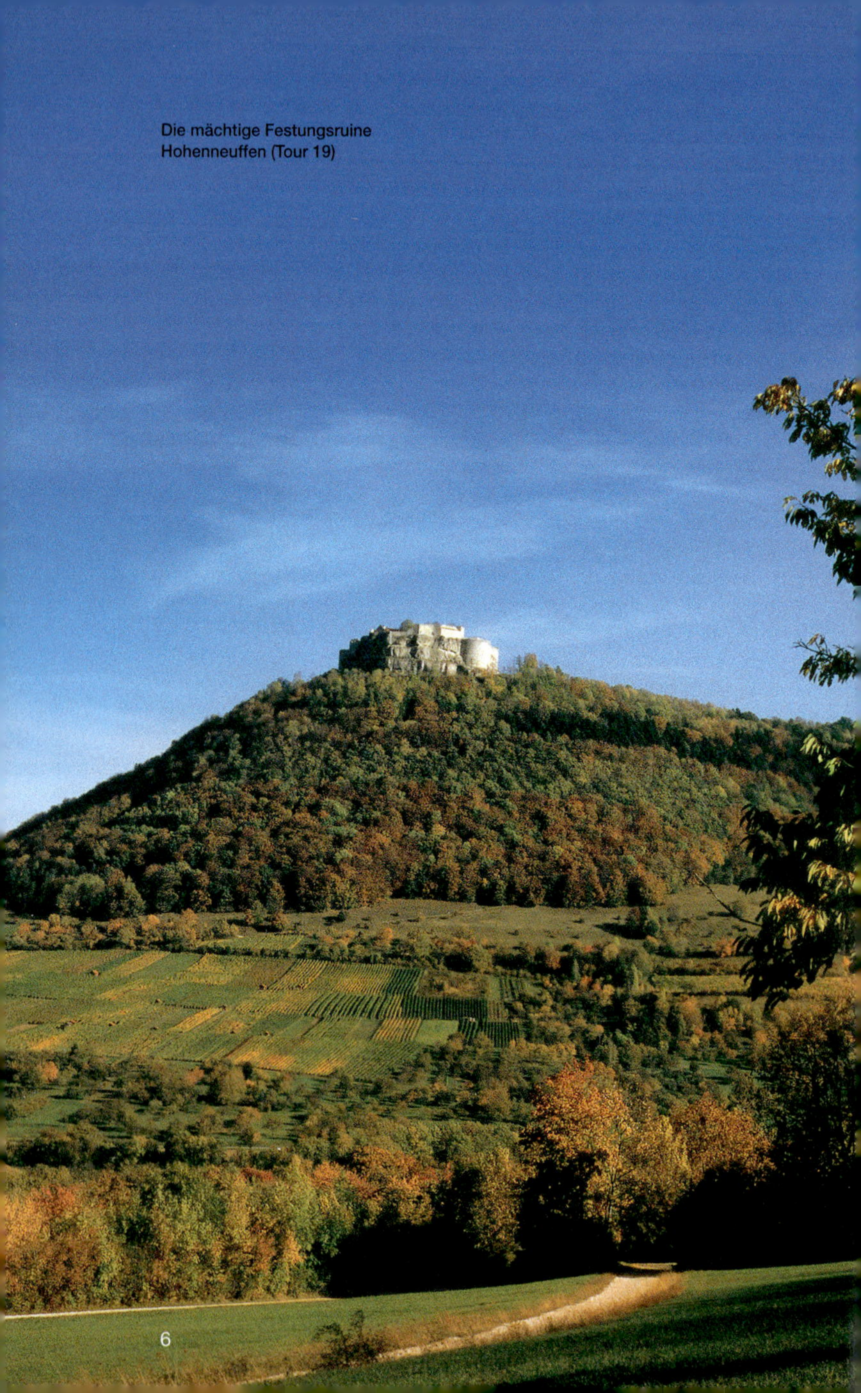

Die mächtige Festungsruine Hohenneuffen (Tour 19)

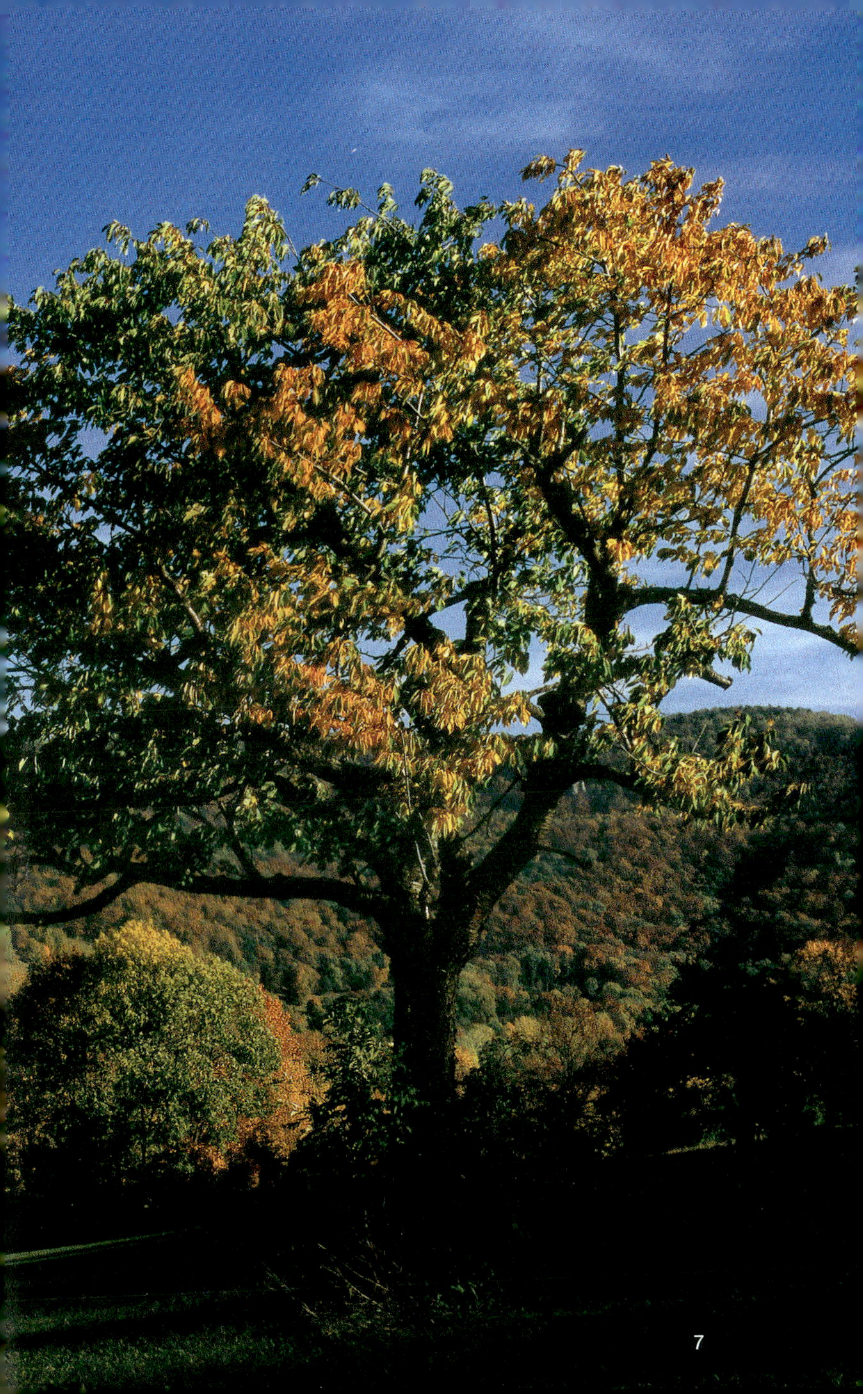

Unterwegs auf der Schwäbischen Alb

Der Name »Alb« bezeichnet, wie »Alpen« auch, ein Bergweidegebiet und weist damit auf die einst vorherrschende Nutzung der Hochfläche der Schwäbischen Alb hin, dem größten geschlossenen Kalk- und somit auch wasserarmen Karstgebiet Deutschlands. Dieses Mittelgebirge erstreckt sich auf etwa 200 Kilometer Länge und 40–50 Kilometer Breite vom Nördlinger Ries in südwestlicher Richtung bis zum Randen bei Schaffhausen (Hochrhein).

Die Entstehung der Schwäbischen Alb

Vor 200–140 Millionen Jahren (Jurazeit) war Europa von einem tropisch warmen Meer bedeckt. Abgestorbene Pflanzen und Meerestiere lagerten sich auf dem Grund ab und versteinerten unter Sauerstoffabschluss zu Fossilien. Kieselschwämme bildeten Riffe, die der Erosion widerstanden und als Kuppen – daher die Bezeichnung »Kuppenalb« – oder als freigewitterte Felsen die Hänge prägen. In der Kreidezeit entstand ein erstes Flusssystem, und im Tertiär (65–2 MillionenJahre) sank der Oberrheingraben ein, wölbten sich die Alpen empor und zerbrach nördlich der Alpen die Erdkruste in Schollen, die heutigen Mittelgebirge. Vor 15 Millionen Jahren begann sich die Alb zu heben und nach Südsüdosten abzukippen, wodurch vulkanische Tätigkeit ausgelöst wurde (Touren 14 und 25), und vor etwa 14,5 Millionen Jahren schlugen auf der Ostalb zwei Meteoriten ein; die Einschlagkrater sind das Nördlinger Ries (Tour 2) und das Steinheimer Becken bei Heidenheim. Mit der Anhebung der Alb, eines Karstgebirges, begannen die Aushöhlung von innen, die Verkarstung, und der Prozess der Abtragung, die Erosion. Der ursprünglich etwa auf Höhe von Stuttgart verlaufende Alb-Nordrand wird durch Erosion ständig zurückversetzt, im Durchschnitt um zwei Meter in 1000 Jahren. Diesen Abtragungsprozess sieht

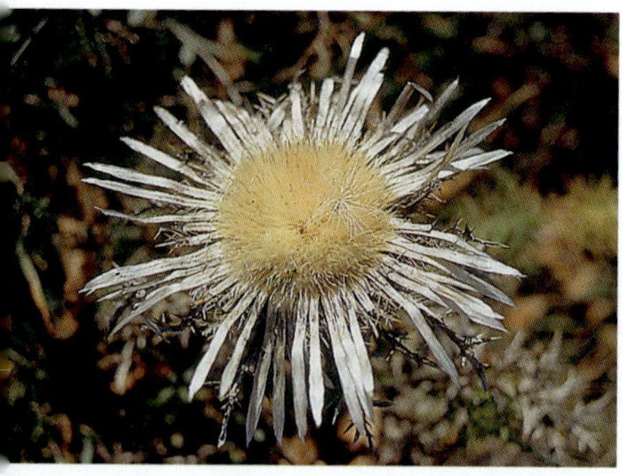

Silberdisteln sind selten geworden und stehen unter Naturschutz.

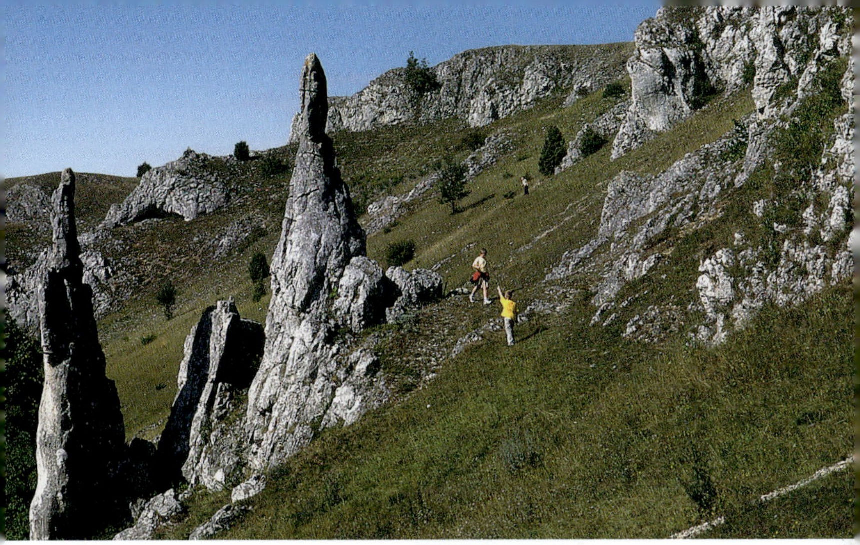

Die Felsnadeln »Steinerne Jungfern« im Eselsburger Tal (Tour 5)

man eindrucksvoll an den Höllenlöchern bei St. Johann (Tour 20), am Schafberg (Tour 36) oder am Raichberg (Tour 32): In Klüfte sickert Wasser ein, gefriert im Winter und dehnt sich aus, weshalb abgespaltene Felsen auf dem darunterliegenden Mergel wie auf einer Rutschbahn zu Tal gleiten.

Die Verkarstung

Sickerwasser nimmt im Erdboden Kohlendioxid auf, und die so entstandene Kohlensäure löst in Kalkgebirgen wie der Schwäbischen Alb den Kalk auf. Das Wasser sucht sich auf einer wasserundurchlässigen Schicht neue Wege, wobei ein ganzes Höhlenstockwerk entsteht, in dem nun ebenfalls die Verkarstung einsetzt. Hierdurch entsteht wiederum ein tiefer liegendes Höhlenstockwerk. Dieser als Verkarstung bezeichnete Prozess schuf unter der Alb zwei Höhlenstockwerke.
Das Wasser tritt in Schichtquellen aus, zum Beispiel im Filsursprung (Tour 13), oder in Quelltöpfen wie dem Blautopf (Tour 12) und den Quellen der Großen Lauter (Tour 25) sowie der Kleinen Lauter (Tour 11).
Die bis heute etwa 2700 entdeckten Höhlen der Alb sind die Gänge der Höhlenstockwerke. Bereits trockene Höhlen sind zum Beispiel die Große Scheuer am Rosenstein (Tour 7) oder die kleine Schertelshöhle bei Wiesensteig/Westerheim (Tour 13). Die Falkensteiner Höhle (Tour 18) befindet sich am Übergang von einer Flusshöhle zu einer trockenen Höhle – nach starkem Regen tritt ein Höhlenbach aus –, und die Wimsener Höhle (Tour 29) ist eine noch aktive Flusshöhle,

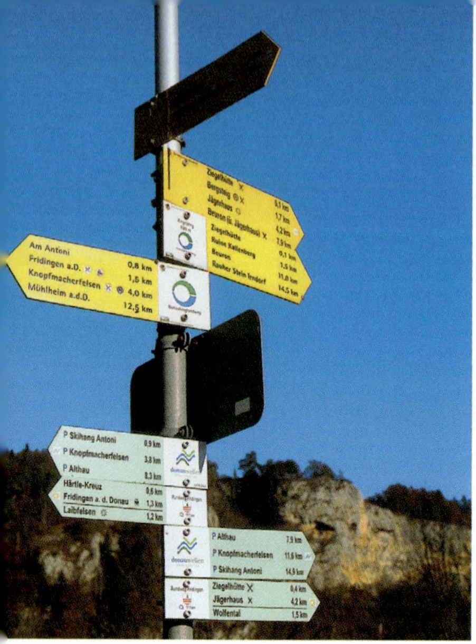

Die zahlreichen Wanderwegweiser sind oftmals zu viel des Guten.

die per Kahn befahren werden kann.

Liegen Höhlen dicht unter der Erdoberfläche, kann das Höhlendach einbrechen. Diese zumeist trichterförmigen Einsenkungen werden als Dolinen (Erdfälle) bezeichnet.

Der im Wasser gelöste Kalk wird ausgeschieden, sobald sich das Wasser erwärmt. Geschieht dies in der Höhle, werden bei jedem von der Decke fallenden Tropfen winzige Mengen Kalk ausgefällt, die sich über Jahrtausende zu Tropfsteinen aufbauen. Begehbare Tropfsteinhöhlen sind unter anderem die Bärenhöhle bei Sonnenbühl-Erpfingen oder die Nebelhöhle (Tour 24).

Tritt kalkhaltiges Wasser an der Erdoberfläche aus, lagert sich der Kalk auf Moosen und Algen ab, sodass häufig von kleinen Hohlräumen durchsetzter, luftig wirkender Kalktuff (Kalksinter) entsteht wie beispielsweise am Gütersteiner Wasserfall in der Nähe des Uracher Wasserfalls (Tour 21).

Der Schwäbische Vulkan

Rund 350 Vulkanschlote im Gebiet Metzingen–Engstingen–Gomadingen–Münsingen–Donnstetten–Kirchheim unter Teck werden zusammenfassend als »Schwäbischer Vulkan« bezeichnet.

Im Tertiär stieg aus dem Erdinneren glühendes Magma hoch, erstarrte jedoch zumeist im Schlot zu Basalt und bildete »Vulkan-Embryonen«. Da Basalt widerstandsfähiger ist als das umgebende Kalkgestein, blieben die Basaltschlote beim Rückschreiten des Albtraufs stehen und sind an ihrer Kegelform deutlich zu erkennen, wie beispielsweise die Limburg bei Weilheim a. d. Teck. Wo die Schlote im Albkörper eingebunden sind, bilden sie häufig flache Mulden, die Maare, die durch das Einsacken der obersten Schicht nach Dampfexplosionen entstanden, wie das Randecker Maar (Tour 14). Zu den Folgen des Vulkanismus zählen heiße Quellen, die für Thermalbäder wie beispielsweise in Beuren (bei Neuffen) oder in Bad Ditzenbach (bei Geislingen) genutzt werden.

Die Vegetation

Im März erscheinen die ersten Frühlingsblumen, und im April blühen im Albvorland zahllose Obstbäume auf den Streuobstwiesen, wo unterschiedliche Obstbäume wie locker über die Wiese gestreut erscheinen. Die mittlerweile weitgehend auf die Kuppen und die Talhänge zurückgedrängten Buchenwälder belauben sich Anfang Mai, und wenig später blühen die etwa 30 auf der Alb vorkommenden Orchideenarten. Feldhecken waren bis vor wenigen Jahrzehnten ein charakteristisches Landschaftsmerkmal, denn Generationen von Bauern lasen Kalkscherben von den Äckern auf und lagerten sie an den Feldrainen ab, wo sich Sträucher wie Schlehe, Weißdorn und Hundsrose ansiedelten. Aufgrund des steinigen, kargen Bodens und der in der Höhenlage der Albhochfläche vergleichsweise kurzen Vegetationsperiode war der Ackerbau nur beschränkt möglich, sodass sich als Ersatz die Wanderschäferei entwickelte. Die Folge der Beweidung sind Wacholderheiden, auf denen unter anderem Wildrose, Schlehe, Weißdorn sowie verschiedene Distelarten wachsen – Pflanzen, die durch Stacheln, Dornen oder bitteren Geschmack vor dem Verbiss durch Schafe sicher sind.

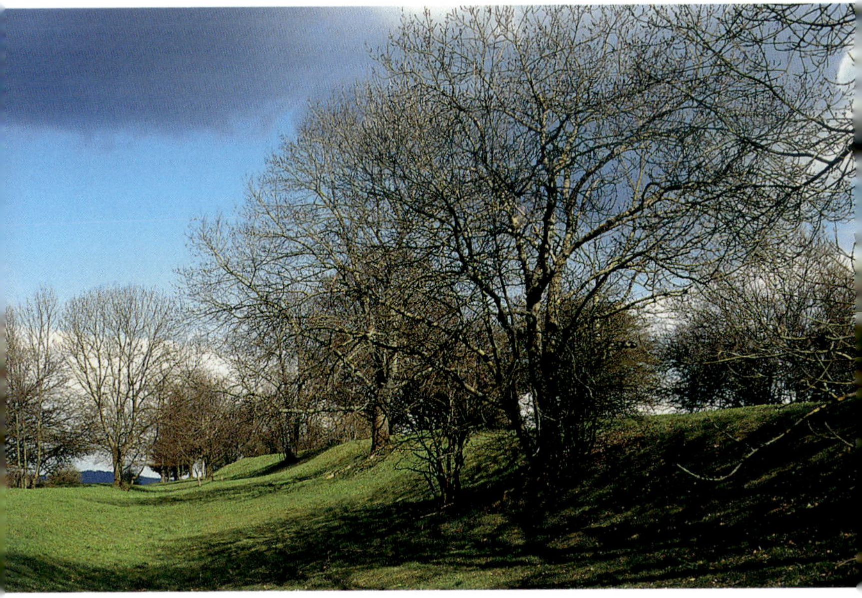

Der »Heidengraben« beim Burrenhof auf der Grabenstettener Berghalbinsel (Tour 18)

Spuren der Besiedlung

Vor Zehntausenden von Jahren hinterließen die Jäger und Sammler der Steinzeit einfache Steinwerkzeuge, aber auch winzige Tierfiguren aus Mammut-Elfenbein wie Bison, Mammut oder Wildpferd. Sie wurden bei Ausgrabungen in den Höhlen des Lonetals (Tour 4) sowie bei Blaubeuren (Tour 12) entdeckt und gelten mit einem Alter von über 30 000 Jahren als die ältesten Kunstwerke der Menschheit. Die Kelten errichteten im 2./1. Jahrhundert v. Chr. bis zu fünf Meter hohe Mauern – sie sind längst zu Wällen erodiert –, um ihre Höhensiedlungen zu schützen, wie auf der Grabenstettener Berghalbinsel (Touren 18 und 19) oder bei der Heuneburg (Tour 30). Die Römer bauten im 1.–3. Jh. Straßen sowie Gutshöfe, wie die »villa rustica« bei den Ofnethöhlen (Tour 2), und die Alamannen gründeten im 4.–8. Jh. zahlreiche Haufendörfer, die an den auf -ingen, -hofen oder -stetten endenden Ortsnamen zu erkennen sind; eine Besonderheit ist ein alemannischer Fürstensitz auf dem Runden Berg bei Bad Urach (Tour 21). Im Mittelalter errichtete der Adel seit dem 11. Jh. zahlreiche Burgen. Seit dem 16. Jh. wurden manche Burgen ausgebaut zu komfortablen Schlössern, beispielsweise in Sigmaringen, oder sie wurden im 19. Jh. sogar neu errichtet wie Burg Hohenzollern (Tour 32) und Schloss Lichtenstein (Tour 24).

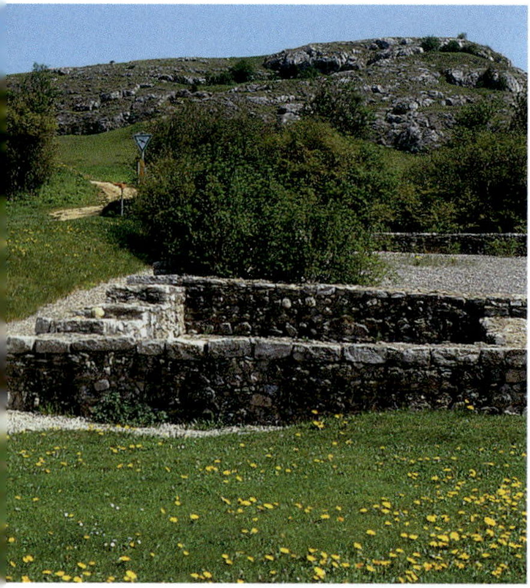

Die Grundmauern eines römischen Gutshofs bei Utzmemmingen; im Hintergrund die Ofnethöhlen (Tour 2)

Essen und Trinken

Typisch schwäbisch sind Spätzle, Teigwaren aus Mehl, Eiern und Wasser, möglichst handgeschabt über das Brett; gereicht werden sie zu allen Fleischspeisen, zu Linsen mit Saitenwürstchen und zu »Sauren Nierle«. Wird dem Teig gehackte Leber und Zwiebel beigemengt, stellen sie als Leberspätzle mit Salat eine sättigende Mahlzeit dar, ebenso wie die Kässpätzle mit geriebenem Käse und Röstzwiebeln.

Die schwäbische Spezialität schlechthin sind Maultaschen: Teigtaschen, traditionell mit einer Füllung aus Zwiebeln, Speck, Bratwurst-

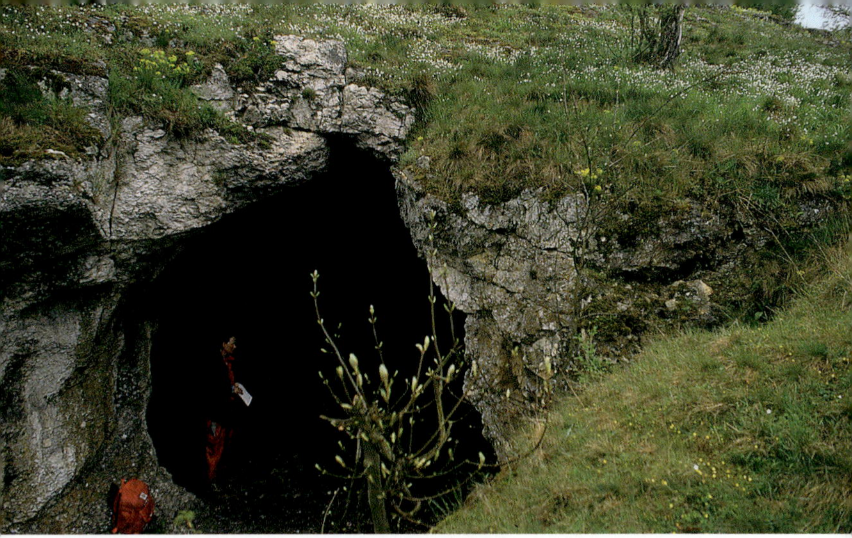

Archäologen entdeckten in der Vogelherdhöhle mehr als 30 000 Jahre alte Elfenbein-Tierfigürchen, die zu den ältesten Kunstwerken der Menschheit zählen (Tour 4).

brät sowie Spinat und in Fleischbrühe gekocht. Serviert werden sie in Fleischbrühe, geschmälzt mit Zwiebeln oder angebraten und mit aufgeschlagenen Eiern vermischt. Moderne Kreationen sind Maultaschen in Tomatensauce, Maultaschen mit Spinat und Käse überbacken oder gar Reh- sowie Fischmaultaschen.

Beliebte Fleischgerichte sind Schwäbischer Rostbraten, serviert mit Maultaschen, Schupfnudeln und Sauerkraut, gemischter Braten mit Scheiben von Rind- und Schweinefleisch oder »Alblamm«, zum Beispiel im Kräutermantel.

Bei einem Vesper, einer kalten Brotzeit, hat man zumeist die Auswahl zwischen Vesperplatte (dicke Scheiben von Leberwurst, Presswurst, frischer oder geräuchter Schinkenwurst mit deftigem Bauernbrot), Schwäbischem Wurstsalat (in Scheiben oder Streifen geschnittene Fleischwurst, angemacht mit Zwiebeln, Essig und Öl, manchmal ergänzt durch Schwarzwurstscheiben), und Tellersülze mit Bratkartoffeln.

Typisch schwäbisch ist auch Most, ein aus Äpfeln oder Birnen hergestelltes alkoholisches Getränk, das früher in keinem Haushalt fehlte, heute aber nur noch in wenigen Gaststätten und in einigen der zwei- oder dreimal im Jahr für wenige Wochen geöffneten Besenwirtschaften angeboten wird. Württemberger Wein wird unter anderem am Alb-Nordrand bei Weilheim a. d. Teck, bei Neuffen und Metzingen angebaut und gekeltert, und als Digestif dient einer der Schnäpse, die in Kleinbrennereien aus dem Obst der Streuobstwiesen oder aus Beeren hergestellt werden.

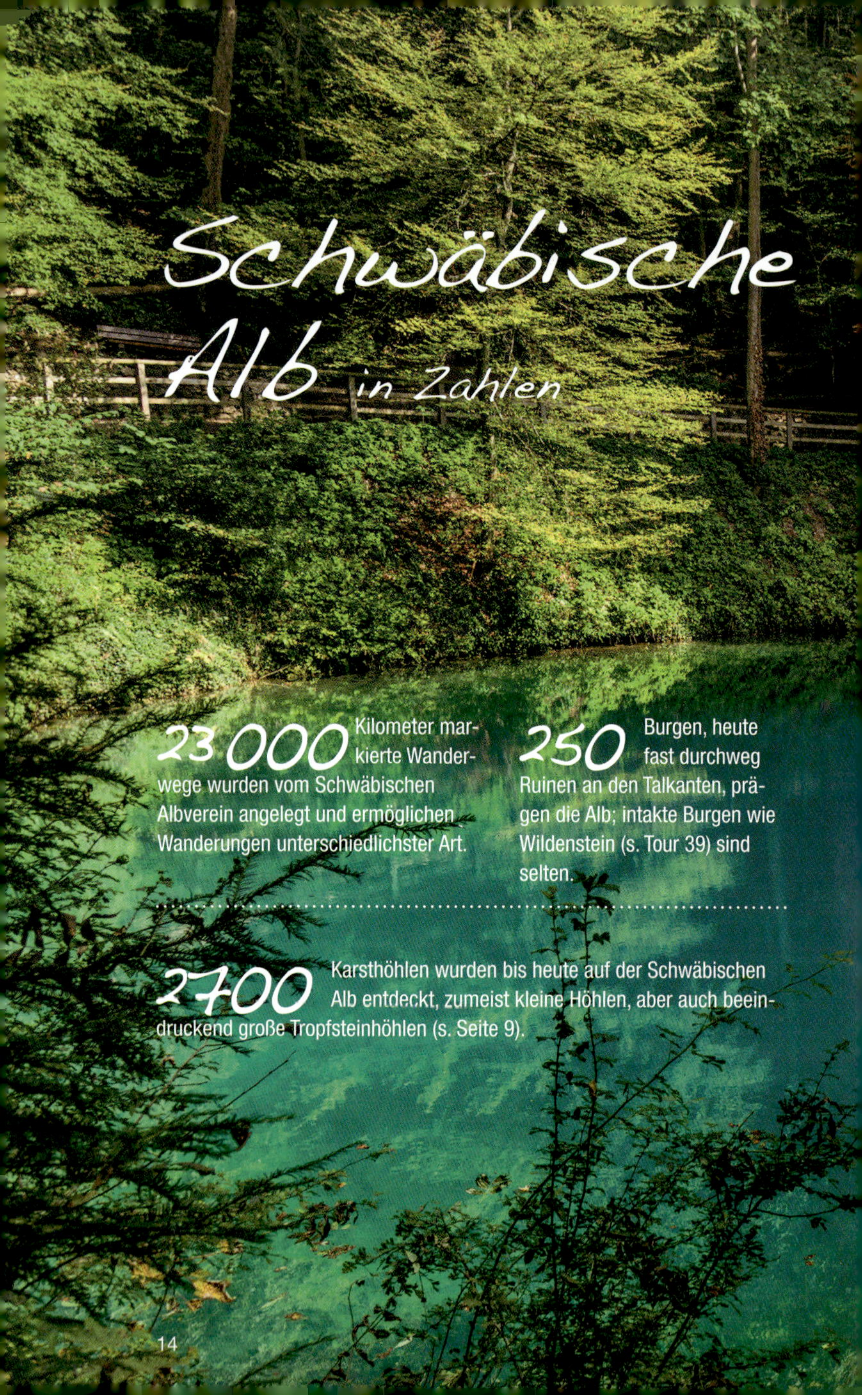

Schwäbische Alb in Zahlen

23 000 Kilometer markierte Wanderwege wurden vom Schwäbischen Albverein angelegt und ermöglichen Wanderungen unterschiedlichster Art.

250 Burgen, heute fast durchweg Ruinen an den Talkanten, prägen die Alb; intakte Burgen wie Wildenstein (s. Tour 39) sind selten.

2700 Karsthöhlen wurden bis heute auf der Schwäbischen Alb entdeckt, zumeist kleine Höhlen, aber auch beeindruckend große Tropfsteinhöhlen (s. Seite 9).

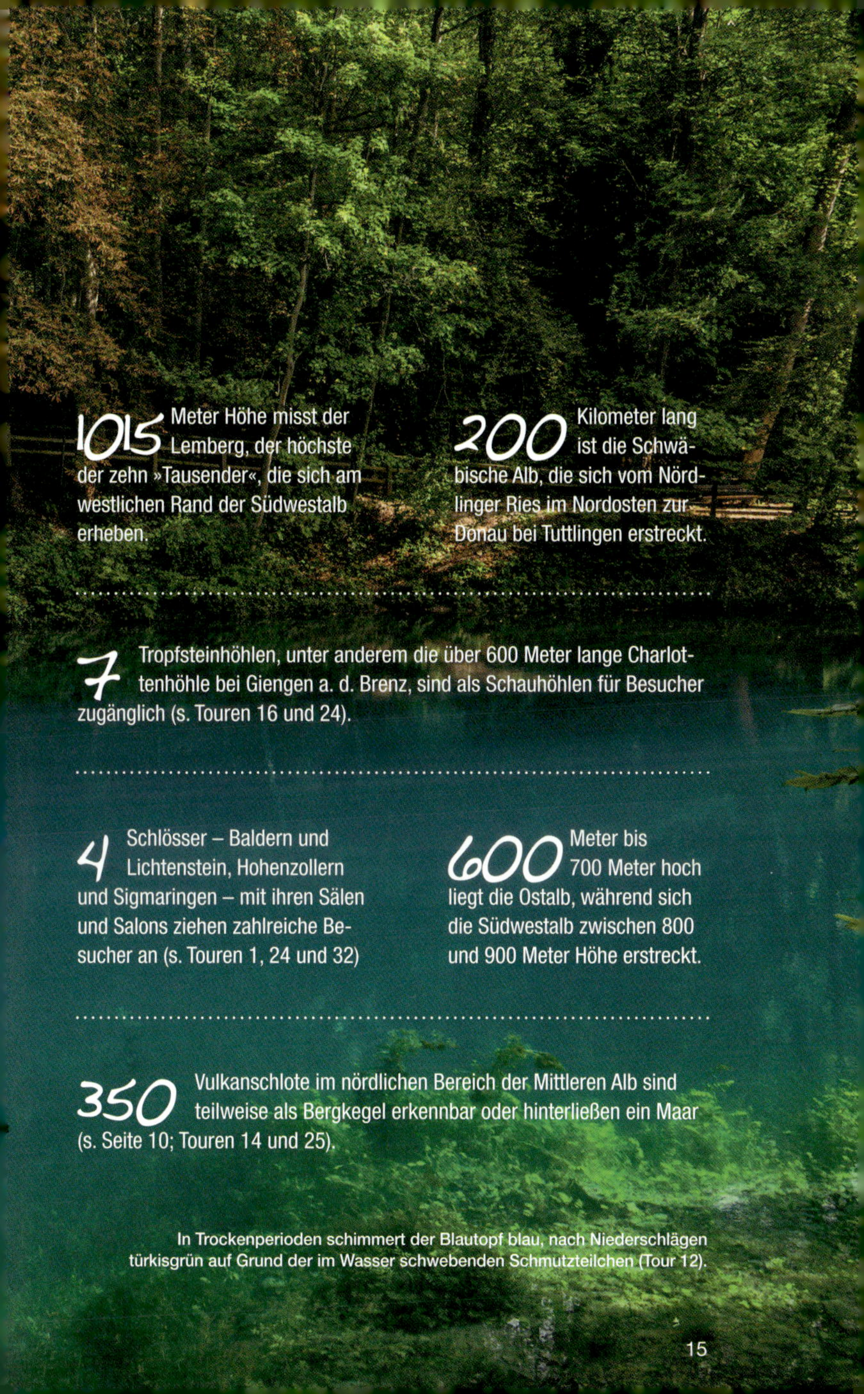

1015 Meter Höhe misst der Lemberg, der höchste der zehn »Tausender«, die sich am westlichen Rand der Südwestalb erheben.

200 Kilometer lang ist die Schwäbische Alb, die sich vom Nördlinger Ries im Nordosten zur Donau bei Tuttlingen erstreckt.

7 Tropfsteinhöhlen, unter anderem die über 600 Meter lange Charlottenhöhle bei Giengen a. d. Brenz, sind als Schauhöhlen für Besucher zugänglich (s. Touren 16 und 24).

4 Schlösser – Baldern und Lichtenstein, Hohenzollern und Sigmaringen – mit ihren Sälen und Salons ziehen zahlreiche Besucher an (s. Touren 1, 24 und 32)

600 Meter bis 700 Meter hoch liegt die Ostalb, während sich die Südwestalb zwischen 800 und 900 Meter Höhe erstreckt.

350 Vulkanschlote im nördlichen Bereich der Mittleren Alb sind teilweise als Bergkegel erkennbar oder hinterließen ein Maar (s. Seite 10; Touren 14 und 25).

In Trockenperioden schimmert der Blautopf blau, nach Niederschlägen türkisgrün auf Grund der im Wasser schwebenden Schmutzteilchen (Tour 12).

Tipps und Infos für unterwegs

Das sollte jeder mit auf die Wanderung nehmen

- [ ] Wanderschuhe
- [ ] Bequeme Hose
- [ ] Bequemes Hemd
- [ ] Jacke oder Pullover
- [ ] Regenschutzkleidung
- [ ] Taschentücher
- [ ] Rucksack
- [ ] Wasserflasche
- [ ] Proviant
- [ ] Tüte für den Abfall
- [ ] Taschenmesser
- [ ] Sonnenschutz
- [ ] Mütze
- [ ] Trekkingstöcke
- [ ] Geld
- [ ] Ausweis

Das sollte mindestens einmal in der Wandergruppe vorhanden sein

- [ ] Kartenmaterial
- [ ] Erste-Hilfe-Set
- [ ] Wärmefolie
- [ ] Notizpapier
- [ ] Schreibstift
- [ ] Schnüre
- [ ] Lampe
- [ ] Handy
- [ ] Uhr
- [ ] Kompass
- [ ] Reserveschuhbänder

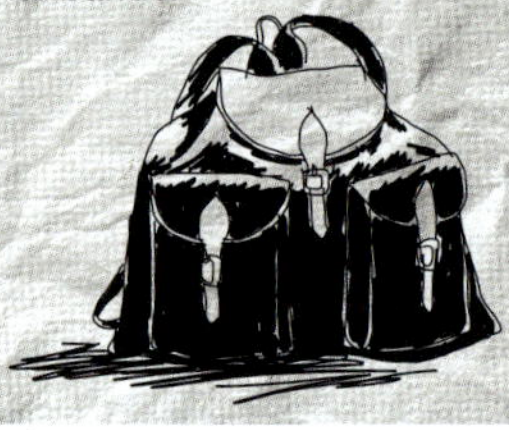

Wanderwege und Wanderweg-Markierungen

Die Wegmarkierungen finden sich an jeder Wegkreuzung und Abzweigung: Metallstangen, an denen oftmals verwirrend viele gelbe sowie grau-lindgrüne Wegweiser angebracht sind mit Zielpunkten, Entfernungen und Namen spezieller Wege. Unsere Empfehlung: Halten Sie sich an die ebenfalls angegebenen Zeichen des Schwäbischen Albvereins: Raute, Dreieck, quer liegende Gabel und Winkel (für Abstecher) in Rot, Blau oder Gelb. Diese Albvereins-Markierungen haben sich über viele Jahrzehnte hin bewährt und werden auch in diesem Wanderbuch angeführt. Ein rotes Dreieck, ergänzt durch das Kürzel »HW« mit einer Ziffer, bezeichnet einen mehrtägigen »Hauptwanderweg«. Die bekanntesten und beliebtesten Hauptwanderwege sind der 365 km lange HW 1, der in Donauwörth beginnt und entlang des Alb-Nordrands nach

Tuttlingen auf der Südwestalb führt, sowie der rund 260 km lange HW 2, der von Donauwörth nach Tuttlingen entlang des Alb-Südrands verläuft. Aus der Reihe fällt die Markierung des rund 90 km langen »Burgenwegs« von Reutlingen nach Zwiefalten. Es handelt sich um eine schwarze stilisierte Mauer mit Zinnen auf einem weißen Täfelchen.

Beste Wanderzeit

Problemlos wandern kann man auf der Alb zwischen März und November. Schon Mitte März zeigen sich in den noch kahlen Buchenwäldern die ersten Frühjahrsblumen. Im April beginnt die eigentliche Saison. Der Mai ist die Blütezeit der meisten der rund 30 verschiedenen auf der Alb wachsenden Orchideenarten. Der zweite Höhepunkt im Jahr ist der Herbst, wenn sich die Blätter der Buchen verfärben und einen besonders reizvollen Kontrast zu den hellen Felswänden bilden.

Wanderausrüstung

Stabile Schuhe mit gutem Profil genügen in der Regel, aber vorzuziehen sind leichte Trekkingstiefel mit Knöchelschutz, denn auf glatt geschliffenen Kalkfelsen und Kalkscherben wird es nach Niederschlägen rutschig. Hose und Hemd beziehungsweise Bluse sollten leicht und luftig sein, die Wäsche aus schnell trocknendem Material wie Mikrofaser. Unabdingbar sind eine Regenjacke mit Kapuze und im Hochsommer ein leichter Hut oder eine Schirmmütze. Getränke sollte man auf jeden Fall dabeihaben, vor allem, wenn man mit Kindern unterwegs ist.

Wanderkarten

Das Landesvermessungsamt Baden-Württemberg publiziert die recht gute Reihe »Freizeitkarte« im Maßstab 1 : 50 000.

Es handelt sich um die Blätter 507 (Villingen-Schwenningen), 521 (Göppingen), 522 (Aalen), 523 (Tübingen–Reutlingen), 524 (Bad Urach), 525 (Ulm), 526 (Sigmaringen).

Die Schwierigkeitsgrade der Touren

2

Leicht: Technisch und konditionell einfache Wanderung auf guten Wegen und Pfaden mit kleineren Anstiegen

2

Mittel: Technisch und/oder konditionell mittelschwierige Wanderung, die einen sicheren Tritt und abschnittsweise Schwindelfreiheit erfordert

2

Schwer: Technisch und/oder konditionell anspruchsvolle Wanderung, die aufgrund ihrer Länge oder Wegbeschaffenheit Trittsicherheit, Schwindelfreiheit und gute Kondition benötigt; streckenweise auch Felspfad mit Seilsicherung

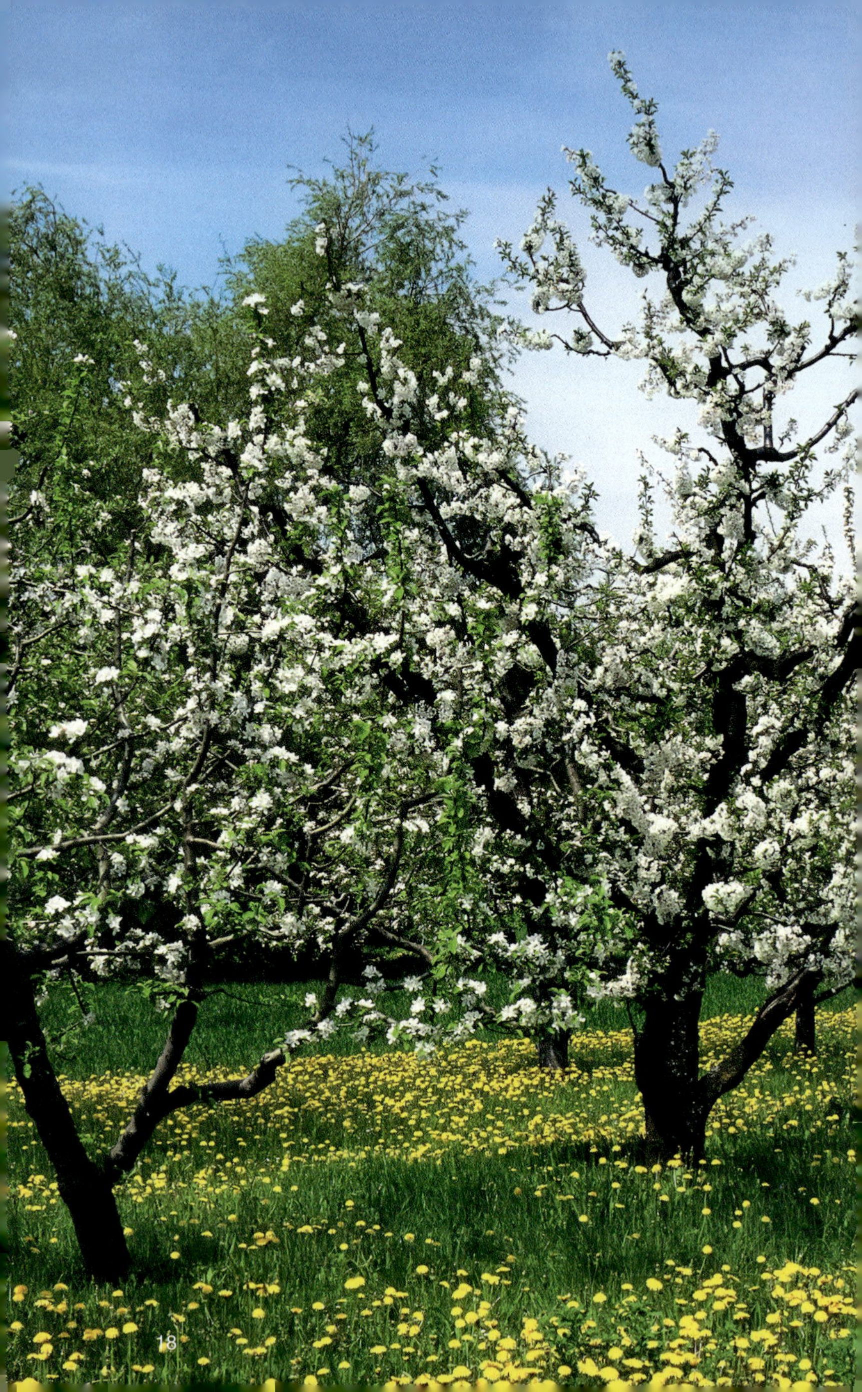

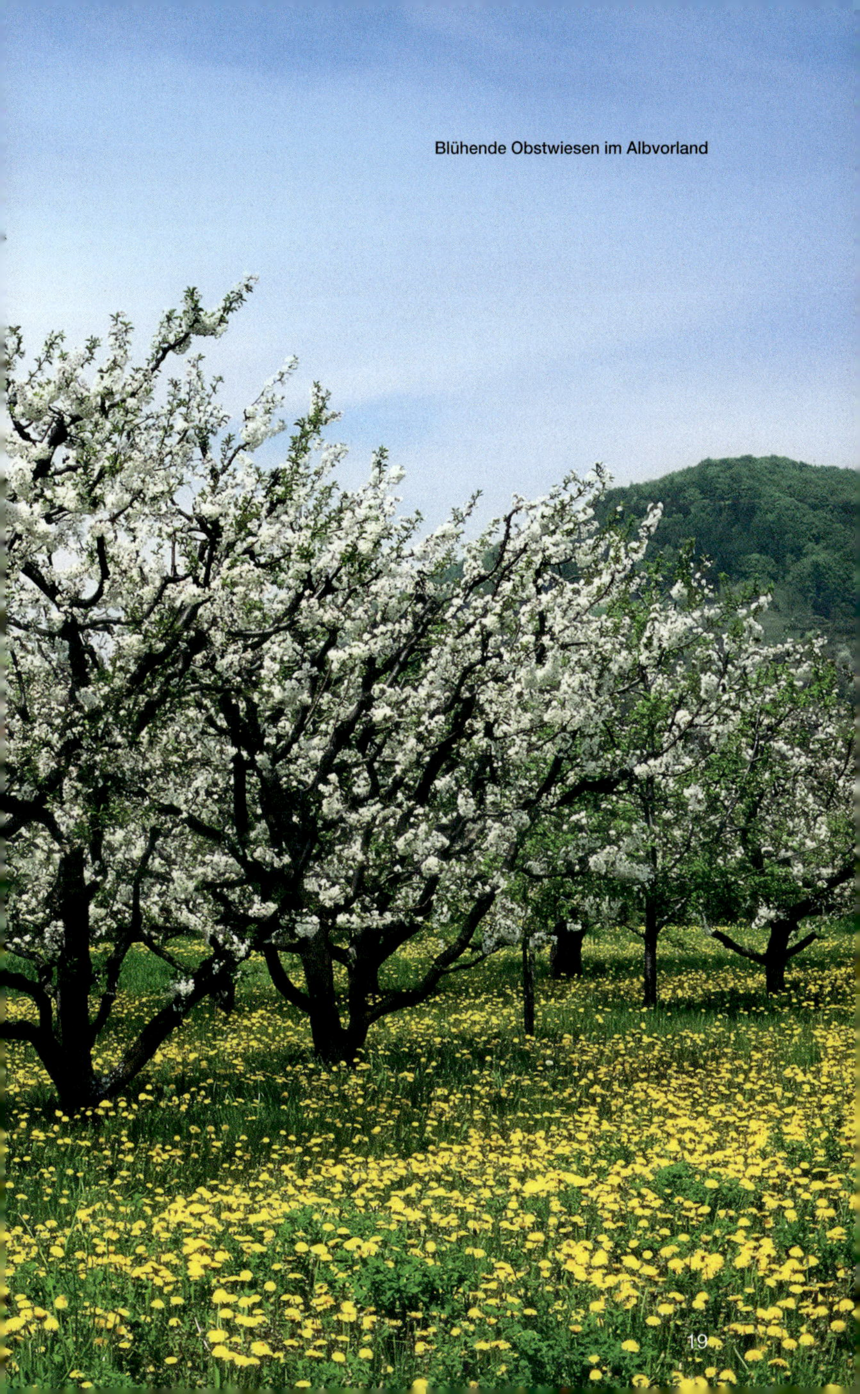

Blühende Obstwiesen im Albvorland

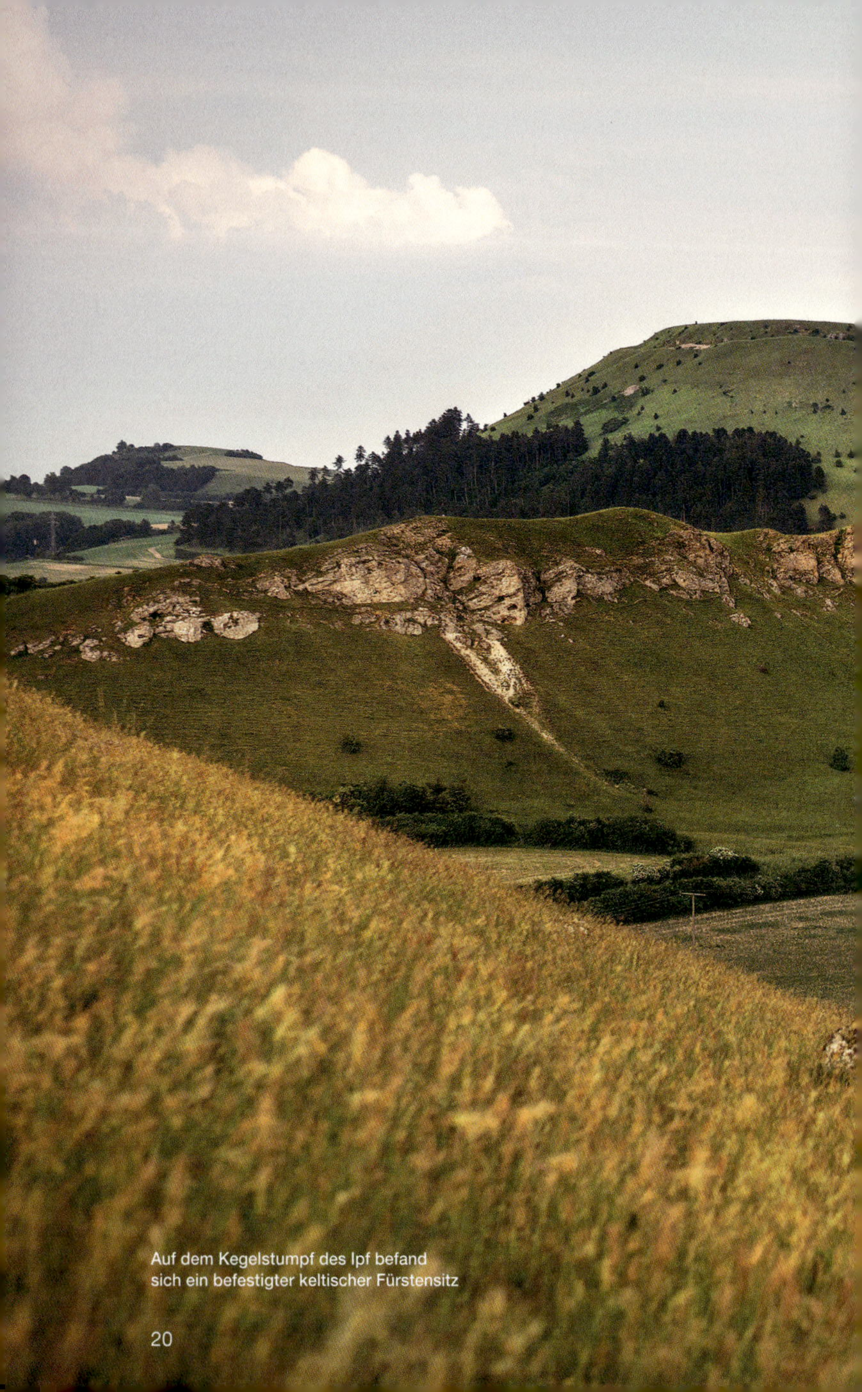

Auf dem Kegelstumpf des Ipf befand sich ein befestigter keltischer Fürstensitz

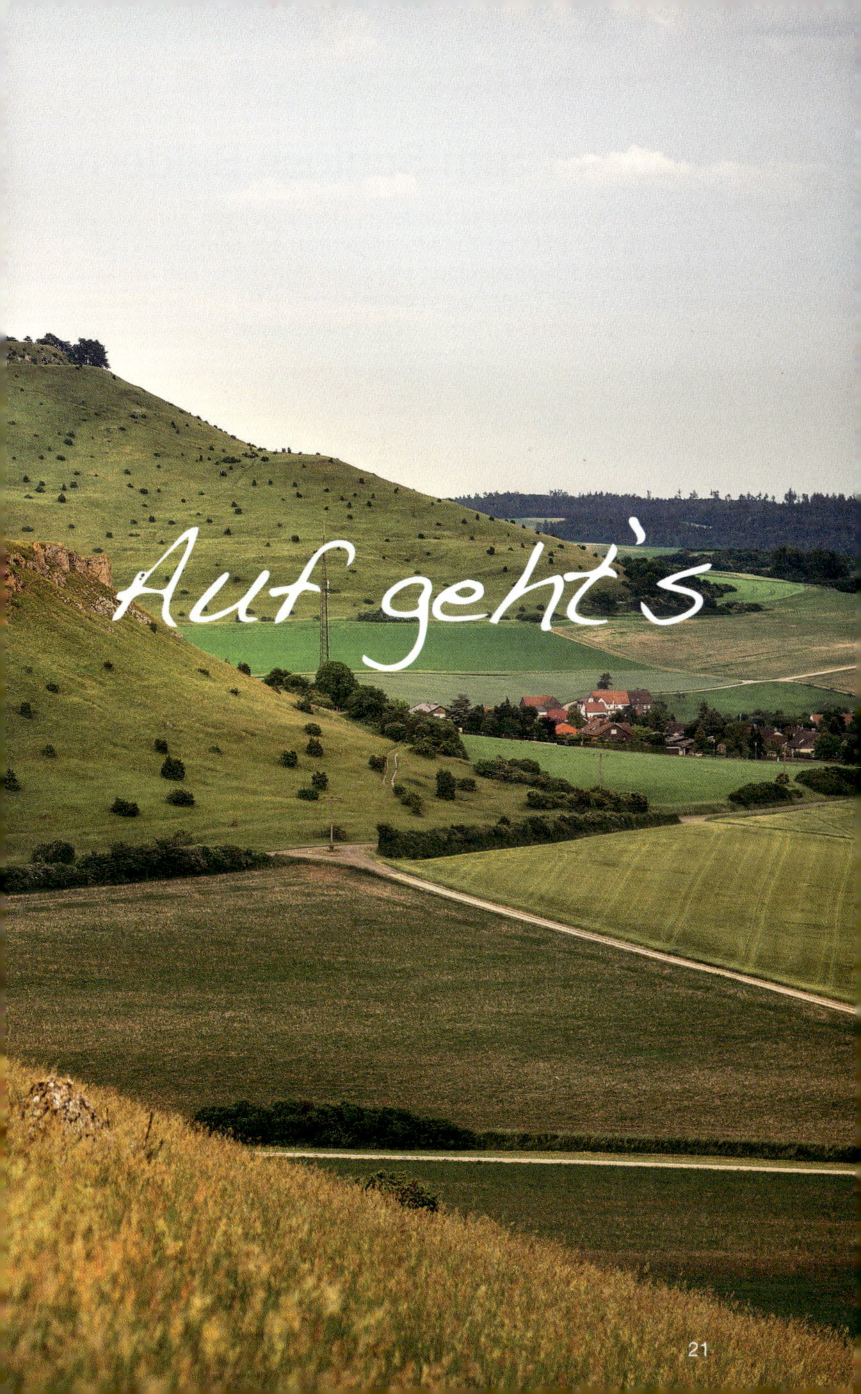
Auf geht's

1 5:00 Std. ↑ 470 hm ↓ 470 hm ↔ 18 km

Abseits des Trubels

Vom Ipf zum Schloss Baldern

Die Rundwanderung verbindet in der hügeligen Landschaft vor dem Albrand den kegelförmigen Ipf, auf dem eine vorgeschichtliche Ringwallanlage steht, mit dem barocken Schloss Baldern, das auf einer beim Einschlag des Nördlinger Meteoriten herausgeschleuderten Erdscholle thront.

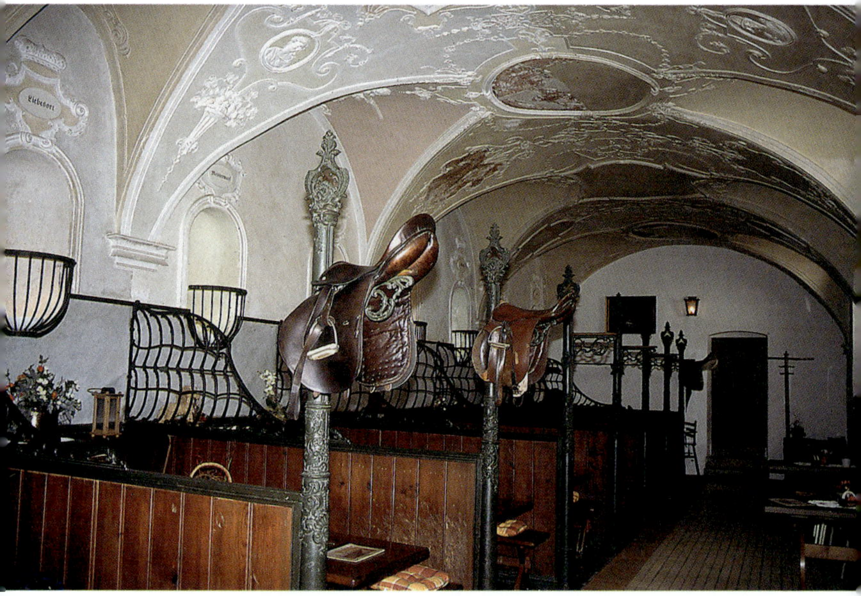

Beim barocken Ausbau des Schlosses Baldern im 18. Jh. erhielten auch die Pferde eine standesgemäße Unterkunft; heute kann der Marstall für Feste gebucht werden.

Der Wegverlauf

Im 8. Jh. entstand am Fuß des Ipf ein Marktort, der 1153 zur Stadt und 1241 zur Reichsstadt erhoben wurde. Seine Reichsfreiheit verlor Bopfingen im Jahr 1802, fiel dann zunächst an Bayern und gehört seit 1810 zu Württemberg. Trotz Zerstörung im Dreißigjährigen Krieg blieb das mittelalterliche Stadtbild teilweise erhalten, weshalb sich ein Stadtrundgang lohnt.

In **Bopfingen** A folgen Sie vom Parkplatz an der Sechta der Straße über die Sechta-Brücke und nach rechts der Lindenstraße (Markierung unter anderem »kinderwagenfreundlicher Wanderweg«). Nach 300 m biegen Sie links ab in die Alte Kirchheimer Straße (Markierung rote Gabel), die ab Ortsende als asphaltierter Weg zu einem kleinen Parkplatz an der Ostflanke des Ipf ansteigt. Eine Allee (Markierung rote Gabel) führt durch Wälle und Gräben auf den **Ipf** **1** **(0:45 Std.)**, von dem sich ein herrlicher Rundblick bietet. Der Ipf ist als Zeugenberg dem nördlichen Albrand vorgelagert und an seiner markanten Silhouette von Weitem erkennbar: Der abgeflachte Bergkegel fällt nach drei Seiten knapp 200 m steil ab, in Richtung Osten jedoch läuft er in einem breiten, sanfter abfallenden Rücken aus. Auf dem Gipfelplateau befinden sich die Überreste einer vorgeschichtlichen Ringwallanlage, die zu den bedeutendsten Bodenkulturdenkmälern Süddeutschlands zählt. Funde ergaben, dass bereits zwischen dem 4. und dem 2. Jahrtausend hier oben gesiedelt wurde. Im 1. Jahrtausend v. Chr., als der Ipf ein keltischer Fürstensitz war, wurden die Hochfläche und die östliche Flanke des Berges mit bis zu fünf Meter hohen Mauerbauten befestigt: Zwischen senkrecht in die Erde gerammten Pfosten wurden Trockenmauern aufgeschichtet, und der Raum dazwischen wurde mit losem Erd- und Steinmaterial aufgefüllt. Zunächst wurde die ovale, im Durchmesser rund 165 m große Hochfläche von einem Ringwall umgeben. In späteren Jahrhunderten entstanden an der östlichen, ungeschützten Bergflanke mächtige Wall- und Grabensysteme, wobei natürliche Terrassenabsätze geschickt in die Anlage mit einbezogen wurden. Drei hintereinander gestaffelte Wälle ergaben, einschließlich der eingetieften Grabensohlen, eine kaum zu überwindende Gesamthöhe von etwa 20 m. Der Weg zur Hochfläche wurde links an den Eingangsbefes-

Aussichtspunkt Ipf

Beeindruckend sind die zu Wällen erodierten Mauern und die noch heute tiefen Gräben auf dem Ipf, der vor 2500 Jahren als keltischer Fürstensitz diente und einen herrlichen Ausblick bietet. Asphaltierte Wirtschaftswege auf dem letzten Streckenabschnitt trüben den Wandergenuss, aber der Blick auf den Ipf gleicht dies wieder aus.

Wegbeschaffenheit
Abwechselnd auf Wald- und asphaltierten Wirtschaftswegen; kürzere Abschnitte auf ruhigen Straßen

Ausgangspunkt
Bopfingen, am Nordostrand der Alb; Parkplatz am Flüsschen Sechta

Anfahrt
Bahn: Linie Aalen–Donauwörth. Pkw: A 7 Würzburg–Ulm, Ausfahrt Aalen/Westhausen, B 29 nach Bopfingen, im Ort nach links (recht unauffällige dunkelrote Wegweiser) zum Parkplatz

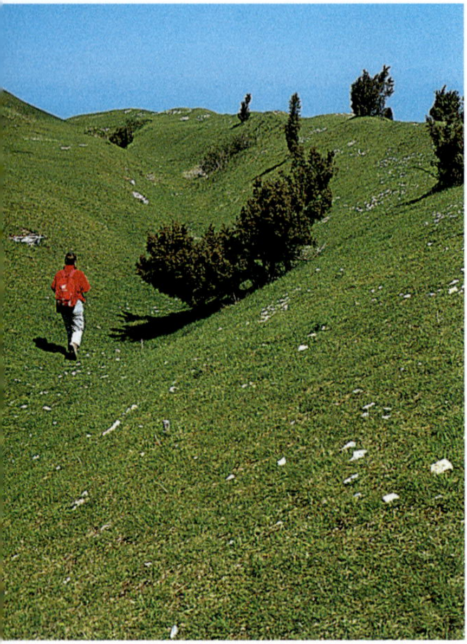

Im 6. Jahrhundert v. Chr. wurden die Wälle und Gräben am Osthang des Ipf angelegt.

tigungen vorbeigeführt, sodass Angreifer ihre rechte, ungeschützte Seite – der Schild wurde in der Regel links getragen – den Verteidigern zuwenden mussten. Die Überreste der Stein- und Erdwälle sind trotz teilweiser Verfüllung der Gräben und Abtragung der Wälle immer noch beeindruckend. Die Versorgung mit Trinkwasser war durch eine mittlerweile verschüttete Quelle am Nordhang des Ipf sichergestellt.

Am Westhang – nun der Markierung rote Gabel folgend – steigen Sie steil ab nach Oberdorf und durchqueren den Ort. Ein Wirtschaftsweg führt entlang des Waldrands und durch Wald zur Straße Oberdorf–Baldern (knapp 2 Std.). Ihr folgen Sie kurzzeitig nach rechts, biegen dann links ab und passieren den Weiler Zimmerstetten. Sie steigen an, gehen an der Schlossmauer entlang und betreten schließlich **Schloss Baldern** ❷ (2:30 Std.). Durch Umbauten einer mittelalterlichen Burganlage entstand in der ersten Hälfte des 18. Jh. das heutige barocke Schloss der Herren von Oettingen. Elemente der Burg blieben erhalten: die starken Mauern, die einstige Vorburg mit den Wirtschaftsgebäuden – unter anderem mit dem für Veranstaltungen nutzbaren Marstall und einem Café – und der Burghof. Prachtvoll eingerichtet sind die Schloss-

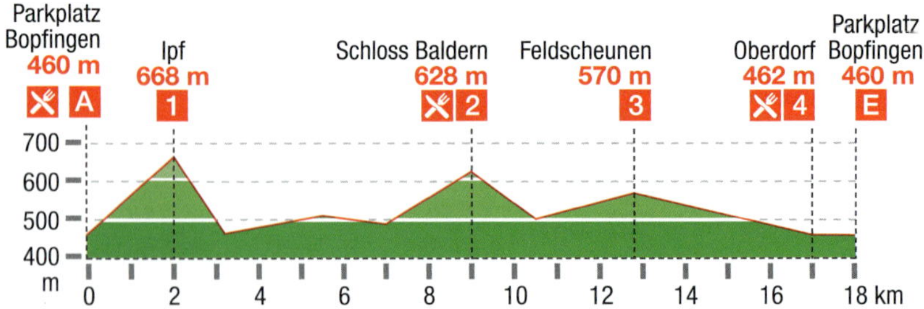

kapelle, die Salons und Gemächer, die im Rahmen einer Führung besichtigt werden können (stündliche Führungen 1. April–31. Okt. täglich außer Mo von 10–17 Uhr; schlossbaldern@fuerstwallerstein.de). Vor dem Schlosstor wurden linker Hand die sogenannten Wallerstein Gardens angelegt.

Nach Verlassen des Schlosses steigen Sie geradeaus ab nach Baldern. Auf der Ortsdurchfahrt gehen Sie rechts zur Kirche und dann links in der Weilerstraße bergab. Auf der Talsohle verlassen Sie die Straße nach rechts, erreichen die Scheitelhöhe eines Hügelrückens und biegen bei einigen **Feldscheunen** 3 (3:30 Std.) in der Nähe des Dorfs Röttingen links ab.

Sie folgen dem Asphaltweg (keine Markierung) zu einer Weggabelung am Rand eines Waldstücks und wenden sich dort nach links (4:15 Std.). Bequem führt der Fahrweg, vorbei an riesigen Kalkschollen, die beim Einschlag des Ries-Krater-Meteoriten vor 14,5 Millionen Jahren ausgeworfen wurden, hinunter nach **Oberdorf am Ipf** 4 (4:30 Std.).

Sie gehen durch die Karksteinstraße, steigen über Treppen zur Ellwanger Straße ab und kehren auf dem links abzweigenden Egerweg entlang der Eger nach **Bopfingen** E (5:00 Std.) zurück, wo Sie der Jahnstraße wieder zu Ihrem Ausgangspunkt folgen.

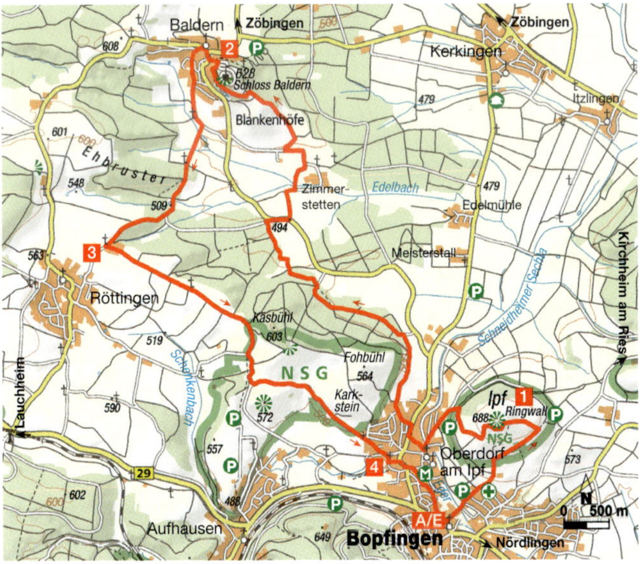

2 2:00 Std. 110 hm 110 hm 7 km

Abseits des Trubels

Am Rand des Nördlinger Ries

Ein 50 bis 150 m hoher Rand umgibt das Nördlinger Ries, eine runde Ebene, die vor 15 Millionen Jahren durch den Einschlag eines Meteoriten entstand. Darüber informiert das Rieskrater-Museum in Nördlingen (Eugene-Shoemaker-Platz 1; ganzjährig Di–So 10–12/13.30–16.30 Uhr).

Der Wegverlauf

Vom **Parkplatz A** in Utzmemmingen führt ein Fußweg am Sportgelände entlang in Richtung Kirche. In der Brunnenstraße wenden Sie sich nach links, biegen rechts ab in die Rosenstraße und steigen am **Rand des Rieskraters 1 (0:15 Std.)** an (weiß-blaue Täfelchen, Albblickweg). Auf der **Höhe** führt der Weg nach rechts und mit herrlichem Blick, unter anderem auf Nördlingen im Ries und den Ipf, an der Kante eines Steinbruchs entlang.

Unterhalb der Scheitelhöhe öffnen sich die beiden **Ofnethöhlen 2 (0:30 Std.)**, in denen Steinwerkzeug aus der Altsteinzeit sowie 13 000 Jahre alte menschliche Schädel ausgegraben wurden.

Der Weg führt hinunter zu den restaurierten Grundmauern eines römischen Gutshofs (»villa rustica«) aus dem 2. Jahrhundert. Weiter talabwärts biegen Sie an einer Gabelung links ab in Richtung »Alte Bürg«, durchqueren das flache Tal und halten sich am Waldrand erneut links. Vorbei an einem Grill- und Spielplatz und an einem Weiher erreichen Sie die Waldschänke **Alte Bürg 3 (1:00 Std.)** (geöffnet

Blick vom Rieskraterrand

Üblicherweise geht es auf dem Riesrand bei Utzmemmingen ruhig zu, obwohl Sie bei guten Sichtverhältnissen einen wunderbaren Blick auf den kreisrunden Rieskrater mit Nördlingen genießen. Leider ist der Weg von den Ofnethöhlen zur Alten Bürg asphaltiert.

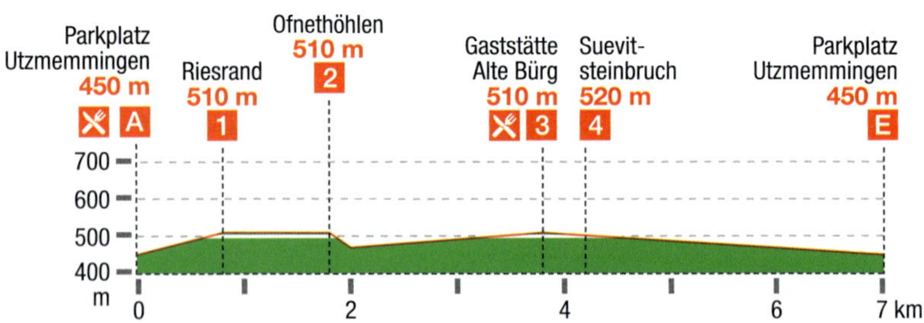

Mi–So ab 11.30 Uhr; www.jagdhaus.ab.de).

Geradeaus gehen Sie zwischen den Gebäuden hindurch (gelb-rote Markierung) und folgen nach rechts einem Waldweg entlang einer niederen Erhebung. Ein kurzer Abstecher nach rechts führt hinauf zur Kapelle St. Hippolyt aus dem 12. Jh., die vermutlich zu einer abgegangenen Burg gehörte.

Geradeaus erreichen Sie einen quer verlaufenden Forstweg, an dem sich ein **Steinbruch 4 (1:10 Std.)** befindet, in dem Suevit (Schwabenstein) ansteht: Er entstand beim Einschlag des Meteoriten durch den enormen Druck und durch Temperaturen um 30 000 °C. Aus dem hier und in weiteren Steinbrüchen abgebauten Gestein wurde unter anderem die Nördlinger Georgskirche mit dem als Daniel bezeichneten Turm errichtet.

Sie folgen dem Forstweg (gelb-rote Täfelchen) zu dem oben genannten Weiher und biegen links ab auf einen Wirtschaftsweg, der nach Utzmemmingen führt. Am Ortsrand halten Sie sich rechts, nach rund 500 m dann links und kehren so wieder zum **Parkplatz E (2:00 Std.)** am Sportplatz zurück.

Wegbeschaffenheit

Kurzzeitig auf Straßen, ansonsten auf Feld- und Forstwegen

Ausgangspunkt

Utzmemmingen am Riesrand an der nordöstlichen Ecke der Alb

Anfahrt

B 466 Heidenheim–Nördlingen, 6 km hinter Ohmenheim links ab, nach 3 km rechts nach Utzmemmingen; nach 300 m rechts in die Goethestraße zum Parkplatz am Sportgelände beziehungsweise Schützenhaus

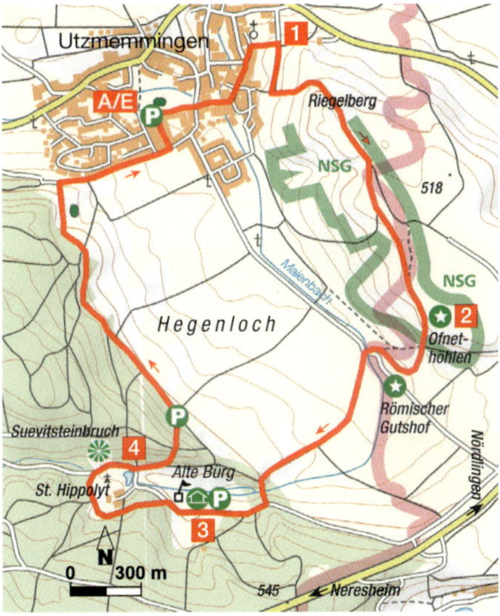

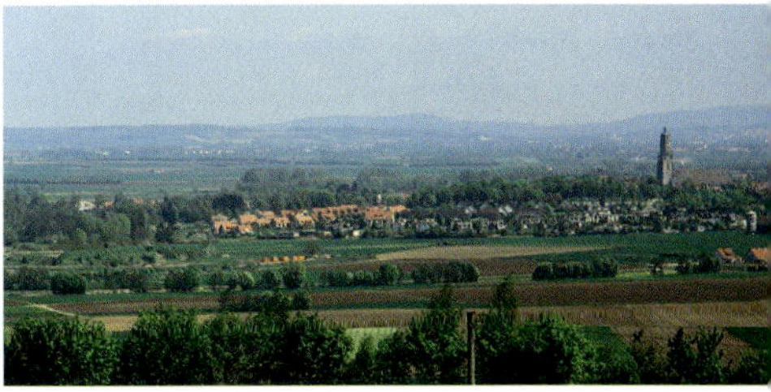

Der »Daniel«, der Turm der Nördlinger Georgskirche, fällt im flachen Ries stark auf.

3 4:30 Std. ↑ 200 hm ↓ 200 hm ↔ 15,5 km

Härtsfeldsee und Neresheim

Auf der einfachen, aber langen Rundwanderung gibt es keine steilen Anstiege zu bewältigen, denn sie verläuft auf dem Härtsfeld, einer Hochfläche auf der östlichen Alb. Wem die Tour zu lang ist, der kann sie durch eine Fahrt mit der Museumsbahn etwas verkürzen (s. Tipp).

Der Wegverlauf

Vom **Parkplatz am Härtsfeldsee** A an der Straße in Richtung Neresheim folgen Sie in nordöstlicher Richtung einem Wirtschaftsweg (keine Markierung) durch das Wiesental, parallel zu einer Landstraße. Am Ortsbeginn von Katzenstein zweigt links die Straße nach Iggenhausen ab, die gut sichtbar mit einem roten Dreiblock markiert ist.

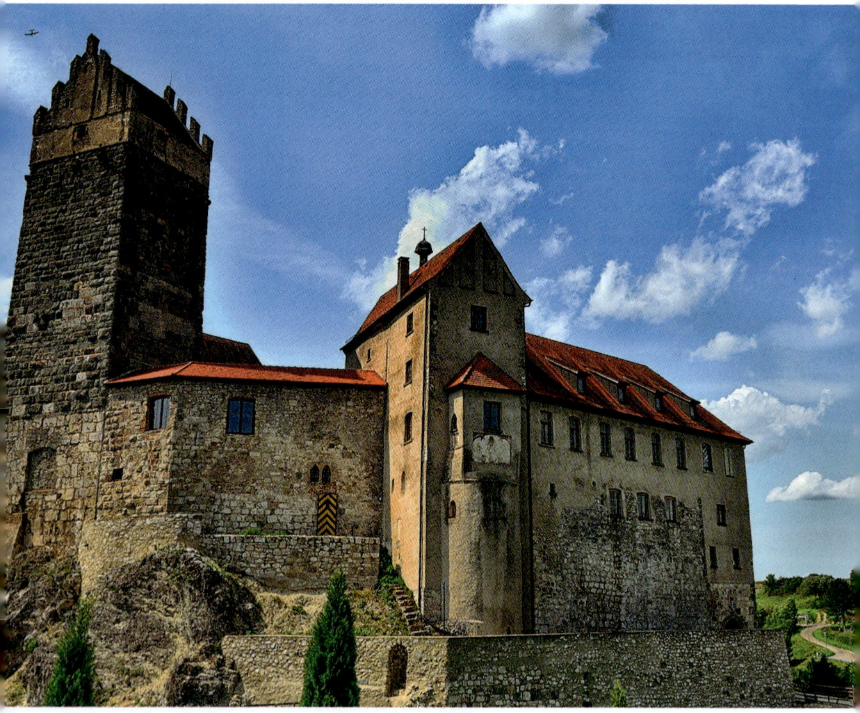

Die vollständig erhaltene Burg Katzenstein

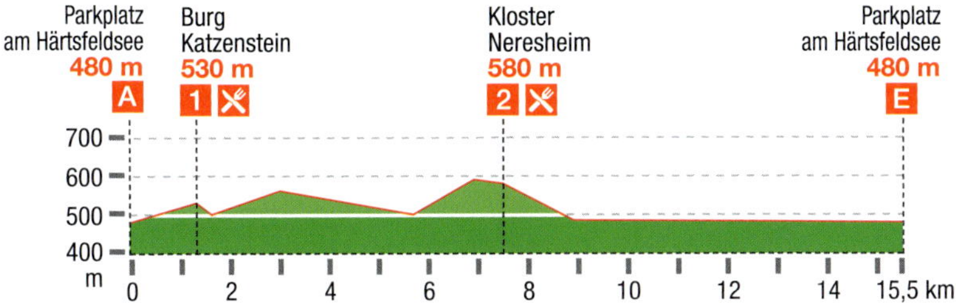

Abstecher: Ehe Sie abbiegen, lohnt der Weg zu der gut erhaltenen **Burg Katzenstein ❶ (0:30 Std.)**: Sie folgen weiter der Ortsdurchfahrt und steigen wenig später zu der beeindruckend auf einem Felsen stehenden Burg Katzenstein an (Burggaststätte). Sie gilt als eine der besterhaltenen romanischen Burganlagen (11. Jh.) im süddeutschen Raum (geöffnet täglich außer Mo 10–18 Uhr, Führungen um 11, 14, 15 und 16 Uhr; im Feb. geschlossen; www.burgkatzenstein.de).

Sie kehren in den Ort zurück und folgen der Straße in Richtung Iggenhausen am Hang des Hexenbergs leicht bergauf zur Scheitelhöhe, wo der markierte Weg nach rechts abzweigt. Nach 500 m biegen Sie links ab – von hier bietet sich ein schöner Blick auf Katzenstein und den Härtsfeldsee – und folgen dem markierten Weg anfangs entlang des Waldrands, dann durch den Wald. Dabei durchqueren Sie zunächst ein flaches Tal und einige Minuten später das enge Tal des Wildbachs (1 Std.). Stets geradeaus erreichen Sie den Waldrand und beim kleinen Schloss Neresheim die Straße Neresheim–Nördlingen. Bergab gelangen Sie zur **Benediktinerabtei Neresheim ❷ (2:30 Std.)**.

Passend zur Vorliebe der Benediktiner für erhöhte Standorte steht die Abtei auf dem Ulrichsberg oberhalb von Neresheim. Gegründet wurde sie im Jahr 1095 als Chorherrenstift und zu Beginn des 12. Jh. in ein Benediktinerkloster umgewandelt. Die heutige Anlage allerdings stammt aus dem 18. Jh. Anlässlich der 600-Jahr-Feier der Abtei wurde mit umfangreichen Umbauarbeiten begonnen, die sich über fast 100 Jahre hinzogen. Zuerst wurden der Wirtschaftshof,

Wegbeschaffenheit
Kurze Abschnitte auf Straßen, teils asphaltierte Wirtschaftswege; Waldwege

Ausgangspunkt
Parkplatz am Härtsfeldsee an der Straße Dischingen–Neresheim

Anfahrt
A 7, Kreuz Ulm/Elchingen–Würzburg, Ausfahrt 116 (Heidenheim), Landstraße nach Nattheim, in der Ortsmitte rechts nach Dischingen, dort links in Richtung Neresheim und 3 km zum Härtsfeldsee

darüber dann die Konventsgebäude und schließlich an höchster Stelle die Kirche errichtet. Als Baumeister wurde Balthasar Neumann (1687–1753) berufen, der jedoch noch vor Vollendung der Kirche starb, die heute zu den bedeutendsten spätbarocken Kirchen zählt. Die Kuppeln in dem hellen, heiter wirkenden Kirchenraum wurden von Martin Knoller (1747–1792) ausgemalt und gelten als Höhepunkt europäischer Barockmalerei. Nur ein Jahrzehnt nach der Einweihung der Kirche wurde das Kloster im Zuge der Säkularisierung aufgehoben und dem Fürsten von Thurn und Taxis zugesprochen. Im Jahr 1920 pachteten Benediktiner die teilweise leer stehenden Gebäude und gründeten wieder ein Kloster. Das Klostermuseum im Konventgebäude und in der Prälatur bietet einen Überblick über die Kloster- und Baugeschichte der Abtei (Klostermuseum: Führungen Di–So; Abteikirche ganztägig geöffnet; Führungen: Anmeldung per E-Mail verwaltung@abteineresheim.de). Bekannt ist die Klosterkirche auch wegen der hervorragenden Akustik, die man mehrmals im Jahr bei Konzerten erleben kann (www.abteineresheim.de).

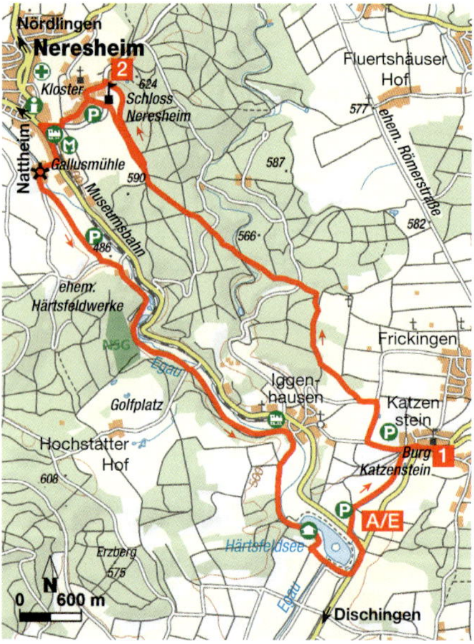

Nach Besichtigung der Klosteranlage verlassen Sie den Klosterhof durch einen Ausgang an der Klostergaststätte und folgen einer Allee bergab. Am Ortsbeginn von Neresheim passieren Sie das im alten Bahnhof untergebrachte Härtsfeldbahn-Museum (an den Fahrtagen der Museumsbahn geöffnet; www.hmb-ev.de) und halten sich auf der quer verlaufenden Straße Neresheim–Nördlingen links. Am Ortsende zweigt rechts ein Weg ab (Markierung rote Raute), der das Tal der Egau durchquert und an der Gallusmühle über das Flüsschen an den westlichen Talhang führt. In trockenen Sommern kann es jedoch sein, dass statt der Egau nur ein leeres Bachbett zu sehen ist. Dann sind die elf Egauquellen bei Neresheim versiegt, und das Wasser tritt erst am Härtsfeldsee aus. Bequem führt ein breiter Weg talabwärts (keine Wander-, nur Radmarkie-

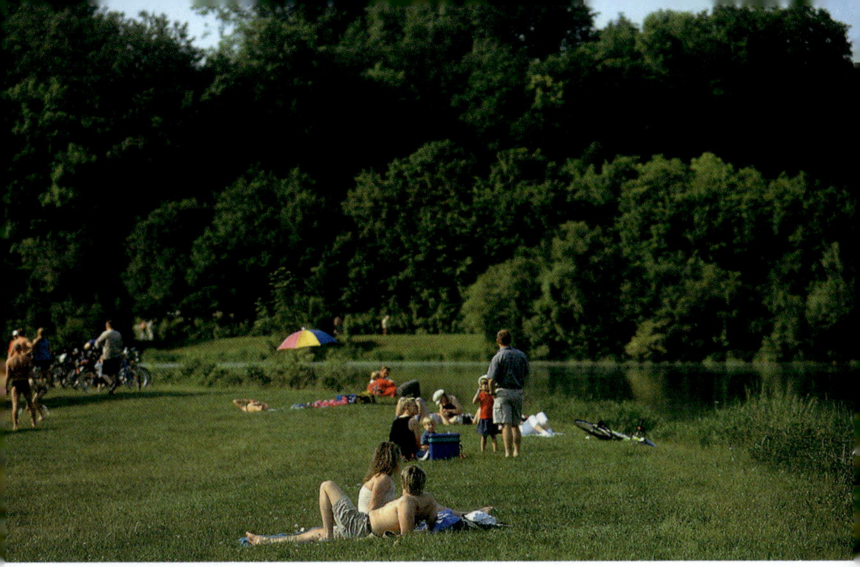

Der Härtsfeldsee im Egautal südlich von Neresheim

rung), an einem mit Wacholder bestandenen Seitental vorbei, und anschließend passiert er die zwischen bewaldeten Hängen stehende ehemalige Steinmühle sowie nach einigen Minuten die Steinbrüche der ehemaligen Härtsfeldwerke. Weiter talabwärts weicht der Wald zurück. Sie passieren das jenseits der Egau liegende Dorf Iggenhausen und erreichen wenig später eine Brücke über das Flüsschen.
Wer sofort zum Parkplatz zurückkehren möchte, überquert die Brücke. Zum Badeplatz am Härtsfeldsee mit großer Liegewiese und Seehaus-Kiosk (geöffnet Mai–Okt.) folgt man dem Weg geradeaus. Vom Badeplatz führt der Weg geradeaus und nach links am Ufer entlang zurück zum **Parkplatz** **E** **(4:30 Std.)**.

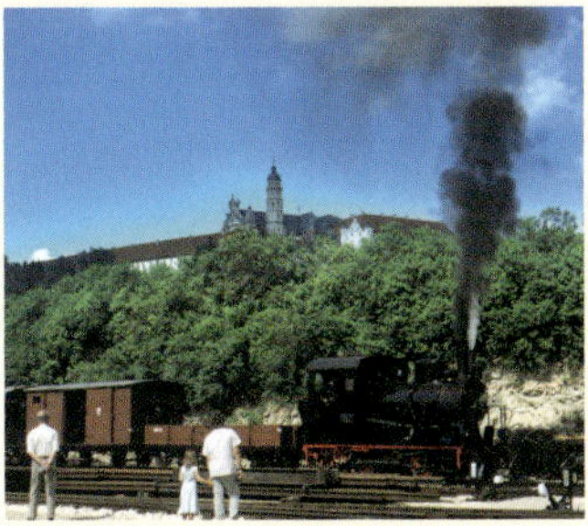

Die »Schättere«

Schön anzusehen ist das Neresheimer Bahnhofsgelände, wenn die Härtsfeld-Museumsbahn »Schättere«, die bis 1972 zwischen Aalen und Dillingen verkehrte, unter Dampf gesetzt wird. An solchen Tagen allerdings wird der Wanderweg entlang der Bahnlinie bis zum Härtsfeldsee, einem Badesee, von zahlreichen Wanderern und Radlern benutzt.

4 | 3:00 Std. | ↑ 70 hm ↓ 70 hm | ↔ 9,5 km

Durch das Lonetal

Die Höhlen Hohlenstein-Stadel und Vogelherd sind weltberühmt, denn in beiden fanden Archäologen nur wenige Zentimeter große Figuren, die aus Mammut-Elfenbein geschnitzt wurden und mit einem Alter von mehr als 30 000 Jahren als die ältesten Kunstwerke der Menschheit gelten.

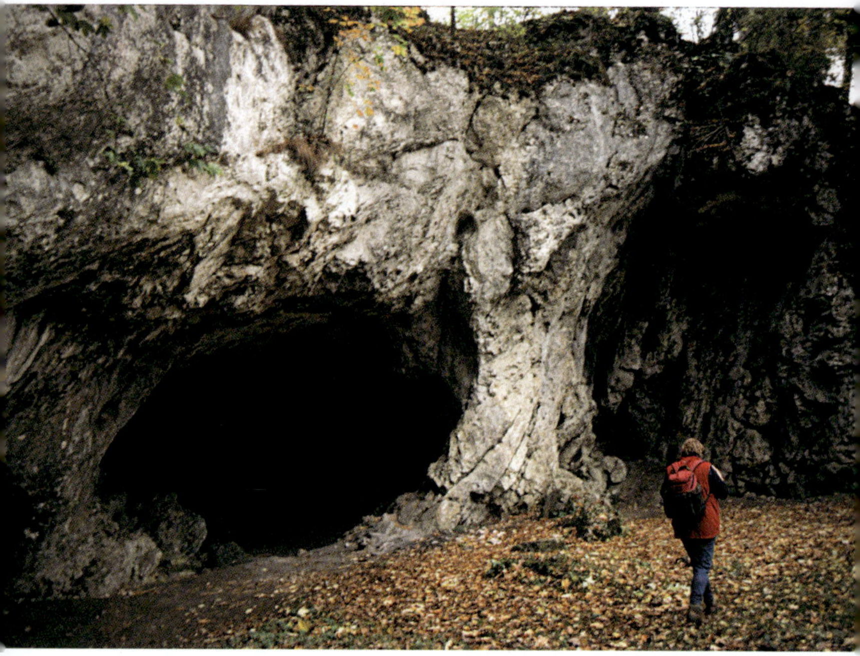

Der »Stadel« – eine Höhle im Felsklotz Hohlenstein

Der Wegverlauf

Am **Wanderparkplatz** A zwischen Bissingen und Stetten ob Lontal überqueren Sie die Straße, folgen einem Fußweg nach rechts über die Lone und kreuzen die hier nach Hürben abzweigende Straße. Geradeaus führt ein Asphaltweg am Zaun des **Archäoparks Vogelherd** entlang zum Eingang 1 **(0:10 Std.)**.

In der Höhle wurden bei Ausgrabungen nur wenige Zentimeter große Tierfiguren aus Mammut-Elfenbein gefunden. Sie wurden mit Steingeräten aus Mammutstoßzähnen geschnitzt und zeigen die für den Menschen einst wichtigen Tiere: Mammut, Wildpferd, Bison, Höhlenlöwe und Bär. Die Figuren stammen aus der Mittleren Altsteinzeit und gelten weltweit als älteste Belege beweglicher Kunst.

Nach Verlassen des Archäoparks folgen Sie weiter dem Asphaltweg, passieren den Parkplatz des Archäoparks und erreichen den Ortsrand von **Stetten ob Lontal** ❷ **(0:30 Std.)**.

Wegbeschaffenheit

Asphaltierte Wirtschaftswege, Waldwege und kurze Abschnitte auf Straßen

Ausgangspunkt

Wanderparkplatz im Lonetal an der Straße Bissingen–Stetten ob Lontal

Anfahrt

A 7 Würzburg–Ulm, Ausfahrt Niederstotzingen; auf der Straße in Richtung Niederstotzingen, Bissingen ob Lontal durchfahren, kurz danach Wanderparkplatz im Lonetal

Geradeaus (Markierung rotes Dreieck) gelangen Sie in den Ort und nach rechts in die Ortsmitte mit dem nicht zugänglichen Schloss Stetten – im Jahr 1583 erbaut und 1712 barock umgestaltet – mit der barocken Wallfahrtskirche aus dem Jahr 1733 sowie dem Gasthof Adler (geöffnet Mi–Sa ab 17.30 Uhr, So 11–14 und ab 17.30 Uhr; www.adler-lonetal.de). Am Gasthof Adler, kurz vor dem Barockschloss, halten Sie sich links in der Mitteldorfstraße – nicht der sofort

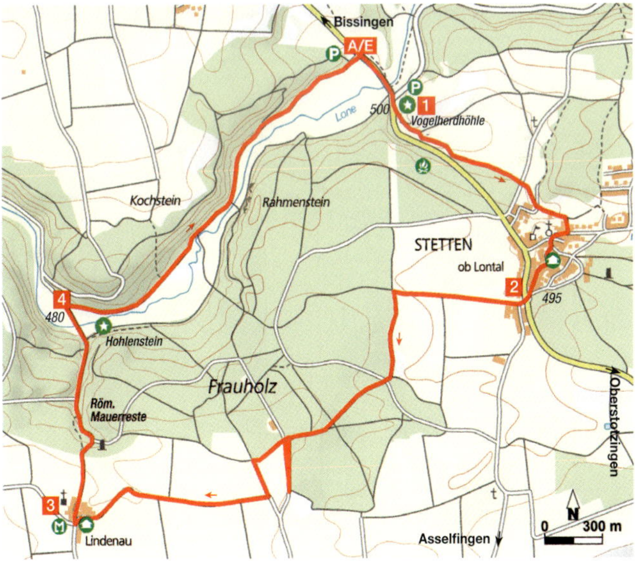

wieder nach links weisenden Markierung folgen! – und gelangen zur Durchgangsstraße. Sie überqueren die Straße (Markierung rotes Dreieck, »Lindenau«) und verlassen auf der geradeaus führenden Wasserhausstraße den Ort. Am Waldrand halten Sie sich links zu einer Wegkreuzung, von der ein Waldpfad nach rechts leicht ansteigt. Kurz nach Verlassen des Waldes wenden Sie sich nach links – Lindenau ist schon zu sehen – zu einem asphaltierten Fahrweg, der in den Weiler **Lindenau** ❸ **(1:45 Std.)** führt. Im 13. Jh. stand in Lindenau eine berühmte Wallfahrtskirche, die später um ein Hospiz erweitert wurde. 1803 fiel Lindenau an Bayern. Die Kirche wurde abgerissen; das Hospiz wurde zunächst in ein Jägerhaus umgewandelt und ab 1833 als Bauernhaus genutzt. Seit mehreren Generationen wird hier Landwirtschaft betrieben und Schafe weiden in der Umgebung. Heute ist Lindenau wegen der Gaststätte »Im Schlössle« (Di–So ab 10 Uhr sowie an Feiertagen geöffnet; www.ausflug-lindenau.de) ein beliebtes Ausflugsziel. Hier

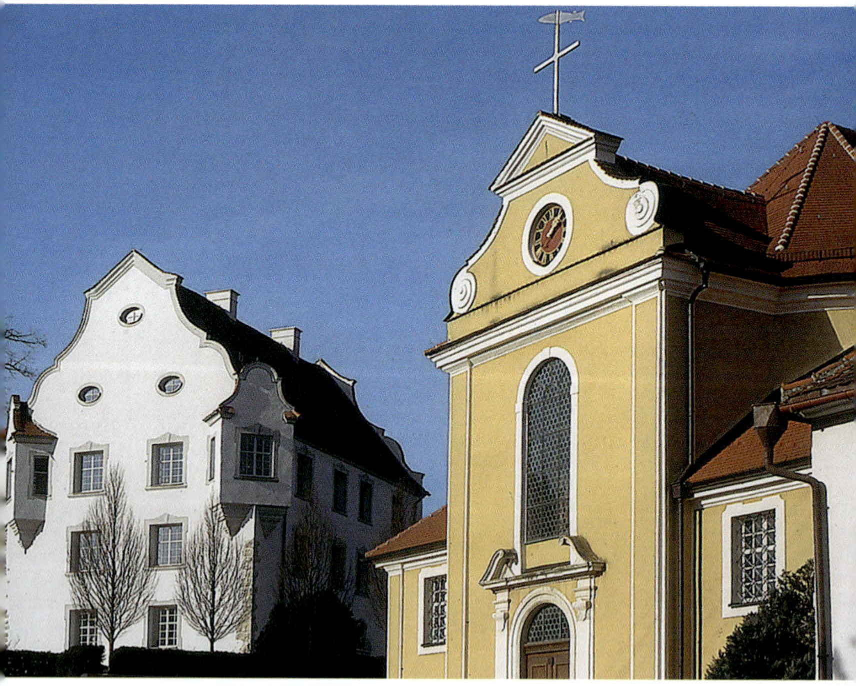

Schloss und Wallfahrtskirche mit Gnadenkapelle in Stetten ob Lohntal

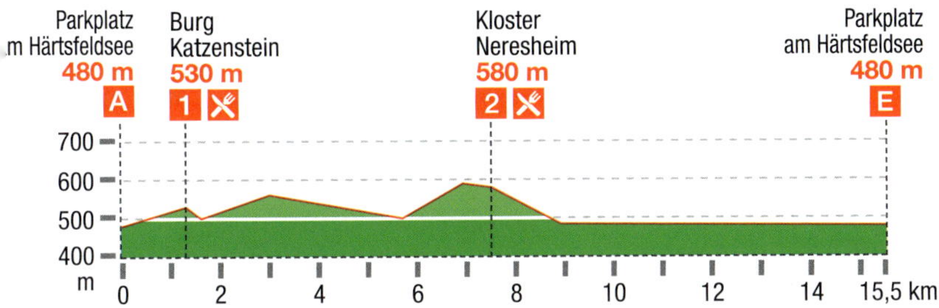

wird in rustikalen Räumen beziehungsweise im Biergarten traditionelle schwäbische Küche serviert, unter anderem Gemischter Braten und Vesperplatte, und freitags, am Backtag, gibt es auch schwäbische Pizza und selbst gebackenes Brot.

Neben der Ausflugsgaststätte befinden sich in der ehemaligen Mönchsklause die Ausstellung »Höhle des Löwenmenschen« mit Informationen und einem Film zur berühmten Elfenbeinfigur sowie eine Geopark-Infostelle und ein Infopunkt zum Lonetal (geöffnet täglich außer Mo 10–18 Uhr).

An der Gaststätte folgen Sie nach rechts einem Fahrweg (Markierung rote Gabel, »Hohlenstein«), der bequem ins Lonetal hinunterführt. Am Fuß des Talhangs zweigt rechts ein Pfad ab (Abstecher hin und zurück 5 Min.) zum **Hohlenstein** 4 (2:15 Std.) mit drei Höhlen: Bärenhöhle, Kleine Scheuer und Stadel. Diese Höhlen wurden in den 1930er- und 1950er-Jahren von Archäologen untersucht. Gefunden wurde unter anderem der Oberschenkelknochen eines Neandertalers. Am bedeutendsten waren die Funde im Stadel. Hier entdeckte man eine knapp 30 cm große Löwen-Mensch-Figur, die vor rund 32 000 Jahren hergestellt wurde und als eine der ältesten Menschendarstellungen gilt. Das Original ist im Ulmer Museum zu sehen.

Sie überqueren die Lone und gelangen nach rechts, talabwärts, auf einem bequemen Wirtschaftsweg zum **Wanderparkplatz im Lonetal** E (3:00 Std.) zurück.

Archäopark Vogelherd

Die Vogelherdhöhle mit drei kurzen Höhlengängen wurde »aufgewertet« – gegen Eintrittspreis – zu einem sogenannten Archäopark mit Café und Ausstellungsraum, in dem einige der in der Höhle ausgegrabenen Elfenbeinfigürchen gezeigt werden. Eine Grillstelle, eine ganze Herde kleiner, bemalter Mammuts, ein lebensgroßes Mammut-Modell und die Möglichkeit, Speere auf Eiszeittiere zu werfen, ergänzen das Angebot. Für den Rundgang kann ein Audio-Guide ausgeliehen werden (www.archaeopark-vogelherd.de).

5 | 3:30 Std. | 140 hm ↑ 140 hm ↓ | 11 km

Durch das Eselsburger Tal

Das Eselsburger Tal, ein landschaftlich reizvoller Abschnitt einer Brenz-Talschlinge südlich von Herbrechtingen, ist seiner markanten Felsen wegen bei Wanderern und Radfahrern beliebt. Die leichte Rundwanderung verläuft je zur Hälfte an der bewaldeten Talkante und auf der Talsohle.

Der Wegverlauf

Vom Parkplatz »Festplatz« in **Herbrechtingen** A steigen Sie rechts neben dem Hallenbad auf einem asphaltierten Weg an (Markierung rote Gabel), biegen nach 200 m rechts ab (keine Markierung) zum Rand einer Wohnsiedlung und folgen nach links bergauf dem Sträßchen Heideweg. Schon fast auf der Höhe des **Hügelrückens Buigen** 1 **(0:30 Std.)** kreuzen Sie die Buigenstraße. Ein Feldweg führt geradeaus über den Rücken, und am Westhang steigen Sie auf einem nur undeutlichen Wiesenweg (keine Markierung) ins Brenztal hinunter.

Am Fuß des Talhangs wenden Sie sich nach rechts und folgen einem Fuß- und Radweg an der Straße Herbrechtingen–Anhausen (Markierung rote Raute) nach links über die Brenz. Am ehemaligen Benediktinerkloster **Anhausen** 2 **(1:00 Std.)** zweigt rechts ein Weg ab (rote Raute), der durch den einstigen Klosterbezirk führt. 1125 wurde ein Benediktinerkloster von Langenau nach Anhausen verlegt. Zwischen 1556 und 1584 war im Kloster eine von 13 württembergischen Klosterschulen untergebracht; hier wurden Schüler auf ihr Amt als Pfarrer vorbereitet, ehe sie zur weiteren Ausbildung die Universität Tübingen besuchten. Im Westfälischen Frieden von 1648 fiel das Kloster an Württemberg und wurde evangelisch. 1820 wurde die Klosteranlage in Lagerräume und Wohnungen umgewandelt.

In Anhausen bietet sich die erste Möglichkeit einzukehren, und zwar im traditionsreichen Gasthof Adler, wo schwäbische Spezialitäten und nachmittags Kaffee und Kuchen sowie Vesper serviert werden. Selbst gebackenes Brot und Produkte aus der eigenen Brennerei

Wegbeschaffenheit
Asphaltierter Fußweg, kurzzeitig auf Sträßchen, Wald- und Wirtschaftswege

Ausgangspunkt
Herbrechtingen im Brenztal

Anfahrt
Bahn: Ulm–Heidenheim, Haltestelle »Herbrechtingen«. Pkw: A 7 Würzburg–Ulm, Ausfahrt Giengen; B 19 nach Herbrechtingen, an der Kreuzung links, dann rechts ab zum Parkplatz beim Festplatz

werden zum Verkauf angeboten (Mi–Sa ab 17 Uhr, So 11–14 und ab 17.30 Uhr).

Sie überqueren die Straße, folgen dem Kapellenweg nach links zum Waldrand und steigen bequem bergan (roter Balken, »Falkenstein«, HW 4) zur Hangkante und zu einem stattlichen Anwesen, der

Das Eselsburger Tal

Der Großteil der Wanderstrecke ist recht ruhig und angenehm. An sonnigen Wochenenden jedoch herrscht im Eselsburger Tal mit den markanten »Steinernen Jungfern« ein reger Spaziergänger-, Radler- und Skaterverkehr.

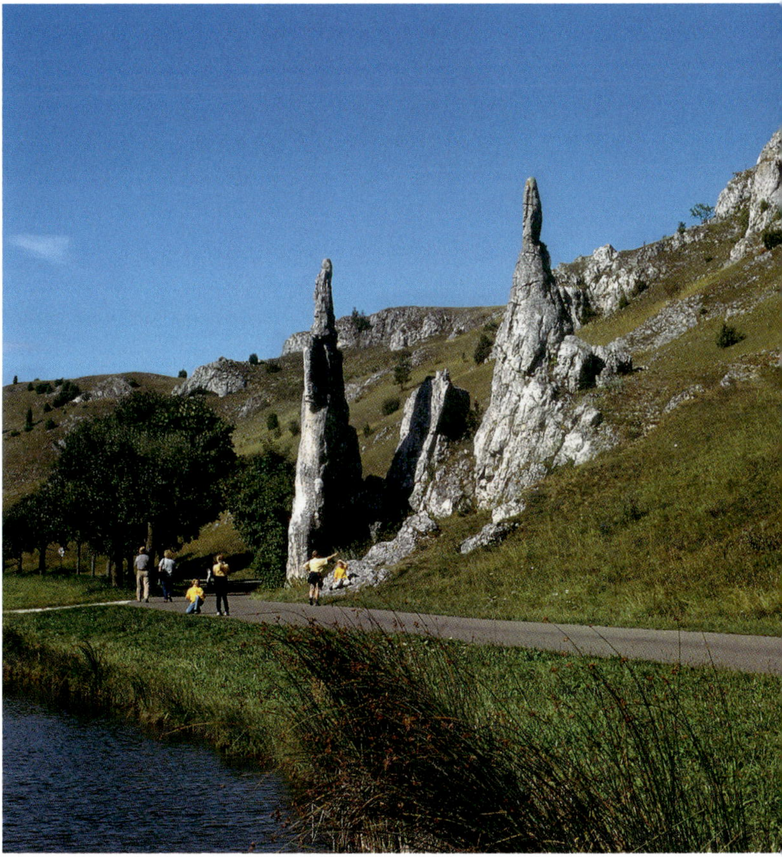

Die markante Felsformation »Steinerne Jungfrauen« im Eselsburger Tal

Domäne Falkenstein. Nach dem Wohngebäude wenden Sie sich nach links zu der einstigen **Burg Falkenstein** **3** **(1:45 Std.)**, heute ein Aussichtspunkt hoch über dem Brenztal. Von der im 12. Jh. erbauten Burg sind nur noch wenige Mauerreste erhalten, denn trotz ihrer Lage auf einem steilen Fels, der durch eine Zugbrücke mit der Albhochfläche verbunden war, wurde die Hauptburg im Verlauf des Dreißigjährigen Krieges 1634 zerstört. Erhalten blieben die um 1430 erbauten Gebäude der Vorburg, in denen eine der Domänen des Landes Baden-Württemberg untergebracht war. Heute ist das landwirtschaftliche Gut, in dem Schweinezucht und Ackerbau betrieben werden, im Privatbesitz der einstigen Pächter. Einige der historischen Räume können für Feste gemietet werden (www.domaene-falkenstein.de).

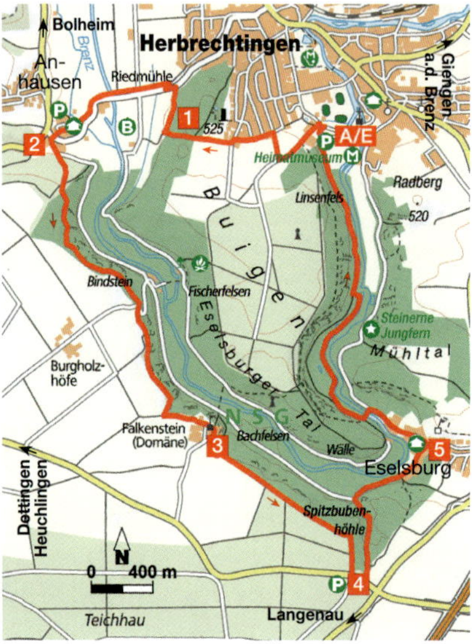

Von der Domäne-Zufahrt biegen Sie nach 50 m links ab (roter Balken), verlassen diesen Weg nach 100 m wieder und folgen einem an der Hangkante schnurgerade verlaufenden Waldweg, der nach etwa einem Kilometer rechts abknickt und in die Straße Eselsburg–Dettingen am Albuch einmündet. Hier überqueren Sie einen linker Hand gelegenen **Parkplatz** **4** **(2:15 Std.)** und folgen nach links einem Forstweg (Ausschilderung »Eselsburg«), vorbei an der etwas erhöht am Hang liegenden Spitzbubenhöhle, hinunter zur Brenz.

Auf dem Talgrund gehen Sie nach rechts in die kleine Ortschaft **Eselsburg** **5** **(2:45 Std.)**, wo Sie in der Talschenke einkehren können (geöffnet Di–Fr 11.30–19 Uhr, Sa ab 10.30 Uhr, So ab 10 Uhr; www.talschenke-eselsburg.de). Kurz nach dem Ortsende überqueren Sie eine Brücke über den Fluss und wenden sich sofort nach rechts. Nach Regenschauern empfiehlt es sich, auf dem Sträßchen rechts der Brenz zu bleiben. Das unter Naturschutz stehende Eselsburger Tal ist bekannt wegen bizarrer Felsengebilde, und am gegenüberliegenden Hang fallen einige mächtige Schwammstotzen auf. Die bekannteste Felsformation ist die Doppelnadel »Steinerne Jungfrauen«, um die sich folgende Sage

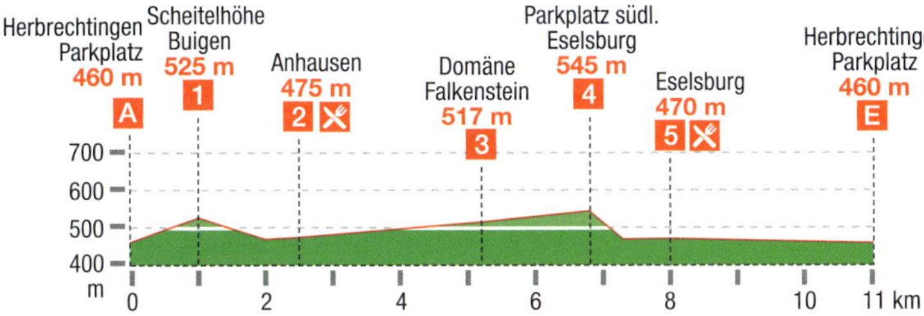

rankt: Einst lebte auf der Eselsburg ein adeliges Burgfräulein, das sich in einen Rittersmann verliebte. Die beiden gelobten sich ewige Treue, was jedoch den Rittersmann nicht davon abhielt, das Burgfräulein eines Tages zu verlassen. Voller Zorn schwor sie, sich niemals mehr mit einem Mann abzugeben, und forderte dies auch von ihren beiden Mägden. Als diese sich nicht an das Verbot hielten und eines Tages beim Wasserholen an der Brenz mit einem Burschen scherzten, geriet das Burgfräulein so in Wut, dass sie die beiden Mägde verwünschte und diese sich in Stein verwandelten.

Unmittelbar entlang der Brenz kehren Sie zu Ihrem Ausgangspunkt in **Herbrechtingen** E **(3:30 Std.)** zurück.

Die Welt von Steiff

Ein Knopf im Ohr der Plüschtiere, welche die in Giengen an der Brenz geborene und an Kinderlähmung erkrankte Margarete Steiff Anfang des 20. Jh. fertigte, wurde zum Markenzeichen des bis heute bestehenden Unternehmens Steiff. Im Erlebnismuseum »Die Welt von Steiff« in Giengen (Margarete-Steiff-Straße 1) werden die bei Steiff im Verlauf von 125 Jahren hergestellten Plüschtiere eindrucksvoll in Szene gesetzt (täglich 10–18 Uhr, www.steiff.com).

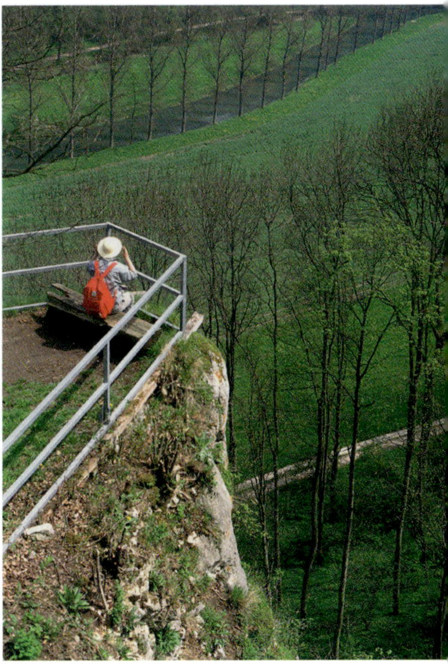

Wo einst die Burg Falkenstein stand, befindet sich ein Aussichtspunkt hoch über dem Brenztal.

6 4:00 Std. 110 hm 110 hm 14 km

Durch das Wental

Auf der landschaftlich interessanten Rundwanderung ist zu Beginn lediglich ein mäßiger Anstieg zu bewältigen. Auf der zweiten Streckenhälfte geht es vom Landhotel Wental bequem im Wental abwärts, einem Trockental mit markanten Felsen.

Der Wegverlauf

Vom **Wanderparkplatz Hirschtal** A steigt ein Asphaltweg (Markierung gelbe Gabel) im Hirschtal sanft an zu einer Weggabelung vor einem Staubecken. Sie halten sich links und folgen einem steiler ansteigenden Forstweg (keine Markierung) zu einer weiteren Weggabelung. Nach links gelangen Sie auf eine große **Lichtung** 1 (0:45 Std.), wo sich einst ein Kalkofen befand, kreuzen einen Wirtschaftsweg und überqueren die Lichtung (keine Markierung). Für die Herstellung von Branntkalk aus Kalkstein bei rund 1000 °Celsius benutzte man gelegentlich noch bis ins 20. Jahrhundert zumeist gemauerte Brennöfen, aber auch nur einfache Erdgruben. Branntkalk wird unter Zugabe von Wasser für Kalkfarbe oder -mörtel weiterverarbeitet.

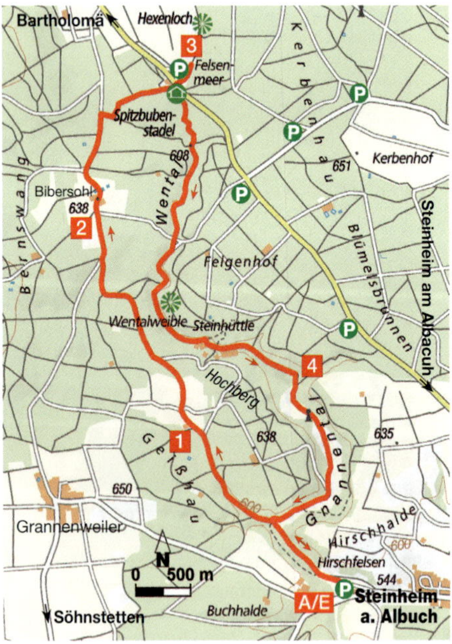

Geradeaus führt ein Waldweg weiter zu einer Wegkreuzung. Dort wandern Sie geradeaus weiter auf dem Tannäckerweg zu einem geschotterten Fahrweg und halten sich rechts nach **Bibersohl** 2 (1:30 Std.), einem Forsthaus mit drei Hülen – mit Lehm abgedichtete Teiche zum Sammeln von Regenwasser zum Tränken der Haustiere.

An der nächsten Gabelung gehen Sie rechts weiter und biegen nach weiteren 10 Minuten (rund 700 m) rechts ab auf einen breiten, grasbewachsenen Waldweg (Ausschilderung: Wental, Markierung: gelber Kreis). Nach

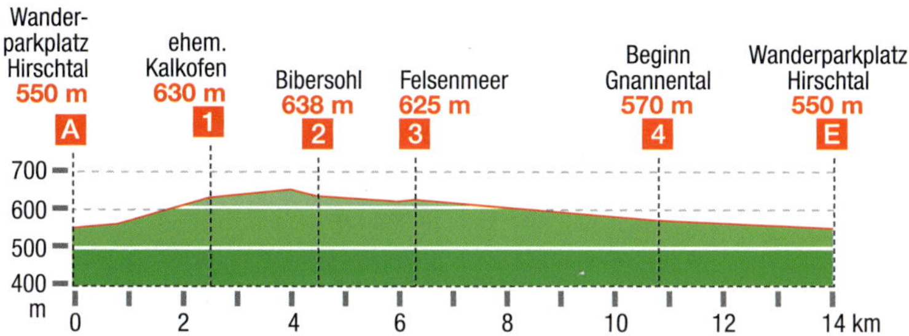

einigen Minuten folgen Sie der Markierung nach links und gelangen zum Restaurant-Landhotel Wental (www.wental.de). Jenseits der Straße Steinheim–Bartholomä führt von einem Parkplatz ein Schotterweg zum **Felsenmeer** 3 (2:10 Std.) mit etwa 30 einzeln stehenden Felsen und mehreren Grillstellen.

Das Felsenmeer

Der erste Streckenabschnitt durch den Wald ist sehr ruhig. Hat man aber das Wental erreicht, wird es lebhaft, insbesondere im sogenannten Felsenmeer, wo zahlreiche Fußgänger und Radler unterwegs sind oder picknicken.

Sie kehren zurück, überqueren am Landhotel nach links den Hotel-Parkplatz und folgen einem Schotterweg (Markierung gelbes Dreieck), der bequem abwärts im engen Wental verläuft. Das Wental ist ein Trockental. Vor Millionen von Jahren strömte hier Wasser zur Donau und spülte einstige Schwammriffe frei, die heute als Felsen aus den Talhängen emporragen, so auch der als »Wentalweible« bekannte Fels, erkennbar an einem Kreuz auf dem Felskopf.

Sie gelangen in einen als **Gnannental** 4 (3:15 Std.) bezeichneten Talabschnitt mit Rast- und Spielplatz. Hier beginnt ein asphaltierter Weg entlang eines Rückhaltebeckens. Im Hirschtal kehren Sie schließlich zu Ihrem Ausgangspunkt am **Wanderparkplatz** E (4:00 Std.) zurück.

Wegbeschaffenheit
Zu Beginn auf Asphalt, dann Wald- und Forstwege

Ausgangspunkt
Wanderparkplatz Hirschtal westlich von Steinheim am Albuch

Anfahrt
Bus: Heidenheim–Steinheim, Haltestelle »Hirschtal«. Pkw: B 466 Heidenheim–Böhmenkirch, abbiegen nach Steinheim am Albuch, links Richtung Gnannenweiler, dann rechts zum Parkplatz Hirschtal

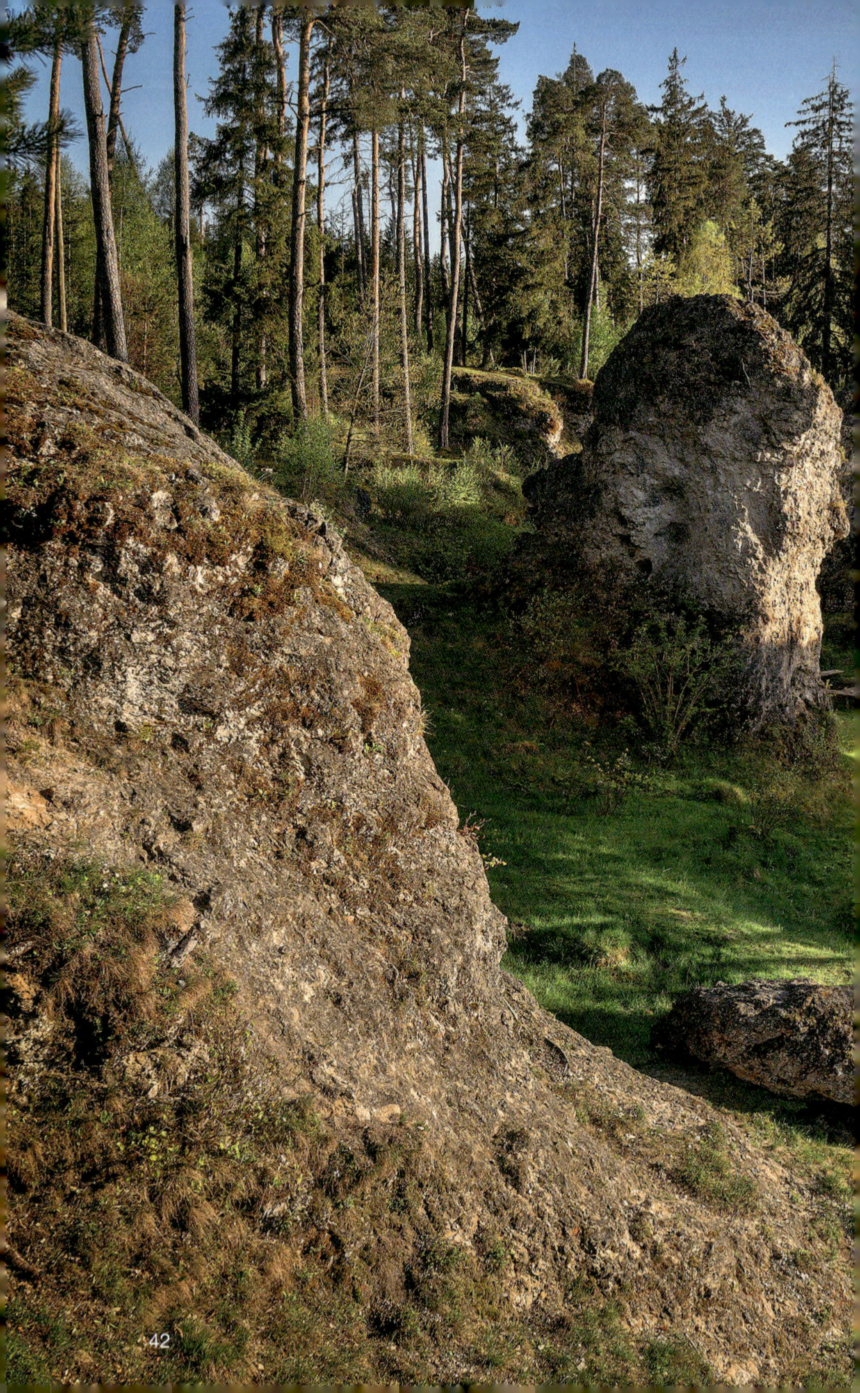

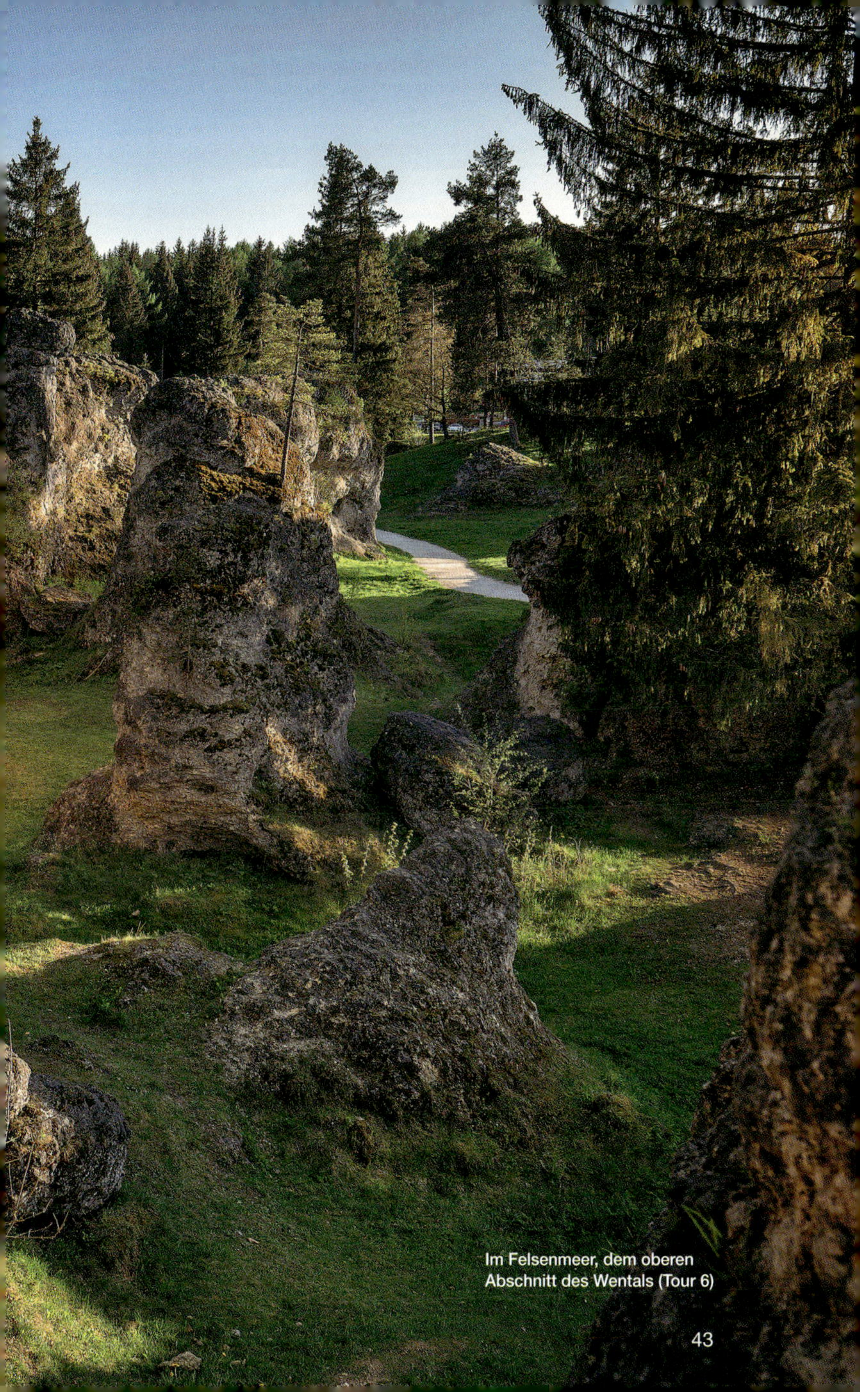

Im Felsenmeer, dem oberen Abschnitt des Wentals (Tour 6)

7 | 2:00 Std. | 220 hm / 220 hm | 5,5 km

Die Berghalbinsel Rosenstein

Ein schmaler Sattel verbindet die Albhochfläche mit der Berghalbinsel Rosenstein, die bei Wanderern und Kletterern beliebt ist aufgrund der zahlreichen Felsen, der Aussichtspunkte, einer Burgruine und einer Waldschänke.

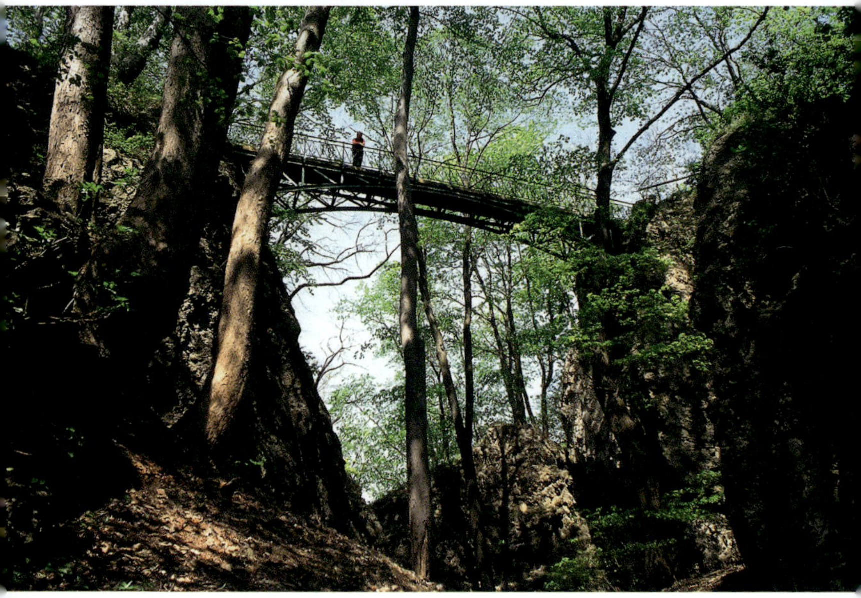

Ein tiefer Halsgraben schützte die Burg Rosenstein.

Der Wegverlauf

Am talseitigen Rand des **Wanderparkplatzes unterhalb der Burgruine Rosenstein** A folgen Sie in Richtung Talausgang einem Sträßchen und biegen nach 200 m rechts ab auf einen Waldweg (Markierung rote Gabel), der in einem engen Tal zur **Hangkante** 1 **(0:30 Std.)** ansteigt. Hier, am Übergang vom Albkörper zur Berghalbinsel Rosenstein, queren Sie nach links auf einem Forstweg eine jungsteinzeitliche Wallanlage.

An einer Wegespinne führt ein Waldweg (Markierung rote Gabel, Beschilderung des Rosenstein-Rundwanderwegs) nach halb rechts bequem zu den Sedelfelsen und zum **Aussichtspunkt Ostfels** 2 **(1:00 Std.)**.

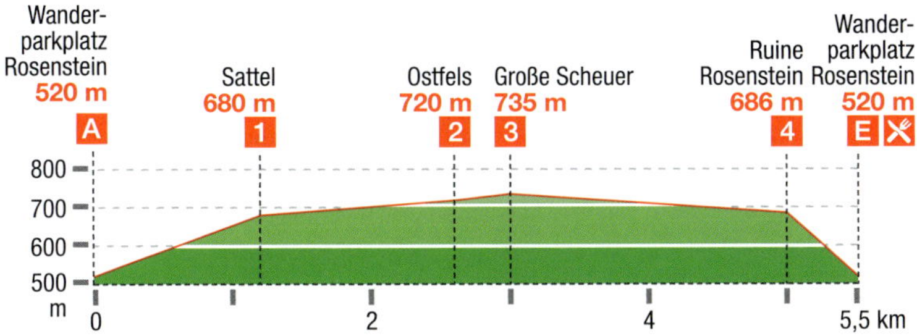

Nun verläuft der Weg an der nördlichen Hangkante.

Nach wenigen Minuten führen rechts ein paar Treppenstufen hinab zur **Großen Scheuer** ❸ **(1:10 Std.)**, einer tunnelartigen Höhle mit drei Öffnungen. Hier verlief einst ein ganzes Höhlensystem, zu dem auch die 70 m entfernt liegende Höhle namens Haus gehörte.

Zum Rosenstein

Die interessanten Stationen am Weg wie eine frühzeitliche Wallanlage, Aussichtsfelsen und große, durch Erosion freigelegte Höhlengänge, eine Waldgaststätte und eine Burgruine können Sie erst erleben, nachdem der Anstieg von 160 Hm geschafft ist. Angenehm leicht ist anschließend der Weg an der Kante der Berghalbinsel entlang.

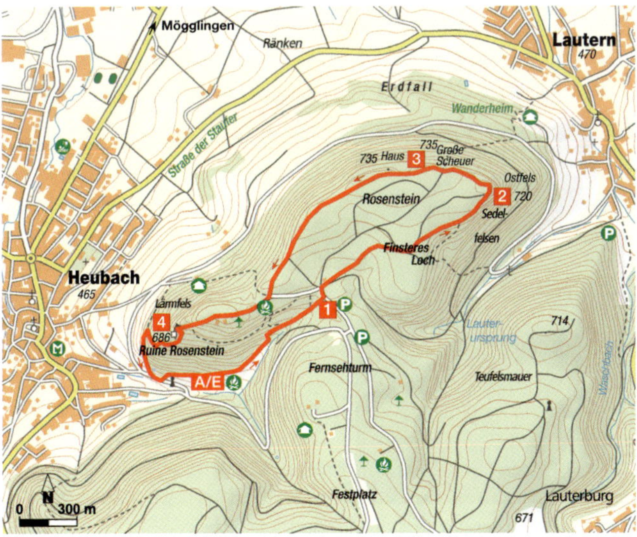

Wegbeschaffenheit
Wald- und Forstwege, abschließend kurz auf Asphalt
Ausgangspunkt
Heubach, am Nordrand des Albuchs
Anfahrt
Bus Schwäbisch Gmünd–Aalen, in Heubach Haltestelle »Marktplatz«. Pkw: B 29 Schwäbisch Gmünd–Aalen; in Böbingen Richtung Heubach, durch die Stadt Richtung Bartholomä, an einer Fabrik links zum Parkplatz

In einer Senke folgen Sie einem Schotterweg nach rechts, queren dann einen Wall mit Graben – dieser stammt wahrscheinlich noch aus der Zeit um 600 v. Chr. – und erreichen die Gaststätte »Waldschenke« mit Biergarten (ab 11 Uhr, Sa/So ab 10 Uhr, Do Ruhetag); www.waldschenke-rosenstein.de.

Sie passieren den Lärmfelsen und überqueren auf einem Metallsteg den tiefen Graben der **Burgruine Rosenstein** 4 (1:45 Std.). Nur wenige Reste der um 1200 herum erbauten und um 1525 verlassenen Burg sind erhalten geblieben.

Sie steigen in den Graben (Markierungen rotes Dreieck sowie rote Gabel) und am Hang kurzzeitig steil ab und wenden sich anschließend am Fuß des Burgfelsens nach rechts (Markierung rotes Dreieck) zur kleinen Höhle Kleine Scheuer.

In Kehren steigen Sie hinab zu einem Sträßchen und kehren nach links zum **Wanderparkplatz** E (2:00 Std.) zurück.

Baden in Oberkochen und Aalen

In Oberkochen bietet das Freizeitbad »aquafit« eine Schwimmhalle mit Riesenrutsche, ein Massagebecken im Freien, einen Kleinkinderbereich sowie Sauna und Dampfbad. In Aalen verfügen die Limes-Thermen über eine Vielfalt an Möglichkeiten für gesundheitsbewusste Besucher, unter anderem über ein Bewegungsbecken, Therapiebecken, Außenbecken und Warm-Grottenbecken; für Saunafreunde stehen ein römisch-irisches Dampfbad, eine finnische Blockhaussauna und eine Panoramasauna bereit; eine Kneippanlage und ein Fußreflexzonenpfad, Fußpflege und Massagen sowie ein Restaurant mit Terrasse runden das Angebot ab.

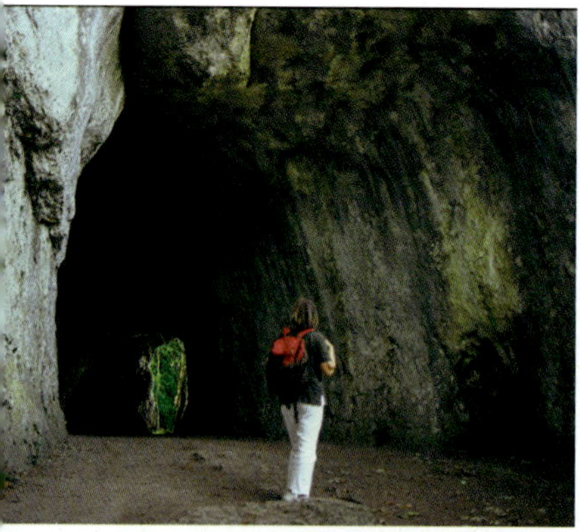

Die Höhle Große Scheuer

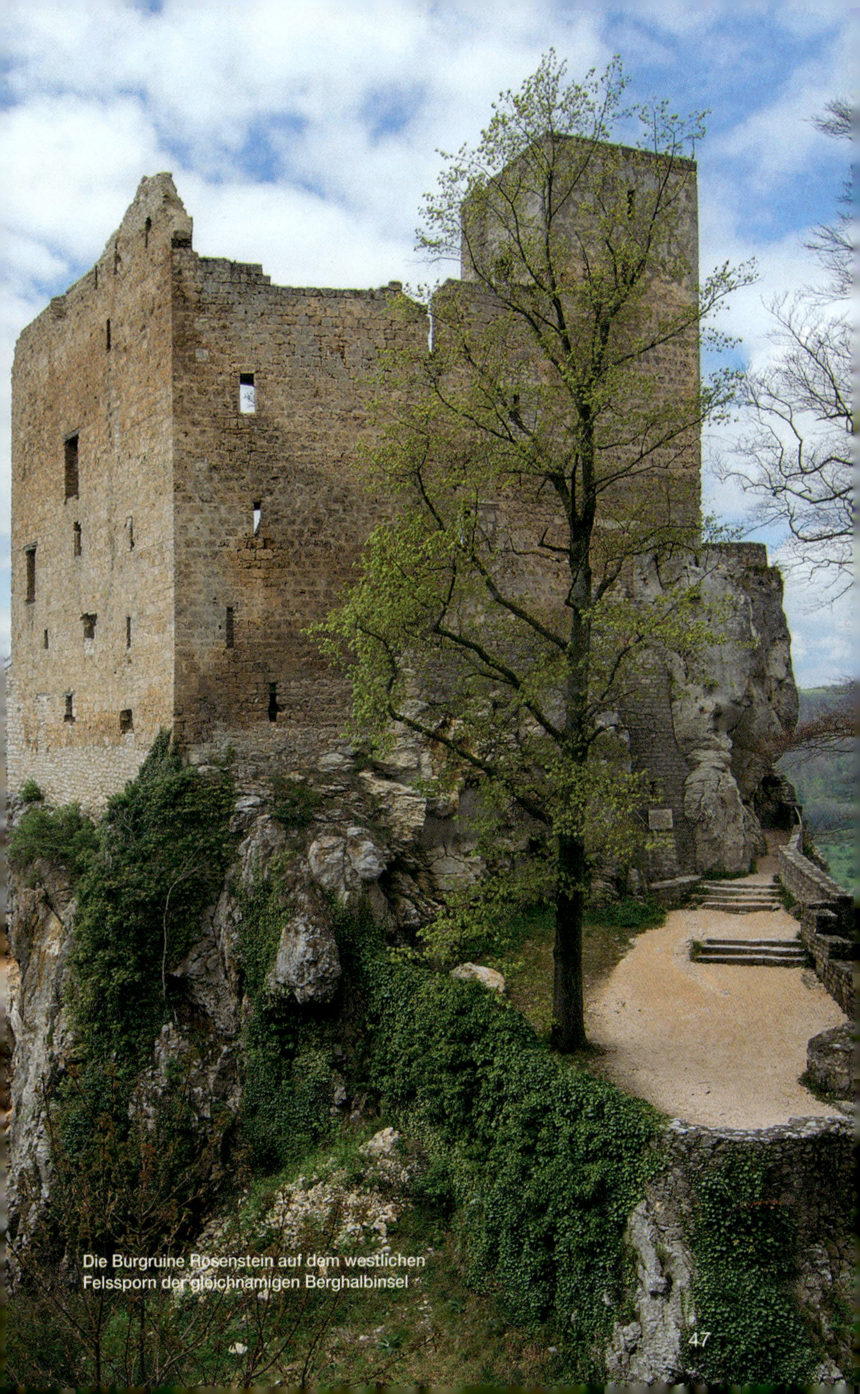

Die Burgruine Rosenstein auf dem westlichen Felssporn der gleichnamigen Berghalbinsel

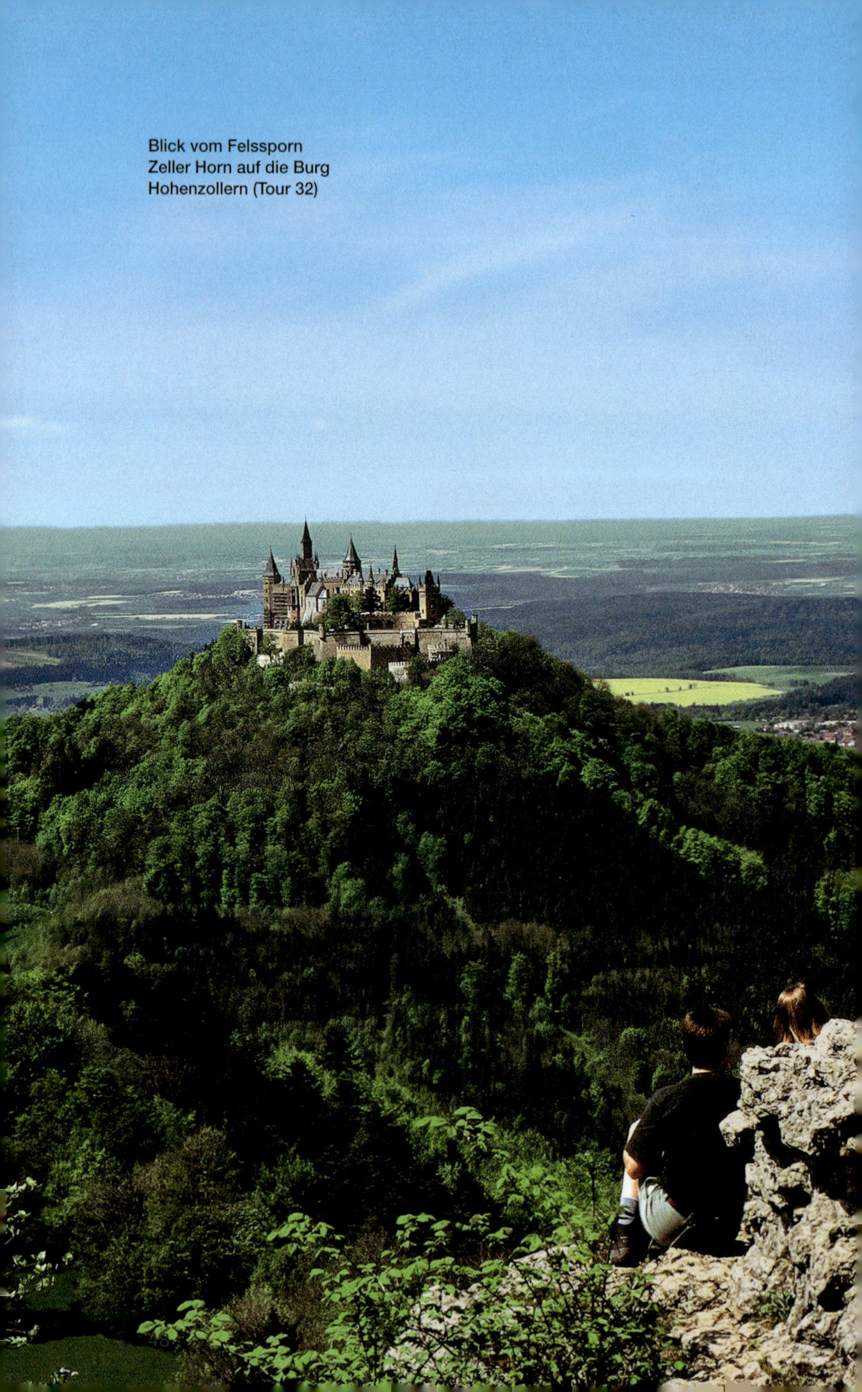

Blick vom Felssporn
Zeller Horn auf die Burg
Hohenzollern (Tour 32)

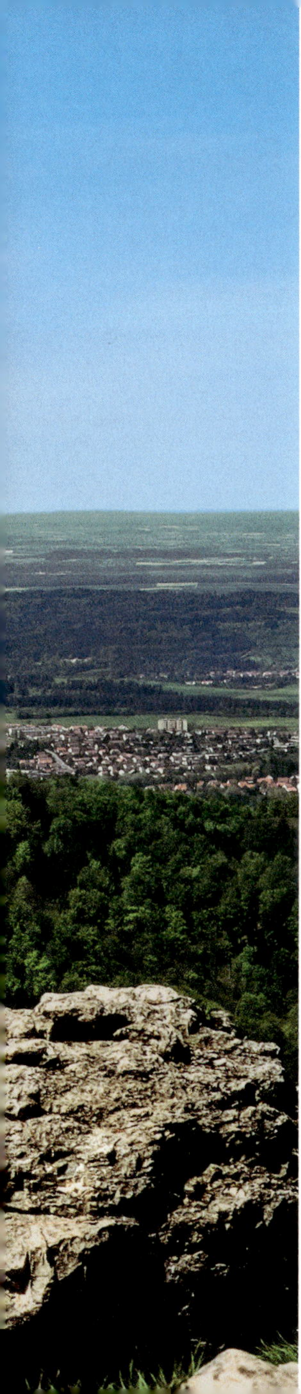

Top 5

Schöne Ausblicke

Hohenstaufen und Hohenrechberg

Von beiden Burgruinen blickt man auf das Remstal im Norden und auf den Albrand im Süden. **Tour 8**

Zur Burg Teck

Vom Breitenstein und von der Teck blicken Sie auf Streuobstwiesen und Felder sowie über die Fildern bis nach Stuttgart. **Tour 15**

Zur Burg Hohenzollern

Der Raichbergturm gewährt Ausblicke auf die Albhochfläche, auf das Zeller Horn und auf die Burg Hohenzollern. **Tour 32**

Zum Lochen und Schafberg

Der Blick vom Lochenstein umfasst unter anderem den östlichen Schwarzwald und Burg Hohenzollern im Norden. **Tour 36**

Zum Schaufelsen im Donautal

Tief unterhalb zweier Burgruinen und des Schaufelsens fließt die Donau zwischen steilen Talhängen. **Tour 40**

8 5:00 Std. ↑ 490 hm ↓ 400 hm ↔ 16 km

Hohenstaufen und Rechberg

Die landschaftlich reizvolle Rundwanderung mit zwei längeren, teilweise steilen Anstiegen verläuft vor dem nördlichen Albrand. Sehenswert sind die Burgruinen auf den sogenannten Kaiserbergen Hohenstaufen und Hohenrechberg.

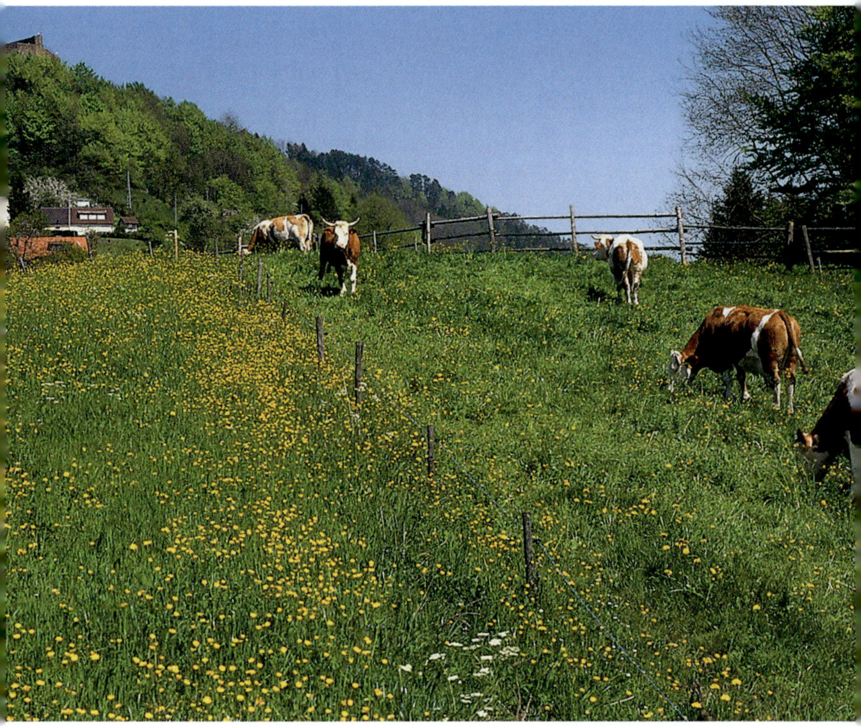

Der Wanderweg von Ottenbach hinauf zur Burgruine Hohenstaufen verläuft zwischen Wiesen und Viehweiden.

Der Wegverlauf

Vom **Parkplatz an den Sportanlagen** A führt links um den Sportplatz herum ein Fußweg nach Ottenbach, wo Sie auf dem Erlenweg nach rechts die Krumm überqueren sowie die Ortsdurchfahrt. Durch Schul- und Eichholzstraße gelangen Sie zum Waldrand und steigen nach links (blauer Punkt) steil auf ins Dorf Hohenstaufen unterhalb der

Ruine der **Burg Hohenstaufen** **1 (2:00 Std.)**; mit Berggaststätte (täglich geöffnet). Der Hohenstaufen (www.schloesser-und-gaerten.de) war Stammsitz der Staufer (12./ 13. Jh.), die im Hochmittelalter als deutsche Könige und Kaiser die europäische Geschichte maßgeblich beeinflussten. Bedeutendste Vertreter der Staufer waren Friedrich I. Barbarossa (Rotbart), der während eines Kreuzzugs ins Heilige Land im Jahr 1190 ertrank, und Kaiser Friedrich II. Er regierte 1210–1250, lebte auf Sizilien und in Süditalien, war ein hoch gebildeter Mann und begeisterter Falkner.

Als Staufer-Grablege wurde das Kloster Lorch im Remstal gegründet. Allerdings sind hier nur wenige Familienmitglieder bestattet. Sehenswert neben einigen Fresken in der Klosterkirche ist ein riesiges Staufer-Rundbild (www.kloster-lorch.com).

Danach geht es (roter Balken) kurz bergab nach Ziegelhütte, dort über die Straße Hohenstaufen–Lenglingen und auf der parallel verlaufenden alten Straße auf dem schmalen Aasrücken auf die Burgruine Hohenrechberg zu. An einer Straßengabelung geradeaus (roter Balken, rotes Kreuz), wenig später in einer Linkskurve der Straße erneut geradeaus und in leichtem Anstieg nach Rechberg (2:30 Std.).

Ausblicke

Ein langer, streckenweise steiler Anstieg zum Hohenstaufen und vom Hohenrechberg hinauf zur Wallfahrtskirche erfordert Kondition. Belohnungen für die Anstrengung sind der herrliche Blick vom Hohenstaufen sowie die Burgruine Hohenrechberg selbst, deren Außenmauern weitgehend, die Gebäude teilweise erhalten sind.

Wegbeschaffenheit
Überwiegend Wald- und Wirtschaftswege, kurze Abschnitte auf Asphalt

Ausgangspunkt
Ottenbach (Kreis Göppingen)

Anfahrt
Buslinie Göppingen–Ottenbach, Haltestelle »Hauptstraße-Krone«. Pkw: B 10 Göppingen–Ulm bis Salach und abbiegen nach Ottenbach; im Ort nach rechts zum Parkplatz am Sportgelände

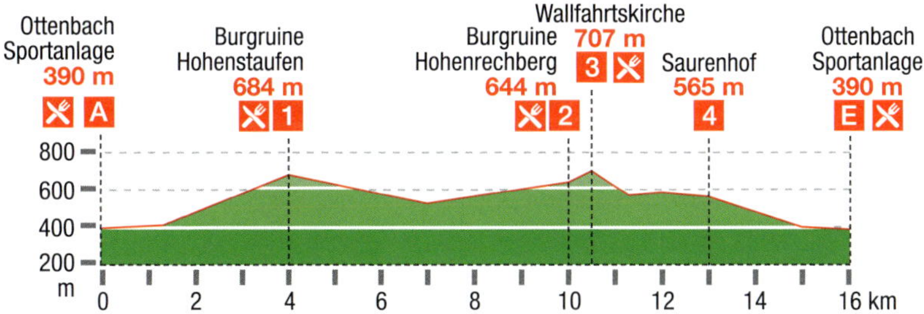

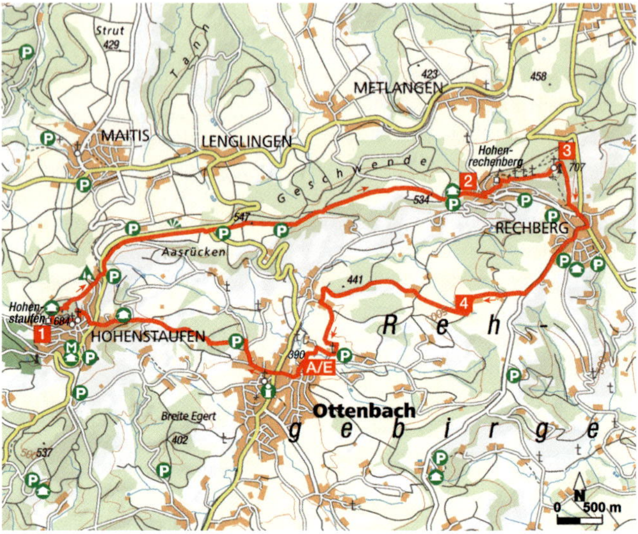

Durch Schlossbühl- und Gießbachweg sowie auf einem Fußweg steigen Sie zur **Burgruine Hohenrechberg** ❷ (3:30 Std.) hinauf (www.burg-rechenberg.de; Burgschänke täglich geöffnet ab 11 Uhr). Die Burg brannte 1865 infolge eines Blitzschlags nieder. Erhalten blieben große Teile der Burg.

Kurz nach Verlassen der Burg führt eine Straße (rotes Kreuz) mit Kreuzwegstationen steil hoch zur Wallfahrtskirche **Zur schönen Maria von Rechberg** ❸ (3:45 Std.) auf dem Hohenrechberg (707 m).

Auf einem Fußweg (roter Balken, rotes Kreuz) steigen Sie hinunter nach Rechberg, halten sich in der Kaiserstraße geradeaus und steigen nach rechts über die Staufeneckstraße (blauer Balken, Staufeneck) zum Ortsrand an. Nun 500 m entlang eines Landsträßchens, dann nach rechts gelangen Sie zum **Saurenhof** ❹ (4:15 Std.). Rechts um das Gehöft herum (blauer Balken) und an der nächsten Weggabelung links, über einen Bach und nach rechts bergab zu den Lindenhöfen.

Auf einem Sträßchen erreichen Sie den Herbenhof, wo Sie links auf einen Feldweg abbiegen. Zunächst führt der Weg nach links Richtung Untermühleisenhöfe, dann nach rechts und auf einem quer laufenden Fahrweg nach rechts zurück zum **Sportplatz von Ottenbach** E (5:00 Std.).

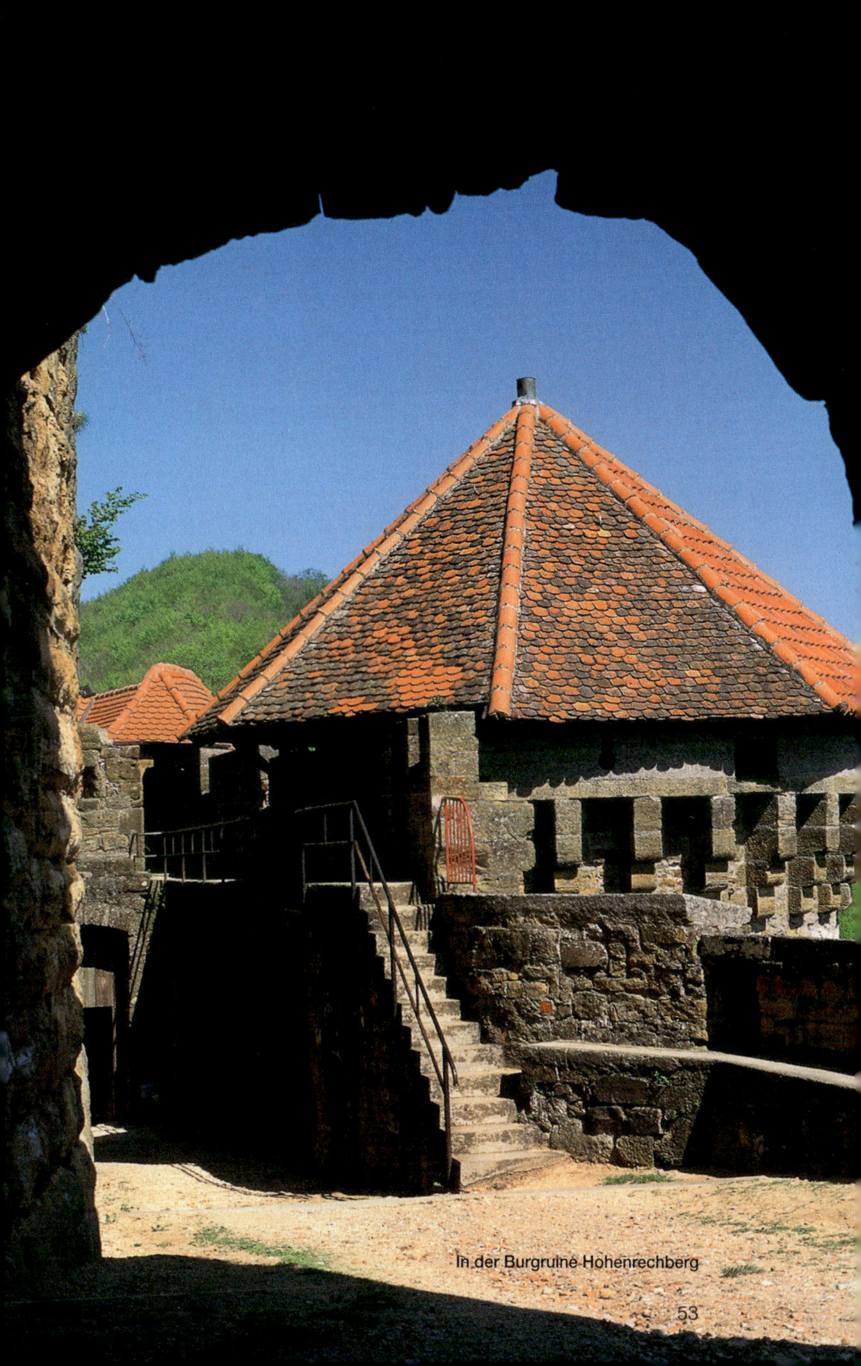

In der Burgruine Hohenrechberg

Über das Kalte Feld

»Kaltes Feld« heißt das Bergplateau, das nur noch am Furtlepass mit der Albhochfläche verbunden ist. Die Rundwanderung, bei der es zu Beginn zweimal kurzzeitig steil anzusteigen gilt, führt anschließend bequem, teilweise über eine Wacholderheide, zu einem Albvereinshaus.

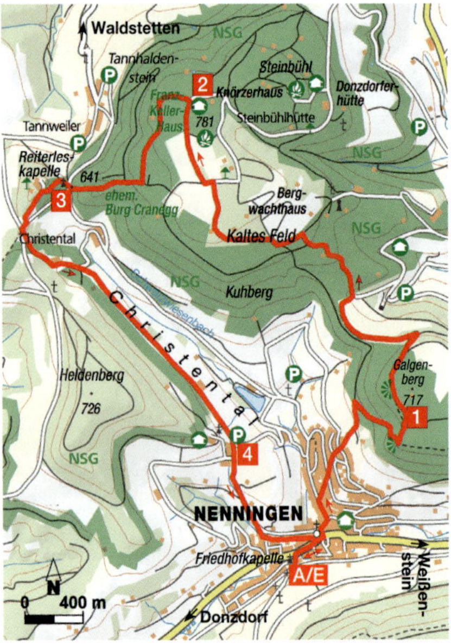

Auf dem Kalten Feld

Nach Anstiegen von mehr als 200 Hm zu einem Aussichtspunkt und weiteren 100 Hm auf das Kalte Feld erwartet Sie an sonnigen Wochenenden ein reges Treiben an den Grillstellen beim Franz-Keller-Haus. Der Rückweg nach Nenningen verläuft zwar bequem talabwärts, ab der Reiterleskapelle aber leider auf Asphalt.

Der Wegverlauf

In Nennigen folgen Sie von der **Friedhofskapelle A** – sehenswert wegen einer Pieta – der Ortsdurchfahrt zur Kirche und steigen nach links (Markierung blauer Balken) an zum Ortsrand von Nenningen. Sie durchqueren eine Wacholderheide, an deren unterem Rand Sie rechts abbiegen zu einem Feldkreuz auf dem **Galgenberg 1** (0:30 Std.), einem Aussichtspunkt; Blick in das Tal der Lauter, einem Nebenflüsschen der Fils. Entlang der Hangkante gelangen Sie in einen Sattel, gehen geradeaus weiter (Markierung blauer Balken) und steigen am bewaldeten Bergrücken Kaltes Feld recht steil an zu einem Wirtschaftsweg, dem Sie 30 m nach links folgen (Markierung blauer Balken). Erneut nach links erreichen Sie auf der Hochfläche einen Fahrweg, der über eine Wacholderheide zu mehreren Grillstellen und zu dem an sonnigen Wochenenden sehr beliebten Albvereins-Wanderheim **Franz-Keller-Haus 2** (1:30 Std.) führt (Bewirtung Sa, So und feiertags; www.tuerme-und-wanderheime.albverein.net).

In westlicher Richtung (rotes Kreuz) gelangen Sie an die Hangkante, halten sich links und auf einem quer laufenden Schotterweg bergab zu einer Wegkreuzung. Nach rechts steigen Sie in einen Sattel ab, in dem die winzige **Reiterleskapelle** 3 **(2:00 Std.)** steht, errichtet im Jahr 1621 durch einen Bauern namens Reuter, der der Sage nach hier eines Nachts dem Geist eines wilden Reiters nur mit knapper Not entkommen sein soll.

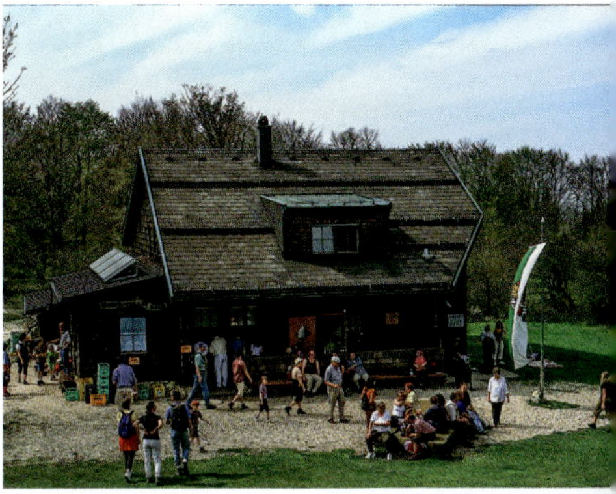

Das Franz-Keller-Haus

Auf dem Pass-Sträßchen wenden Sie sich nach links und steigen nach wenigen Metern rechts (Markierung blauer Punkt) auf einem asphaltierten Weg an. Nach 500 m halten Sie sich an drei kurz aufeinander folgenden Weggabelungen jeweils links und steigen im Christental kurzzeitig ab zu einer weiteren Gabelung. Sie halten sich rechts auf halber Höhe des Talhangs und gehen an einer Fahrwegkreuzung geradeaus zum **Landgasthof Heldenberg** 4 **(2:45 Std.)** (www.heldenberg.de). Ein Sträßchen führt von hier hinunter nach Nenningen, wo Sie an der Grundschule rechts abbiegen zum **Friedhof** E **(3:15 Std.)**.

Wegbeschaffenheit

Wald- und Wirtschaftswege, zweite Streckenhälfte asphaltierter Wirtschaftsweg

Ausgangspunkt

Nenningen, Ortsteil von Lauterstein

Anfahrt

B 10 Göppingen–Ulm, nach Süßen und B 466 über Donzdorf nach Lauterstein-Nenningen; Parkplatz am Ortsbeginn bei Friedhofskapelle

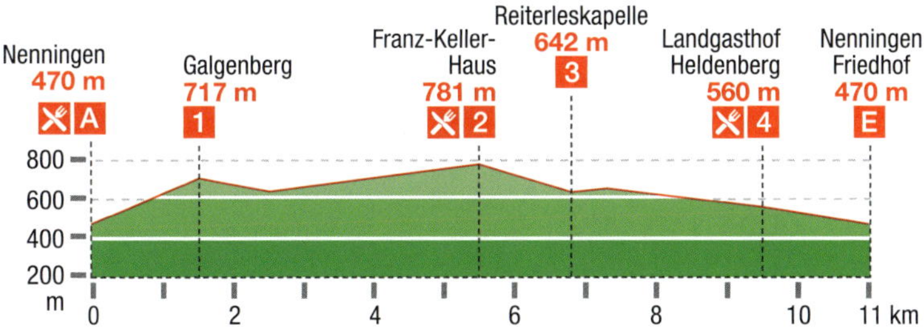

10 | 3:30 Std. | 400 hm 400 hm | 11 km

Auf den Höhen um Geislingen

Ein kurzer, steiler Anstieg führt zu Beginn von der in einem Talkessel gelegenen Stadt Geislingen zu Aussichtsfelsen hinauf. Auf einem weiteren Anstieg in einem felsigen Trockental wird eine Felsstufe mit Hilfe einer Metalltreppe überwunden.

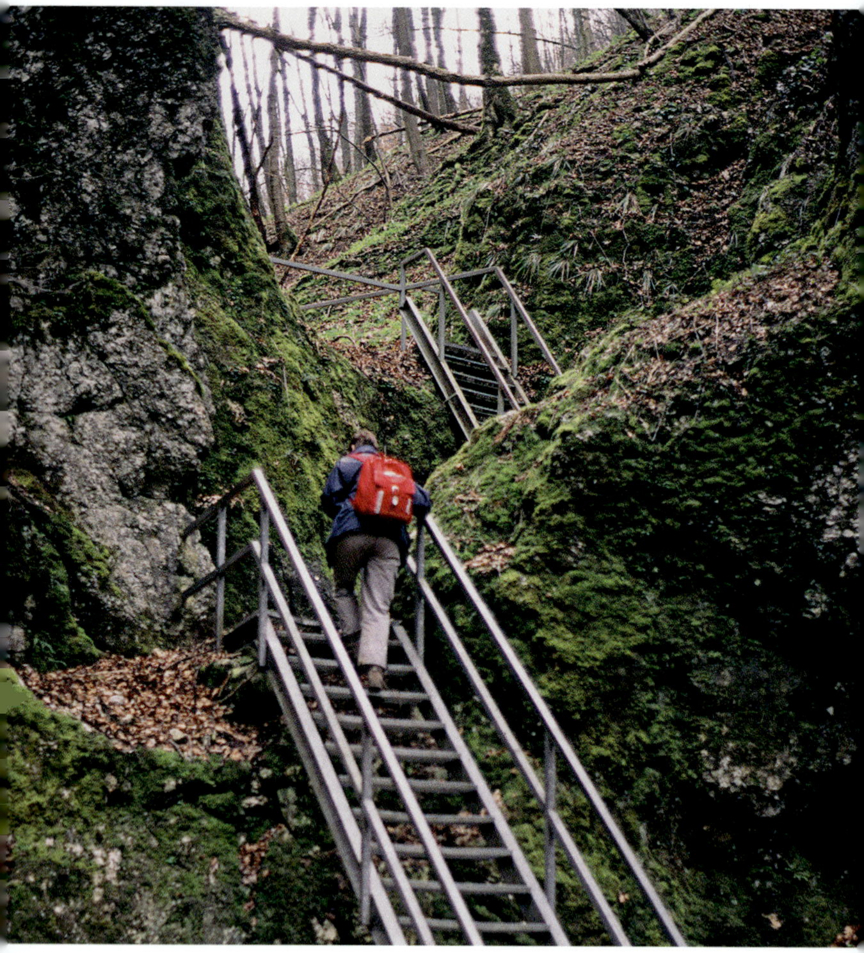

Über die Treppen kann der Anstieg im Felsental bewältigt werden.

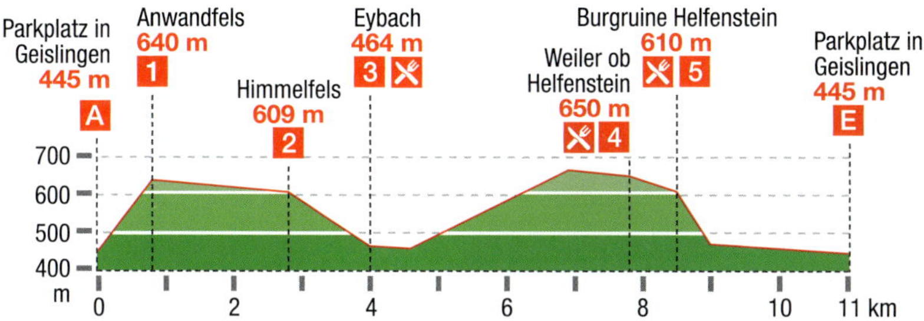

Der Wegverlauf

Vom **Parkplatz am Stadtrand von Geislingen** A gehen Sie zurück zur Straße in Richtung Schnittlingen und folgen ihr nach rechts bergauf. Nach 50 m zweigt ein Pfad ab (rote Raute), der steil ansteigt zum Aussichtspunkt **Anwandfels** 1 (0:45 Std.). An der Talkante nach rechts, vorbei am Drehfels und an einem vorgeschichtlichen Wall- und Grabensystem, erreichen Sie den **Himmelfels** 2 (1:15 Std.). Nach dem Abstieg (rote Raute) ins Tal der Eyb wenden Sie sich nach rechts, vorbei am Schloss der Grafen von Degenfeld, in die Ortsmitte von **Eybach** 3 (1:30 Std.). Hier lohnt ein Besuch der spätgotischen Kirche Mariae Himmelfahrt, u. a. wegen eines von HAP Grieshaber gefertigten Kreuzwegs. Sie gehen in Richtung Friedhof, überqueren einen Kanal und folgen der Mühlbachstraße nach rechts (rote Gabel, »Felsental«). Auf einem Steg über die Eyb gelangen Sie in die Felsentalstraße, die zum Beginn des Felsentals führt (1:45 Std.). Der Weg steigt im tief eingeschnittenen, felsigen und zunehmend engeren Tal stetig an, und über eine Metalltreppe über-

Weg mit Anstiegen

Nach steilem Anstieg zu Beginn der Wanderung wird der Weg bequem, und der längere, aber insgesamt mäßige Anstieg im engen Felsental hinauf nach Weiler ob Helfenstein bereitet keine große Mühe. Sehr angenehm ist eine Rast im Schatten der Bäume bei der auf einem steilen Felsen über Geislingen thronenden Burgruine Helfenstein.

Wegbeschaffenheit
Pfad, Waldwege, kurze Abschnitte auf Straßen

Ausgangspunkt
Geislingen an der Steige im Filstal

Anfahrt
Bahn: Stuttgart–München, Bhf. Geislingen. Pkw: A 8 Stuttgart–München, Ausfahrt Mühlhausen; B 466 nach Geislingen, Richtung Heidenheim zum Stadtrand, nach der Bahnunterführung links ein Parkplatz

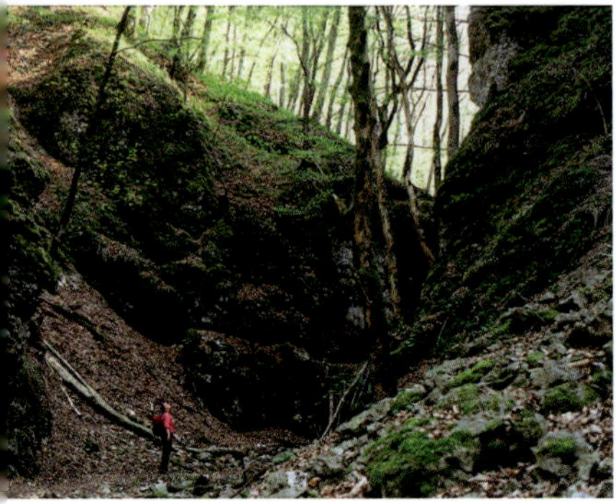

Das Felsental bei Eybach

winden Sie eine Felsstufe. Wenig später halten Sie sich an einer Weggabelung rechts (rote Gabel) und gelangen auf die Albhochfläche.

Einem quer laufenden Weg folgen Sie nach rechts zur Straße Geislingen–Gerstetten und erreichen **Weiler ob Helfenstein** 4 (2:45 Std.). Auf der ersten links abzweigenden Straße und nach rechts auf der Dorfstraße gelangen Sie in die Ortsmitte. An der Hauptkreuzung wenige Meter nach links, rechts abbiegen in die Straße Ödenturmweg und auf einem Pfad (rote Gabel) zur **Burgruine Helfenstein** 5 (3:00 Std.) mit Burgschenke (www.geislingen.de). Von der um 1100 auf einem steilen Felssporn erbauten Burg sind umfangreiche Mauerreste erhalten. Die Stammburg des Adelsgeschlechtes der Helfensteiner wurde ab 1300 zur gräflichen Residenz ausgebaut. Der Ödenturm (14. Jh.) gehörte zum Vorwerk der Burg und kann bestiegen werden (Mai–Dez., So 10–17 Uhr).

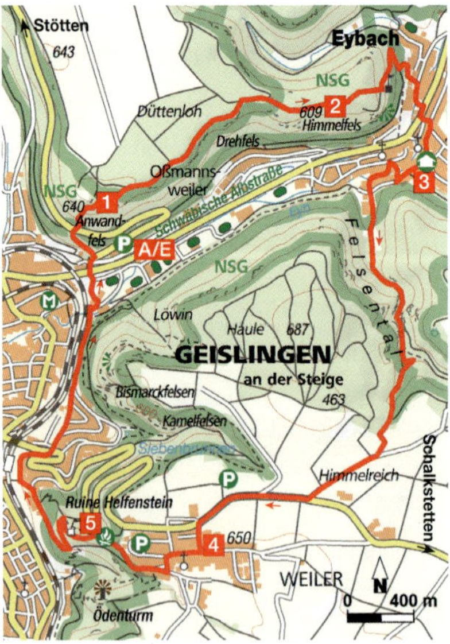

Von der Burg (rote Gabel) steigen Sie in Kehren ab nach Geislingen, wenden sich in der Straße Schlosshalde nach rechts und passieren einen links über die Bahngleise führenden Fußgängersteg. Wenig später biegen Sie rechts ab in die Bühlwiesenstraße, kreuzen die Weilerstraße und folgen der Konrad-Adenauer-Straße. In einem Rechtsknick der Straße führt geradeaus ein Fußweg zwischen dem Fuß des bewaldeten Talhangs und den Bahngleisen ins Eybacher Tal, wo Sie zwischen einigen Sportanlagen hindurch die nach Eybach führende Straße und Ihren **Ausgangspunkt** E (3:30 Std.) erreichen.

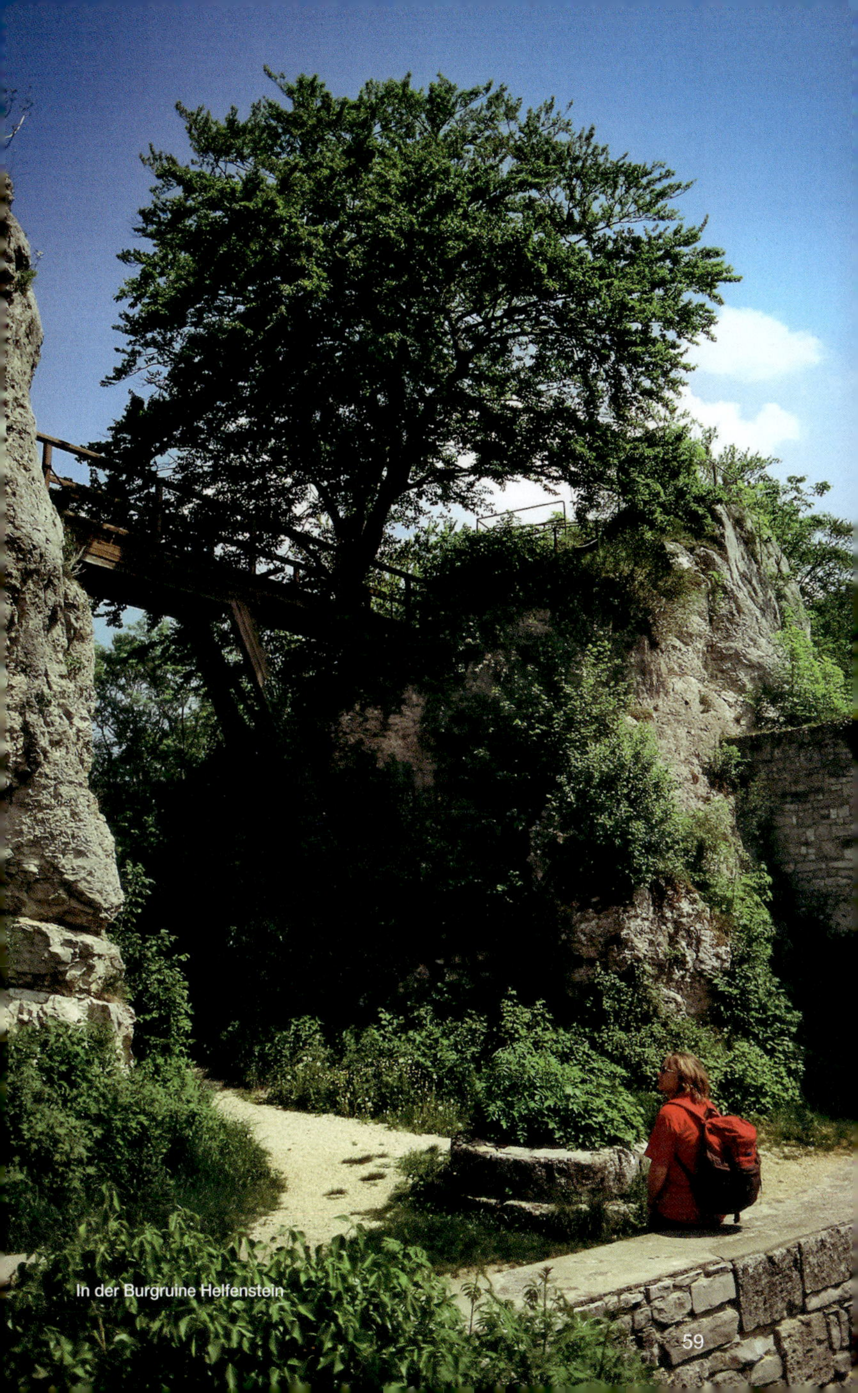

In der Burgruine Helfenstein

11 | 4:15 Std. | ↑ 160 hm ↓ 160 hm | ↔ 14 km

Das Tal der Kleinen Lauter

Die beschauliche Rundwanderung führt unter anderem durch ein idyllisches Tal mit der Quelle der Kleinen Lauter, einer Karstquelle am Fuß eines Felsens. Nahe der Quelle entstanden ein Kirchlein (12. Jahrhundert) sowie der winzige Ort Lautern.

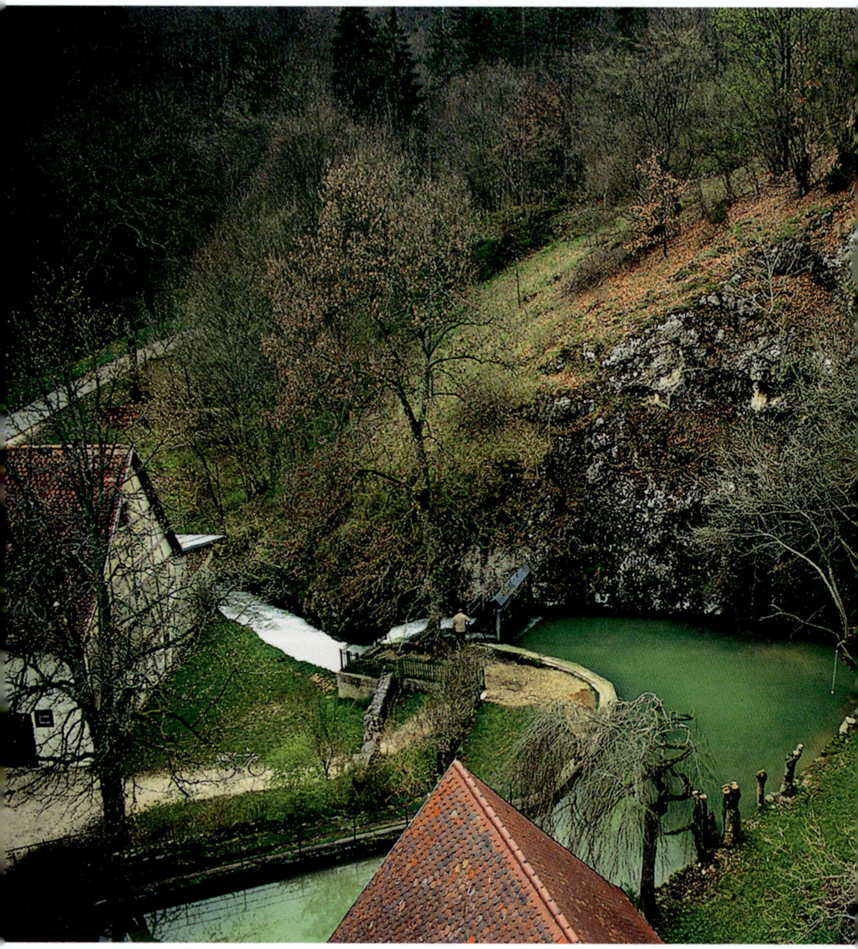

Der stark schüttende Quelltopf der Kleinen Lauter

Der Wegverlauf

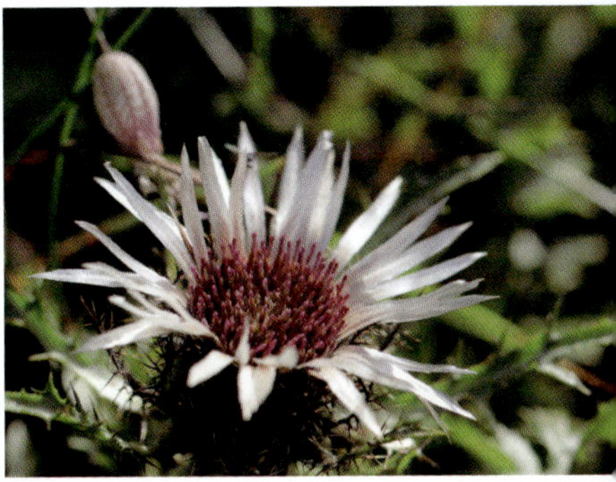

Silberdisteln sind leider sehr selten geworden.

Von der **Kirche in Herrlingen** A – auf dem Friedhof das Grab des »Wüstenfuchses« Rommel – folgen Sie der Bergstraße talaufwärts, biegen nach 100 m rechts ab (Markierung rote Raute) und steigen am Talhang der Kleinen Lauter bergan. Auf der Höhe führt ein Forstweg, vorbei an einem Sportgelände, nach **Weidach** 1 **(1:30 Std.)**, das bis Anfang des 19. Jhs. zu Bayern gehörte und 1810 an das Königreich Württemberg fiel.

Nach links folgen Sie der Kapellenstraße, überqueren die Straße Herrlingen–Bermaringen und folgen der Lautertalsteige. Am Ortsende zweigt rechts ein Waldweg ab (rote Raute), der am Talhang ansteigt. Wo dieser Waldweg links abschwenkt und zu fallen beginnt, geradeaus auf einem Pfad am Waldrand nach rechts zur Straße Weidach–Bermaringen. Sie folgen ihr nach rechts 150 m weit und erreichen auf einem links abzweigenden Sträßchen das auf einer Wacholderheide stehende Albvereinshaus **Weidacher Hütte** 2 **(2:00 Std.)** (1.4.–31.10., Sa ab 14 Uhr sowie So/feiertags geöffnet; www.tuerme-und-wanderheime.albverein.net).

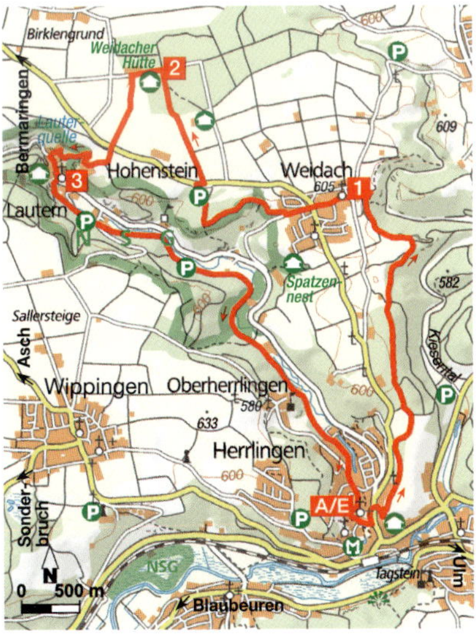

Hier wenden Sie sich am Waldrand nach links (keine Markierung) und folgen einem Wiesenweg entlang des Waldrands. Wo der Wald endet, geradeaus (keine Markierung) auf breitem Wiesenweg und nach 150 m an einer Feldweg-Kreuzung nach links. Die Straße Weidach–Bermaringen überqueren und auf einem Sträßchen (rote Gabel) zum Weiler Hohenstein (2:30 Std.). Hier biegen Sie rechts ab (rote Gabel) und steigen auf der Sohle eines Lauter-Seitentals hinunter zur kleinen Ortschaft **Lautern** 3 **(3:00 Std.)** mit der

Die Weidacher Hütte

Schön ruhig ist zu Beginn der Wanderung der lange, aber nicht unangenehm steile Anstieg nach Weidach und der restliche Weg zu der vom Albverein unterhaltenen Weidacher Hütte, die an Wochenenden ein beliebtes Ausflugsziel ist. Belebt sein kann es an Sams- und Sonntagen auch im kleinen Ort Lautern mit dem Quelltopf der Lauter.

Wegbeschaffenheit
Wald-, Feld- und Forstwege, Wirtschaftswege, kurze Abschnitte auf Straßen

Ausgangspunkt
Herrlingen, Ortsteil der Gemeinde Blaustein

Anfahrt
Bahn: Linie Ulm–Tuttlingen, Haltestelle »Herrlingen«. Pkw: A 8 Stuttgart–München, Ausfahrt Ulm-West, B 10 nach Ulm, B 28 Richtung Blaubeuren nach Herrlingen; Parkplatz an der Kirche

Quelle der Kleinen Lauter. Das Kleine Lautertal wurde als Naturschutzgebiet ausgewiesen, da hier zahlreiche gefährdete Tiere und Pflanzen vorkommen. In Lautern besteht Einkehrmöglichkeit im Gasthaus Lamm an der Lauterquelle (geöffnet Di–Fr 11–16 Uhr und 17–22 Uhr) und im Landgasthof Krone (www.krone-gauss.de).
Auf der Straße gehen Sie talabwärts zum Kirchlein »Unserer Lieben Frau zu Lautern«. Im 15. Jh. war diese Kirche, deren älteste Teile aus dem 12. Jh. stammen, Ziel einer Marienwallfahrt. Sehenswert sind der spätgotische Flügelaltar (1509), der Maria mit vier weiblichen Heiligen zeigt, und die bemalte Empore aus dem Jahr 1728 (1. April–30. Sept. täglich 10–18 Uhr, 1. Okt.–31. März Mo–Fr 12–16, Sa/So 11–17 Uhr).

Sie wenden sich kurz darauf nach rechts und überqueren beim Gasthof Krone die Kleine Lauter (keine Markierung). Ein Schotterweg führt entlang des naturbelassenen Flüsschens talabwärts, kreuzt eine nach Wippingen führende Landstraße – in Laufrichtung ist an der Talkante Schloss Oberherrlingen zu sehen – und führt nach **Herrlingen** E (4:15 Std.). Im Ort kehren Sie, stets geradeaus, zur Kirche zurück.

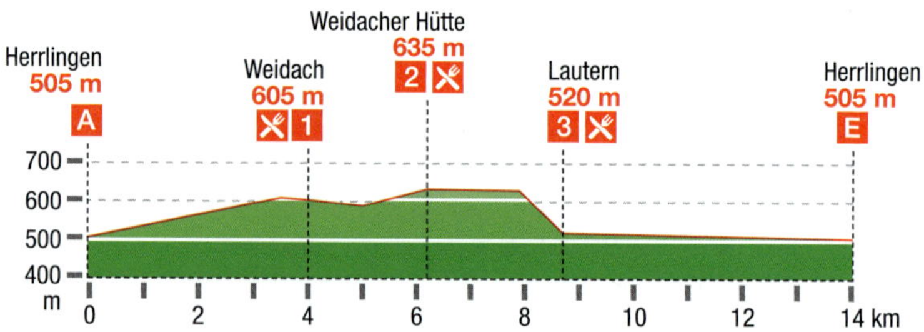

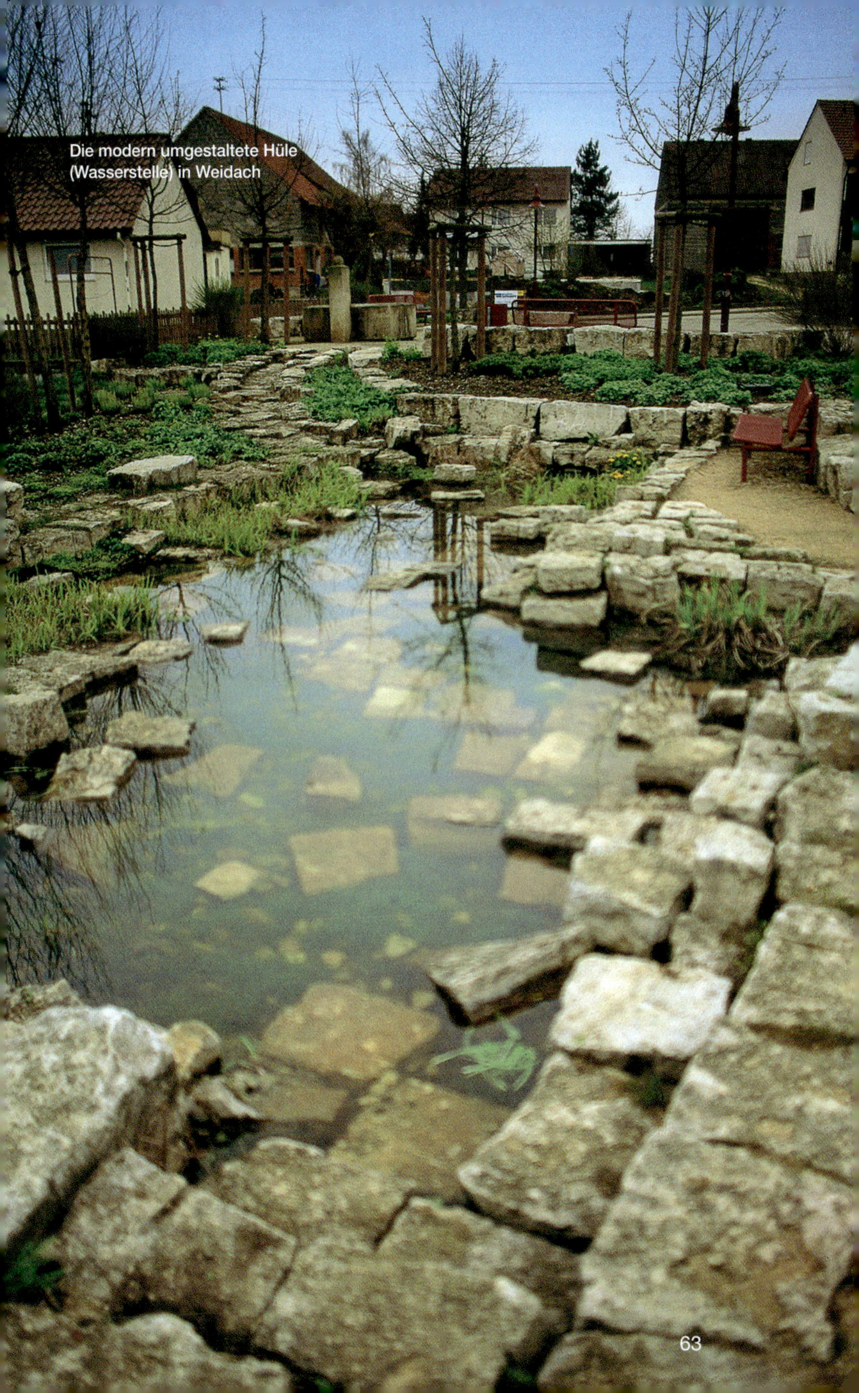
Die modern umgestaltete Hüle (Wasserstelle) in Weidach

12 5:15 Std. 600 hm 600 hm 13,5 km

Im Blaubeurener Tal

Das Städtchen Blaubeuren, bekannt vor allem durch den Blautopf, liegt in einer Talschlinge der Ur-Donau. Die abwechslungsreiche Rundwanderung führt zu Aussichtsfelsen, Burgruinen und Höhlen, in denen sich einst, wie Ausgrabungen zeigten, Eiszeitjäger aufhielten.

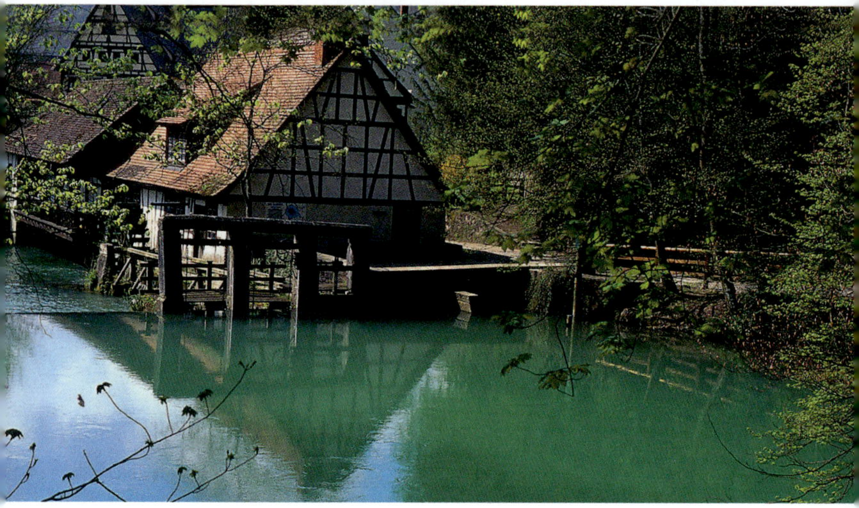

Die ehemalige Hammerschmiede am Blautopf

Der Wegverlauf

Vom Rand der **Altstadt von Blaubeuren** A gehen Sie durch die Klosteranlage – spätgotische Kirche mit Hochaltar, Badehaus der Mönche – und gelangen zum Blautopf, mit 21 m Tiefe die zweitgrößte Karstquelle Deutschlands. Über die Erforschung des Blautopfs und eines ganzen Höhlensystems informiert ein Film in der Historischen Hammerschmiede.

Hinter dem Blautopf steigen Sie steil an (Markierung rote Gabel) und kreuzen die Straße Blaubeuren–Sonderbuch. An der Hangkante (0:45 Std.) führt nach rechts ein Wirtschaftsweg (rote Gabel) zum Ortsrand von Sonderbuch.

Hier kreuzen Sie erneut die von Blaubeuren heraufführende Straße, erreichen ein Gefallenen-Ehrenmal an einem Aussichtsfelsen – von dem aus zu erkennen ist, dass Blaubeuren in einer Talschlinge der Ur-Donau liegt – und halten sich nach 25 m an einer Weggabelung rechts. Leicht abwärts führt der Waldweg entlang der Hangkante zum Knoblauchfels und zur beeindruckenden **Burgruine Rusenschloss** (Hohengerhausen) ❶ (1:15 Std.), die auf einem zerklüfteten Felsen sitzt. Der Dojon, ein Wohnturm, ist ein hervorragender Aussichtspunkt.

Abstecher: Unterhalb der Burgruine befindet sich am Fuß des Felsens die Große Grotte, eine wichtige archäologische Fundstätte, wo sich immer wieder Jäger der Eiszeit aufhielten. Zugang: Aus dem Burghof rechts bergab (Waldlehrpfad), auf quer laufendem Waldweg links und steil ansteigen zur ausgeschilderten Grotte (hin und zurück 20 Min.).

Sie verlassen die Burganlage (rote Gabel) und steigen hinunter auf die Talsohle. Geradeaus überqueren Sie die **Blau** ❷ (1:45 Std.) und steigen zur B 28 Blaubeuren–Ulm empor. Nach dem Überqueren der Brücke über die Bahngleise wenden Sie sich nach rechts in die Straße »Unter dem Kühnenbuch«. Nach nur 10 m folgen Sie einem links abzweigenden Forstweg (Ausschilderung »Waldgaststätte zum Schillerstein«, Markierung rote Gabel, und steigen 15 Minuten lang an zur Ausflugsgaststätte Schillerstein (Mi–Sa ab 11 Uhr). Ein Wirtschaftsweg führt nach rechts am Waldrand entlang – nicht der Straße folgen! –, von dem nach 400 m ein Waldweg rechts abzweigt (Eiszeitjägerpfad). Zunächst verläuft der Weg recht eben, führt dann aber am Talhang der Ach hinunter zur Höhle **Geißenklösterle** ❸ (3:00 Std.). Die in einem felsigen Halbrund gelegene Höhle ist durch Metallgitter abgesperrt, da die Grabungen noch andauern. Gefunden wurden unter anderem aus Mammut-Elfenbein geschnitzte Tierfigürchen: Bison, Bär und Mammut. Eine andere Schnitzerei, deren Alter auf 32 000 Jahre geschätzt wird, gilt als eine der frühesten Menschendarstellungen weltweit.

Nach rechts gelangen Sie zum Bruckfels, steigen auf einem Pfad zur

Blaubeuren & Umgebung

Sehenswert in Blaubeuren sind der Blautopf, das außergewöhnlich interessant gestaltete Urgeschichtliche Museum und das ehemalige Kloster. Ebenfalls interessant sind das Rusenschloss und die in der Steinzeit zeitweise von Menschen bewohnten Höhlen in der Umgebung.

Wegbeschaffenheit
Wald-, Forst- und Wirtschaftswege, kurze Abschnitte auf Straßen

Ausgangspunkt
Blaubeuren

Anfahrt
Bahn: Linie Ulm–Tuttlingen, Haltestelle »Blaubeuren«. Pkw: A 8 Stuttgart–München, Ausfahrt Ulm-West, B 10 nach Ulm, B 28 nach Blaubeuren; Parkplätze nahe am Kloster

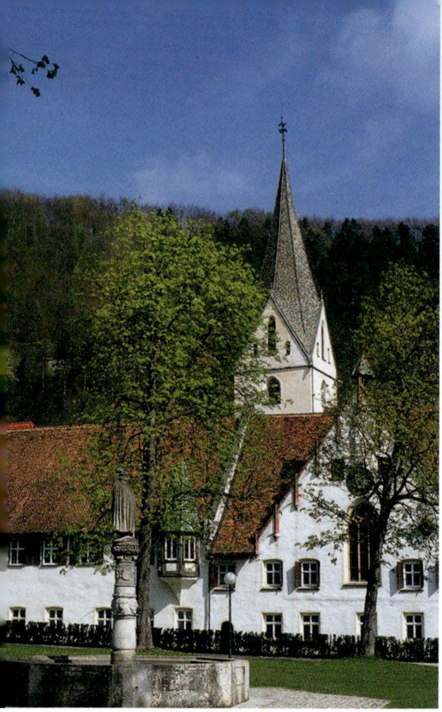

Im Konventsgebäude des aufgelösten Klosters Blaubeuren ist eine Internatsschule untergebracht.

Talsohle hinunter und folgen geradeaus einem Sträßchen über die Ach und die Bahngleise. Sie überqueren die B 492 Blaubeuren–Ehingen und gehen nun geradeaus durch das Dörfchen Weiler. Durch die Achtalstraße und die Straße Weilerhalde gelangen Sie zum Ortsende und folgen der Durchgangsstraße (rote Gabel) 250 m weit. Scharf nach links steigt ein Pfad (rotes Dreieck) am Talhang an zu einem Felsenmeer, einer Anzahl unterschiedlich großer Schwammstotzen, und passiert ein Felsentor, das seiner Form wegen als **»Küssende Sau«** bezeichnet wird.

Abstecher: Ein abzweigender Pfad führt steil hinauf zur **Brillenhöhle** ❹ (3:45 Std.), die ihren Namen aufgrund zweier runder Öffnungen im Höhlendach erhielt. Hier wurden vor allem Werkzeuge aus verschiedenen Gesteinsarten gefunden.

An der **Talkante** ❺ (4:30 Std.) führt nach links ein Abstecher zur Burgruine Günzelburg, von der nur noch der Burggraben und spärliche Mauerreste erhalten sind (hin und zurück 5 Min.).

Entlang der Hangkante gehen Sie nach rechts (gelbe Gabel), biegen im Wald links ab und stoßen auf einen Schotterweg, dem Sie in einer

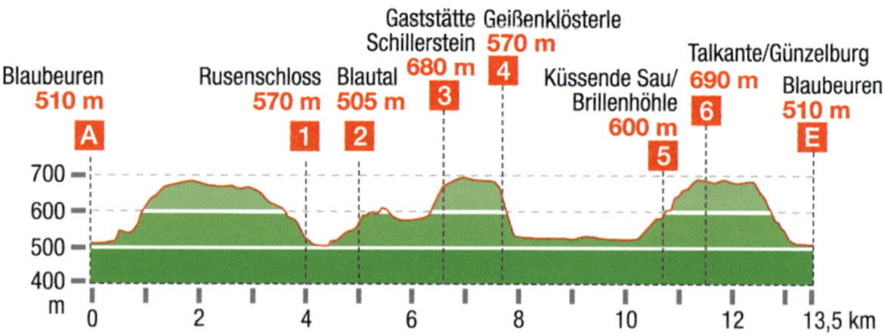

Waldschneise nach rechts folgen. Am Ende der Schneise biegen Sie links ab, verlassen diesen Weg nach wenigen Minuten wieder und steigen ab (Ausschilderung »Blaubeuren«) zu einem Aussichtspunkt mit Blick auf Blaubeuren.

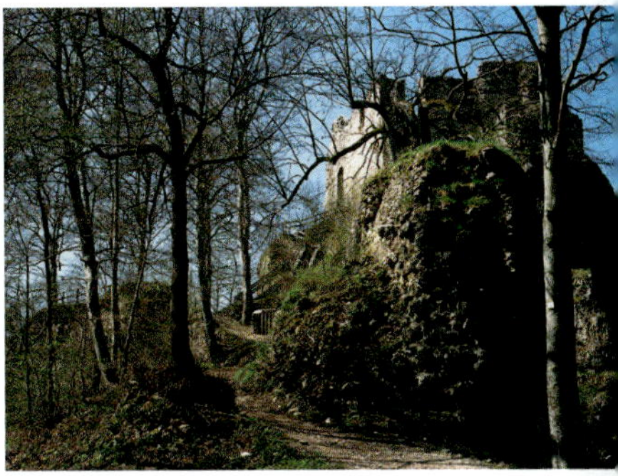

Die Burgruine Hohengerhausen (Rusenschloss)

Der Pfad geht in einen breiten Weg über, von dem Sie nach 30 m scharf links abbiegen. Über Stufen gelangen Sie zu einer Straßenunterführung am Ortsrand von Blaubeuren (knapp 4 Std.) und zum alten Stadtkern, wo Sie der quer verlaufenden Bergstraße nach links folgen zur Marktstraße, die nach rechts zum Marktplatz führt. Geradeaus in der Hirschgasse verlassen Sie die Altstadt und kehren an ihren Ausgangspunkt in **Blaubeuren E (5:15 Std.)** zurück.

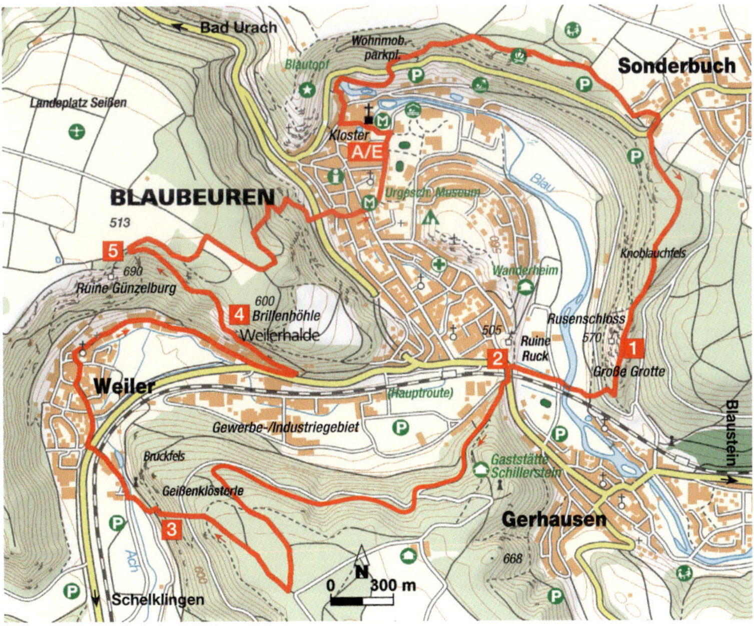

13 4:30 Std. ↑ 210 hm ↓ 210 hm ↔ 14 km

Vom Filstal zum Reußenstein

Aus dem engen Filstal führt ein steiler Anstieg hinauf zur Albhochfläche und zu einigen für die Alb typischen Erscheinungen: Burgruine auf steilem Fels, Wacholderheide, Tropfsteinhöhle und Karstquelle. Besonders schön ist die Tour zur Zeit der Kirschblüte (Mitte März/April).

Der Wegverlauf

Vom **Wanderparkplatz bei einer ehemaligen Papiermühle im Filstal** A folgen Sie der Zufahrtstraße zurück in Richtung Wiesensteig, überqueren die junge Fils und biegen nach 150 m links ab auf einen Waldweg (Markierung rote Raute). Im engen, bewaldeten Autal führt der Weg hinauf zum **Ziegelhof** 1 **(0:30 Std.)** auf der Albhochfläche. Sie gehen zwischen den Gebäuden des Bauernhofs hindurch, unterqueren die Straße Wiesensteig/Neidlingen–Schopfloch und folgen einem Fußweg neben der Straße. Anschließend folgen Sie einem Sträßchen zum **Reußensteiner Hof** 2 **(1:00 Std.)**, einem großen Gehöft mit

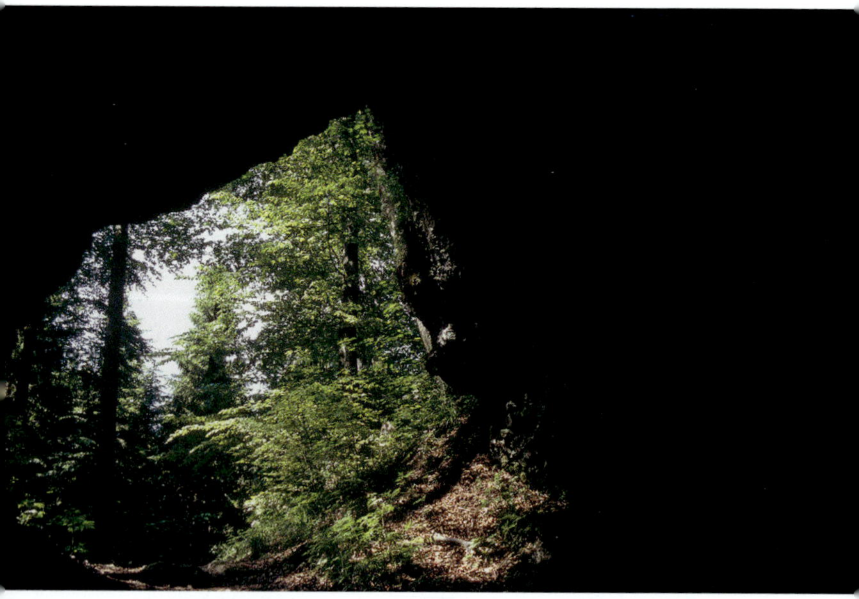

Die Grotte Steinernes Haus in der Nähe der Schertelshöhle

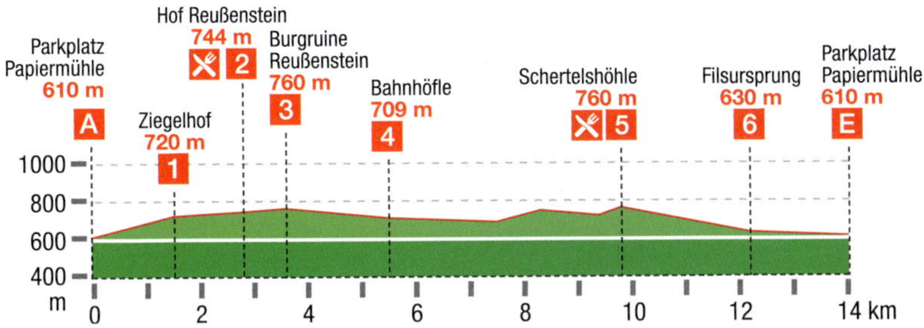

Vesperwirtschaft und Garten (nur Sa und So geöffnet; www.gaststaette-reussenstein.de). Rechts um das Gehöft herum (Markierung rotes Dreieck) und entlang des Albtraufs erreichen Sie auf einem schattigen, bequemen Weg an der Talkante die hoch über dem Neidlinger Tal auf einem massigen Schwammriff sitzende **Burgruine Reußenstein** 3 (1:15 Std.). Der Erbauer der um 1270 errichteten Burg ist unbekannt. Der Sage nach soll es der Riese Heim gewesen sein, der auf dem gegenüberliegenden Felsen Heimenstein gelebt haben und Neidlinger Handwerker mit dem Bau beauftragt haben soll. Vermutlich ließ ein Ministeriale (Dienstmann) der Herzöge von Teck die Burg errichten, denn als Besitzer urkundlich erwähnt wird um 1285 ein Ritter Cunradus, genannt »Russe«, der Ahnherr der späteren Familie Reuß von Reußenstein.

Der Ausblick von der Ruine umfasst das Neidlinger Tal mit dem Felsen Heimenstein und dem hellen Felsband der Weißen Wand im Talschluss. Im Albvorland sieht man die Limburg, einen Vulkankegel, auf dem im 11. Jh. das Adelsgeschlecht der Zähringer seine erste Burg errichtete.

Durch den Burggraben kehren Sie auf den Wanderweg zurück und erreichen, vorbei an einer Lichtung mit einem Grillplatz – die einstige Vorburg – eine steil abfallende Felskanzel, von der aus die Kletterer am Reußenstein-Fels zu beobachten sind.

Ein asphaltierter Fußweg führt zur Straße Wiesensteig/Neidlingen–Schopfloch, aber schon nach 250 m biegen Sie rechts ab (Markierung rotes Dreieck) und erreichen entlang der Talkante, nur wenige Meter

Besuchermagneten

Nach dem Anstieg zur Albhochfläche verläuft der Weg insgesamt recht bequem. Allerdings muss an sonnigen Wochenenden im Biergarten des Reußensteiner Hofs und an der imposanten Burgruine Reußenstein mit zahlreichen Besuchern gerechnet werden, ebenso am Parkplatz Bahnhöfle, an der Schertelhöhle und am Filsursprung.

13

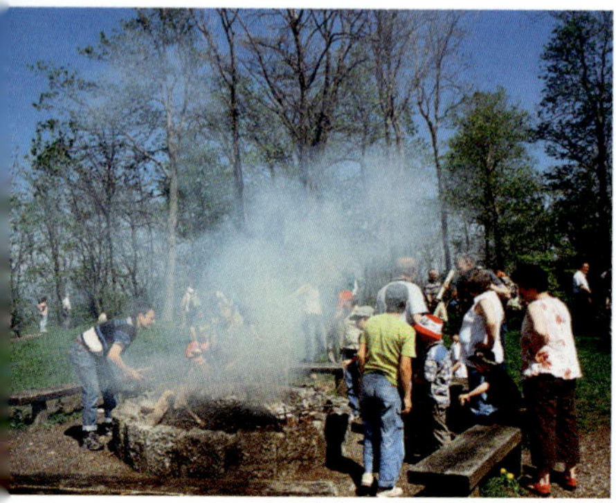

Das »Bahnhöfle«, ein beliebter Park- und Rastplatz

neben der Straße, bequem den **Parkplatz Bahnhöfle** ④ (2:00 Std.). Von der hier angelegten Grillstelle bietet sich nochmals ein schöner Blick auf den Reußenstein. Ende des 19. Jh. bezeichnete man mit dem Begriff »Bahnhöfle« eine Stelle, an der wichtige Wege zusammenliefen.

Sie kreuzen die Straße und folgen einem bequemen Weg (Markierung rote Raute) entlang des Waldrands, der das flache Hasental begrenzt. Nach knapp 30 Minuten wenden Sie sich nach rechts und gehen auf der Talsohle weiter talabwärts, biegen nach 500 m an einer Wegkreuzung rechts ab (Markierungen rote Raute und rote Gabel) und folgen einem leicht ansteigenden Waldweg.

An einer Weggabelung wenden Sie sich nach links (Markierung rote Gabel) und gelangen schließlich in ein sehr enges Trockental. Talaufwärts (Markierung rote Gabel) passieren Sie wenig später die zur Fels-

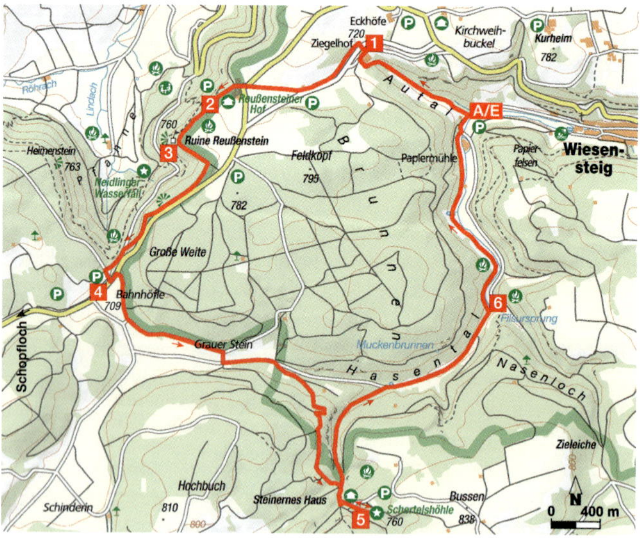

grotte »Steinernes Haus« führenden Treppenstufen und erreichen die **Schertelshöhle** 5 (3:15 Std.) mit Rasthaus (von 15. Mai–1. Okt. täglich geöffnet, ansonsten nur So jeweils von 10–17 Uhr). Die kleine Tropfsteinhöhle besteht aus zwei Gängen und einer 15 m hohen Halle mit einer Öffnung im Höhlendach. Den Namen verdankt die Höhle ihrem Entdecker, dem Freiherrn von Schertel (Höhle geöffnet von Palmsonntag bis 15. Nov. nur So; von 15. Mai.–1. Okt. täglich; Führungen alle 30 Min.; Infos unter www.schertelshoehle.de).

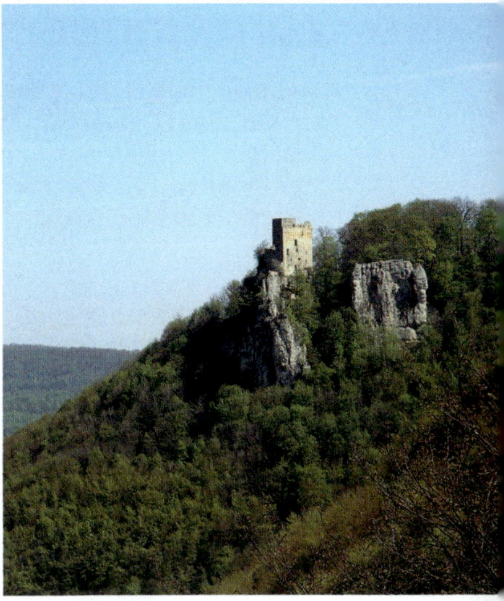

Die Burgruine Reußenstein sitzt auf einem bei Kletterern beliebten Felsklotz.

Von der Höhle kehren Sie auf dem gleichen Weg zurück und gehen weiter talabwärts (Markierung roter Balken) auf der Sohle des engen Trockentals, das in das Hasental einmündet. Talabwärts führt ein breiter Wirtschaftsweg zum **Filsursprung** 6 (4:00 Std.), einem stark schüttenden Quelltopf mit Rasthütte und Grillstellen. Wenige Meter oberhalb der Fils führt der breite Weg, vorbei an einem Grillplatz, zurück zum **Ausgangspunkt** E (4:30 Std.) bei der ehemaligen Papiermühle.

Variante

Kurzweiliger, allerdings nach Niederschlägen nicht zu empfehlen ist ein Wiesenweg beziehungsweise Pfad am anderen Flussufer. Am Filsursprung gehen Sie am linken Bachufer (keine Markierung) zum Talhang und unmittelbar am Bach entlang. Bei der ehemaligen Papiermühle erreichen Sie die Parkplatz-Zufahrtstraße und kehren zurück zum Ausgangspunkt, dem Wanderparkplatz Papiermühle.

Wegbeschaffenheit
Wald- und breite Forstwege, kurzzeitig auch auf Asphalt

Ausgangspunkt
Bei Wiesensteig; Wanderparkplatz bei ehem. Papiermühle

Anfahrt
A 8 Stuttgart–München, Ausfahrt 59 (Mühlhausen), nach Wiesensteig, im Ort Richtung Weilheim/Teck, vor der Brücke über die Fils links, vorbei am Freibad, 1,5 km zum Parkplatz

14 | 4:15 Std. | 390 hm 390 hm | 15 km

Zum Randecker Maar

Die landschaftlich reizvolle Rundwanderung beginnt am Fuß der Alb, führt hinauf zur Albhochfläche mit Zeugnissen der einstigen Tätigkeit des »Schwäbischen Vulkans«: Schopflocher Moor und Randecker Maar. Im Mai und Juni blühen im Schopflocher Moor seltene Blumen.

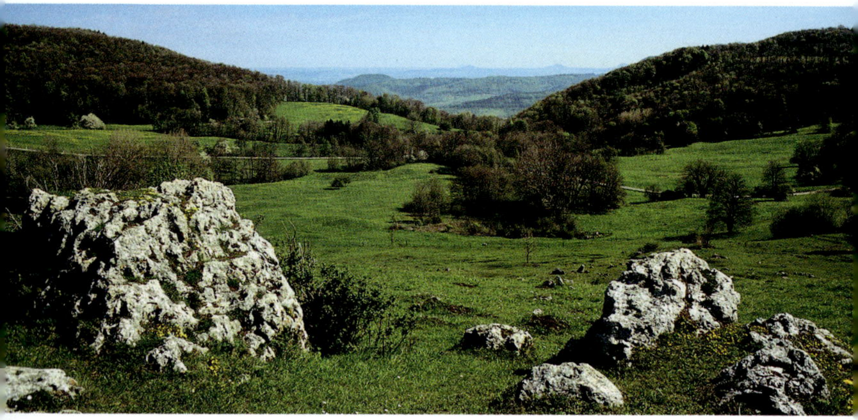

Das Randecker Maar; weit im Hintergrund der Hohenstaufen und der Hohenrechberg

Der Wegverlauf

Von Ihrem Parkplatz in **Hepsisau** A folgen Sie der Dorfstraße leicht bergab, biegen rechts ab zum Friedhof (blaues Dreieck) und gelangen auf einem Fahrweg zwischen Streuobstwiesen bequem nach **Neidlingen** 1 **(0:30 Std.)**.

Am Ortsbeginn gehen Sie bei den Sportanlagen rechts durch die Widerholtstraße, folgen der Mühlstraße und überqueren die Lindach, erreichen in der Kelterstraße das Rathaus und folgen der Kirchstraße (blaues Dreieck) zum Ortsrand.

Ein asphaltierter Fahrweg steigt im Neidlinger Tal, bekannt für seine Kirschblüte, stetig leicht an zu einer Gabelung. Nach links steiler

Wegbeschaffenheit
Asphaltierte Wirtschaftswege, Wald- und Forstwege, kurze Abschnitte auf Straßen
Ausgangspunkt
Hepsisau, Ortsteil von Weilheim/Teck
Anfahrt
Bus: Kirchheim–Neidlingen, in Hepsisau Haltestelle »Rathaus«. Pkw: A 8 Stuttgart–München, Ausfahrt Aichelberg, 2 km hinter Weilheim/Teck rechts nach Hepsisau; Parkplätze bei Kirche oder Friedhof

hangaufwärts zu einer weiteren Gabelung und erneut nach links erreichen Sie am Waldrand eine dritte Gabelung. Sie halten sich rechts und gelangen zum **Neidlinger Wasserfall** ❷ (1:30 Std.). Zwar beträgt die freie Fallhöhe nur wenige Meter, aber anschließend fließt das Wasser über zahlreiche bemooste Felsstufen steil ab.

Sie gehen 50 m zurück und steigen steiler an zu einem Forstweg, dem Sie nach rechts 100 m weit folgen. Scharf links zweigt ein Pfad ab, der direkt unterhalb eines mächtigen Schwammstotzens zur Talkante und zur beeindruckenden **Burgruine Reußenstein** ❸ (2:00 Std.) hochführt. Sollte der links abzweigende Pfad zum Reußenstein gesperrt sein, folgen Sie dem Forstweg gerade aus zum Park- und Grillplatz Bahnhöfle.

Von der Burgruine gelangen Sie nach ein paar Metern auf eine Felskanzel – von hier aus sind die Kletterer am Reußenstein-Fels gut zu beobachten – und folgen einem asphaltierten Fußweg (rotes Dreieck), der zur Straße Schopfloch–Wiesensteig führt. Aber schon nach 250 m biegen Sie rechts ab (rotes Dreieck) und erreichen, parallel zur Straße, bequem den **Parkplatz Bahnhöfle** ❹ (2:30 Std.); mit »Bahnhöfle« bezeichnete man im 19. Jh. eine Stelle, an der wichtige Wege zusammenliefen.

Nach rechts (rotes Dreieck) gehen Sie über den Parkplatz, folgen einem leicht ansteigenden Forstweg entlang der Hangkante und nach wenigen Minuten einem rechts abzweigenden Weg (rotes Dreieck)

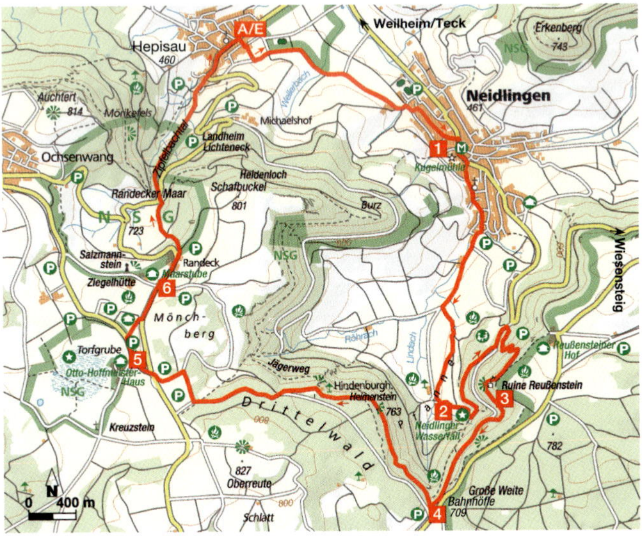

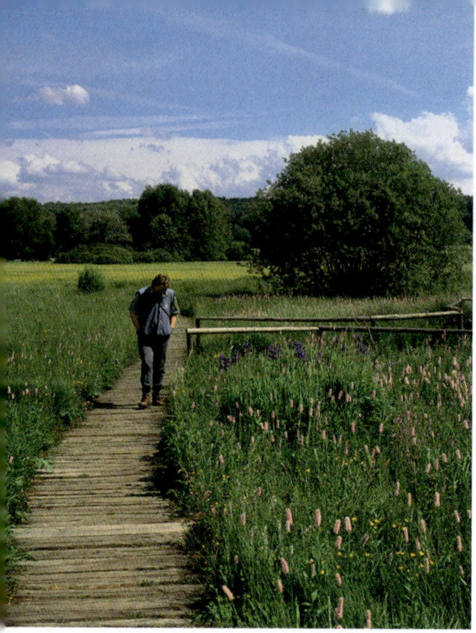

Durch die Torfgrube (Schopflocher Moor) führt ein Bohlensteg.

zum Heimenstein (763 m). Dieser Fels ist ein massiger, von einer Höhle durchzogener Schwammstotzen, auf dem eine Burg des Neidlinger Ortsadels stand.

Nach einigen Minuten folgen Sie wieder dem Forstweg, den Sie zuvor für den Umweg zum Heimenstein verlassen haben. An einer Weggabelung halten Sie sich links (rote Raute, »Torfgrube«) und am Waldrand nach rechts auf einem asphaltierten Fahrweg (keine Markierung), von dem Sie nach 250 m wieder links abbiegen zur Straße Schopfloch–Ochsenwang. Entlang der Straße erreichen Sie wenig später den **Landgasthof Albengel** (früher Otto-Hoffmeister-Haus) **5** **(3:30 Std.)** (Ruhetage Mo, Di; www.albengel-otto-hoffmeister-haus.de) am Rand vom Naturschutzgebiet Schopflocher Moor. Vor 15 Millionen Jahren war der »Schwäbische Vulkan« vor allem zwischen Kirchheim/Teck und Bad Urach aktiv. In zahlreichen Vulkanschloten stieg glutflüssiges Magma hoch, erkaltete jedoch noch in den Schloten und wurde zu wasserundurchlässigem Basalttuff, auf dem sich Seen bildeten. Die Seen sind inzwischen ausgelaufen, wie im Falle des Randecker Maars, oder verlandet, sodass sich Torf bildete wie in dem auch »Torfgrube« genannten Schopflocher Moor.

Abstecher ins Schopflocher Moor (hin und zurück 30 Min.): Ein Bohlensteg führt durch das einzige Hochmoor auf der Albhochfläche. Die Torfschicht wurde seit dem 17. Jh. abgebaut, und um die letzten Reste des Moors zu retten, kaufte der Schwäbische Albverein das Gelände und sorgte dafür, dass es 1942 unter Naturschutz gestellt wurde. Am schönsten ist das Moor im Mai und Juni, wenn gelbe und blaue Iris, Trollblumen und Orchideen blühen. Zurück an der Straße halten Sie sich links in Richtung Ochsenwang – links neben der Straße zwei größere Dolinen –, überqueren nach 200 m die Straße (rote Raute) und steigen über einen Wanderparkplatz und auf der Straße Schopfloch–Hepsisau leicht an zum Rand des **Randecker Maars** **6** **(3:45 Std.)**. In der kraterartigen Vertiefung des Maars, wo der Kranz

Obstbaumblüte

Diese Tour unternehmen Sie am besten im zeitigen Frühjahr, wenn im Neidlinger Tal unzählige Obstbäume blühen, vor allem Kirschbäume. Oder aber im Mai/Juni, wenn Sie sich für die Blumen im Schopflocher Torfmoor interessieren. Allerdings werden Sie dann überall auf zahlreiche Wanderer, Spaziergänger und Radfahrer stoßen.

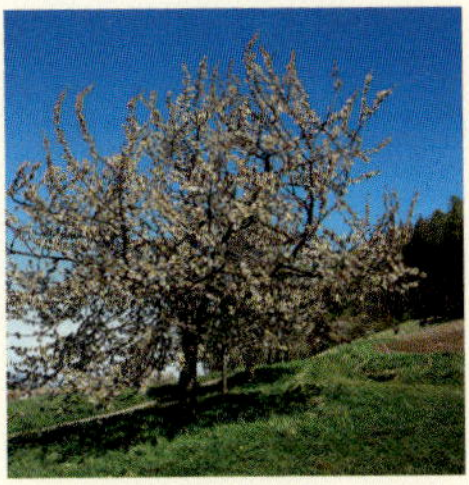

von herausgeschleuderten Gesteinsbrocken noch gut zu sehen ist, hatte sich ein See aufgestaut. Mit dem Zurückweichen des Albrands durch Erosion verschwand der Nordrand des Maars, der See lief aus. Noch heute entspringen im Maar zahlreiche Rinnsale, deren Wasser im Zipfelbach abfließen.

Ein Abstecher (hin und zurück 10 Min.) führt nach links über das Gehöft Ziegelhütte (mit Hofladen und Vesperstube; Do und Fr ab 15 Uhr, Sa und So ab 11 Uhr; www.ziegelhuette.de) zum Salzmannstein, einem Gedenkstein, mit schönem Blick auf das Maar; im Hintergrund sind die drei »Kaiserberge« Hohenstaufen, Hohenrechberg und Stuifen zu sehen.

Die Straße (blaues Dreieck) führt in das Randecker Maar hinein, vorbei am ehemaligen Gehöft Randeck. Eingangs einer Linkskurve der Straße halten Sie sich geradeaus und steigen steiler ab auf den Grund des Maars. Hier kreuzen Sie die Straße und folgen einem Pfad durch das enge und stellenweise felsige Tal des Zipfelbachs, der über zahllose Felsstufen und Felstrümmer abfließt. Wo der Wald endet, weitet sich das Tal, und zwischen Obstwiesen führt der Weg zu den ersten Häusern von Hepsisau. Sie gehen geradeaus weiter und erreichen wenig später die Dorfstraße, auf der Sie zu Ihrem **Ausgangspunkt E (4:15 Std.)** zurückkehren.

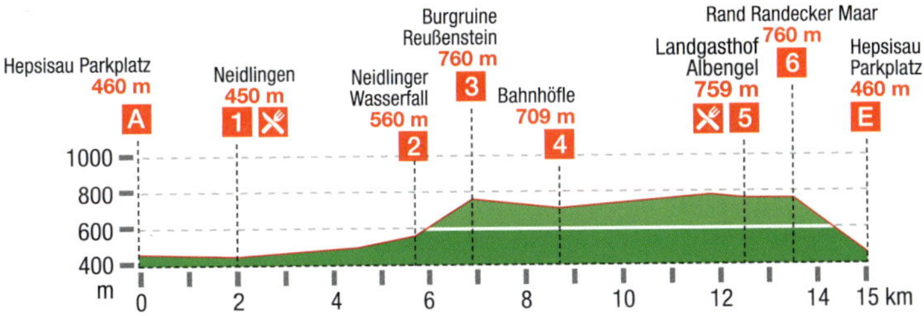

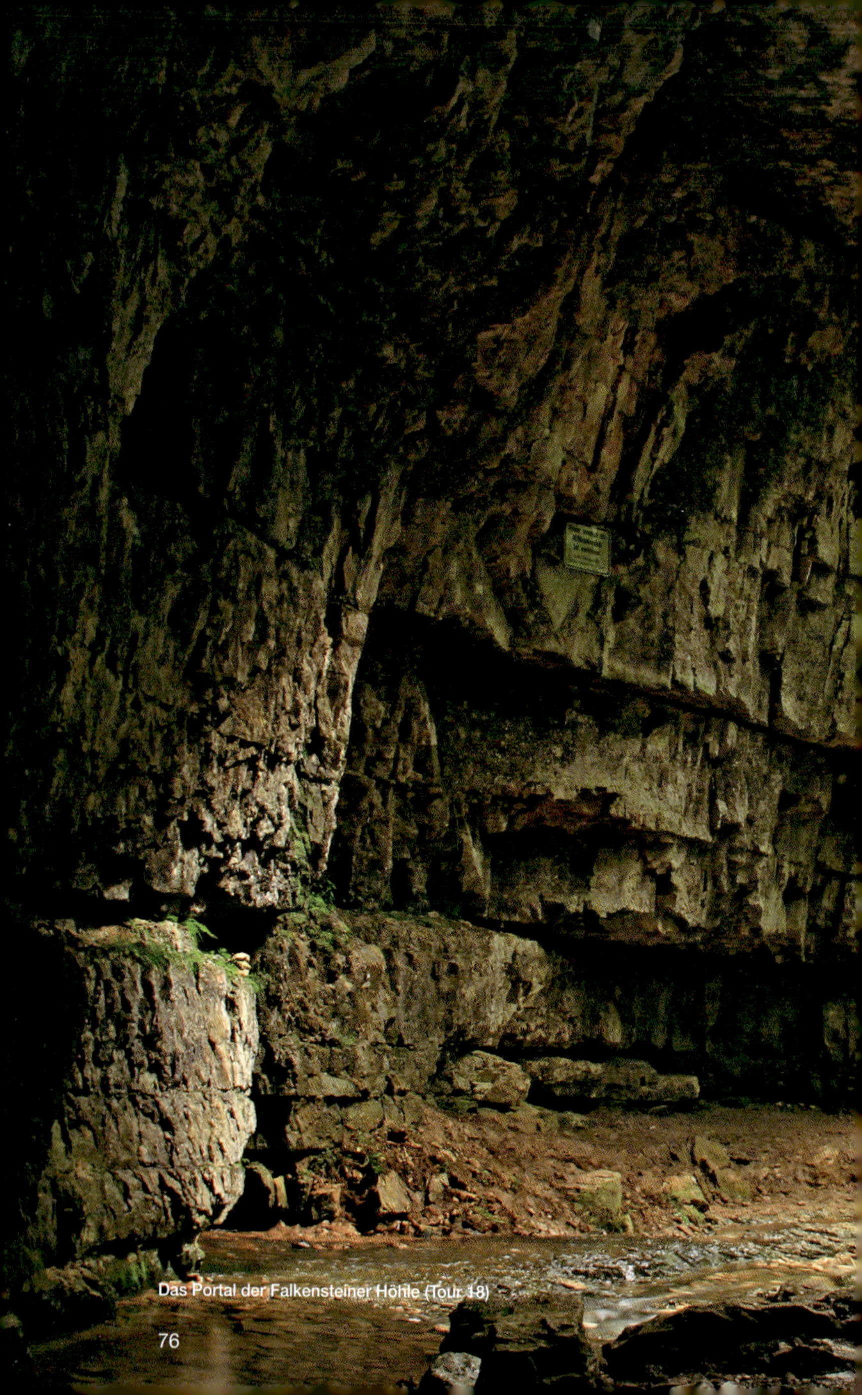

Das Portal der Falkensteiner Höhle (Tour 18)

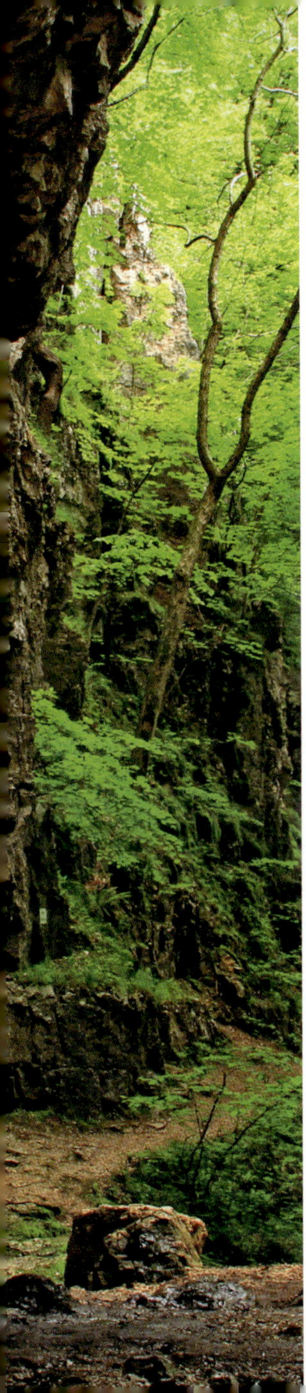

Top 5

Kurze Touren

Am Rand des Nördlinger Ries'

Am Weg liegen die Ofnethöhlen, eine römische »villa rustica« und eine Gaststätte sowie ein Suevit-Steinbruch. **Tour 2**

Die Berghalbinsel Rosenstein

Aussichtsfelsen und große, durch Erosion freigelegte Höhlengänge liegen am Weg zur Ruine Rosenstein. **Tour 7**

Falkensteiner Höhle und Hofen

Man passiert ein beeindruckendes Höhlenportal, den Heidengraben und die wenigen Reste der Burg Hofen. **Tour 18**

Zum Aussichtsturm Rossberg

Ein längerer Anstieg führt zu einem Aussichtsturm des Albvereins mit einer Gaststätte. **Tour 23**

Hohmichele und Heuneburg

Bequem ist der Weg zum Grabhügel Hohmichele und zur Heuneburg, die an der Donau-Talkante sitzt. **Tour 30**

15 4:15 Std. 590 hm 590 hm 13,5 km

Zur Burg Teck

Die abwechslungsreiche Rundwanderung mit einem steilen und einem mäßigen Anstieg führt zu den Burgruinen Rauber und Teck. In der Teck befinden sich ein Albvereins-Wanderheim, eine Gaststätte mit Tischen im Burghof und ein Aussichtsturm mit herrlichem Rundblick.

Wegbeschaffenheit
Zwei Abschnitte auf Asphalt, sonst Forst- und Waldwege

Ausgangspunkt
Bissingen an der Teck

Anfahrt
Bus: Kirchheim–Bissingen, Haltestelle »Rathaus«. Pkw: A 8 Stuttgart–München, Ausfahrt Kirchheim/Teck-Ost, B 465 nach Dettingen/T., weiter nach Bissingen/T.; im Ort geradeaus zum Parkplatz »Am See«

Der Wegverlauf

Vom **Parkplatz »Am See« in Bissingen** A folgen Sie talaufwärts einem Sträßchen (blaues Dreieck, »Breitenstein«) und biegen kurz nach dem Ortsrand links ab, steigen steil an und kreuzen die Straße Bissingen–Ochsenwang; kurz vor der Straße linker Hand stehen die Überreste der Burgruine Hahnenkamm (13. Jh.; Abstecher retour 10 Min.).

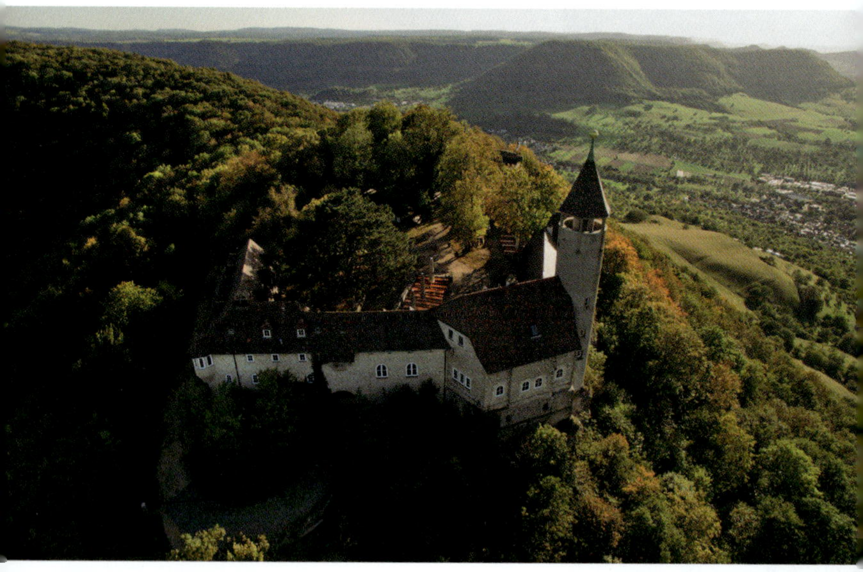

Luftansicht der Burg Teck

In Kehren führt der Weg steil empor zur Albhochfläche und nach rechts auf den steil abfallenden, 812 m hohen **Felsklotz Breitenstein** ❶ (1:10 Std.), einen herrlichen Aussichtspunkt.

Aussichtspunkte

Ein steiler und ein mäßig steiler Anstieg führen auf Pfaden beziehungsweise Waldwegen zu den herrlichen und entsprechend beliebten Aussichtspunkten Breitenstein, Gelber Fels und Burg Teck. Weitere Wegpunkte sind die kleine, verwunschen wirkende Burgruine Rauber und die bei Kindern beliebte Sibyllenhöhle direkt unterhalb der Burg Teck.

Anhand der Markierung (rotes Dreieck) gelangen Sie bequem auf einen weitläufigen Wanderparkplatz, dessen Zufahrt in die Straße Ochsenwang–Bissingen einmündet. Sie überqueren die Straße und folgen einem zunächst leicht ansteigenden Sträßchen (rotes Dreieck) zum Hof Diepoldsburg – einst die Obere Diepoldsburg –, in dem ein Tagungszentrum eingerichtet wurde. Während das Sträßchen links abknickt, gehen Sie geradeaus (rotes Dreieck) zwischen den Gebäuden hindurch und erreichen auf der Scheitelhöhe eines schmalen Bergrückens die malerische Untere Diepoldsburg, bekannt als **Burgruine Rauber** ❷ (2:00 Std.).

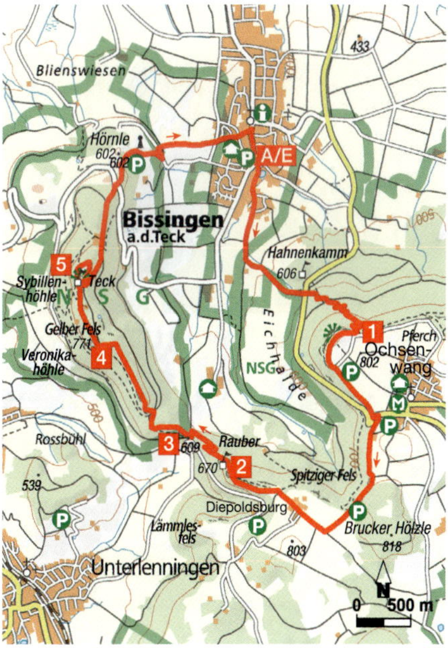

Direkt vor der Holzbrücke über den Burggraben halten Sie sich rechts (rotes Dreieck) und erreichen nach einem steilen Abstieg den **Sattelbogen** ❸ (2:15 Std.). Geradeaus bzw. leicht nach links steigen Sie am Hang des Teckbergs (rotes Dreieck) wieder an und gelangen zum Aussichtspunkt **Gelber Fels** ❹ (2:45 Std.). Entlang der Kante des Teckbergs führt der Weg zur breiten Burgzufahrt und hinauf zur im 12. Jh. von den Zähringern erbauten **Burg Teck** ❺ (3:00 Std.) mit Gaststätte und Wanderheim des Schwäbischen Albvereins (Mi–So ab 10 Uhr; www.burg-teck.de).

Abstecher: Vor dem Burgtor führt ein Pfad hinunter zur Sibyllenhöhle (retour 5 Min.), in der laut

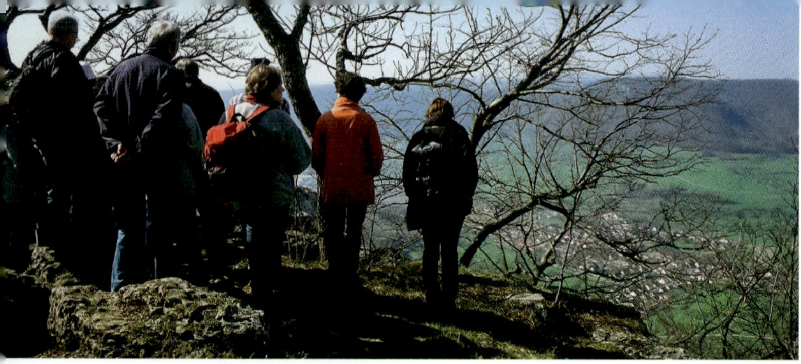

Der Aussichtspunkt Gelber Fels

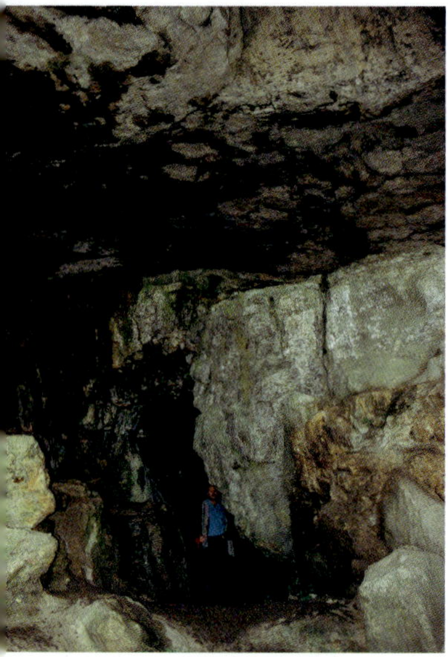

Die Sibyllenhöhle

Sage die weise Frau Sibylle lebte, die aus Gram über ihre missratenen Söhne auf einem von Katzen gezogenen Wagen davongefahren sein soll. Vor allem im Frühjahr sind auf dem Talgrund die Wagenspuren zu sehen, die nach Nordwesten in Richtung Stuttgart führen. In Wirklichkeit handelt es sich um verfüllte Gräben eines römischen Limes; der Bewuchs der Gräben hebt sich von der Umgebung leicht ab.

Der Burgzufahrt folgen Sie bergab zum Waldrand, passieren einen Grillplatz und gehen geradeaus auf das unbewaldete Hörnle, von dem nach rechts ein Pfad (blaues Dreieck) erst über Heide, dann zwischen Kirschbäumen hinunterführt nach Bissingen. Auf der Ortsdurchfahrt nach rechts kehren Sie zum **Parkplatz »Am See«** E (4:15 Std.) zurück.

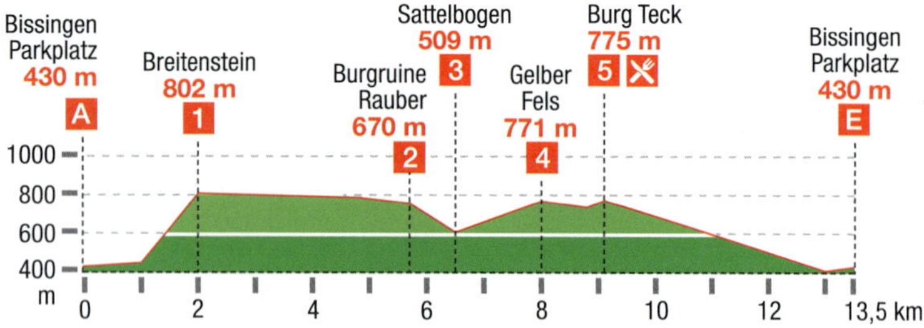

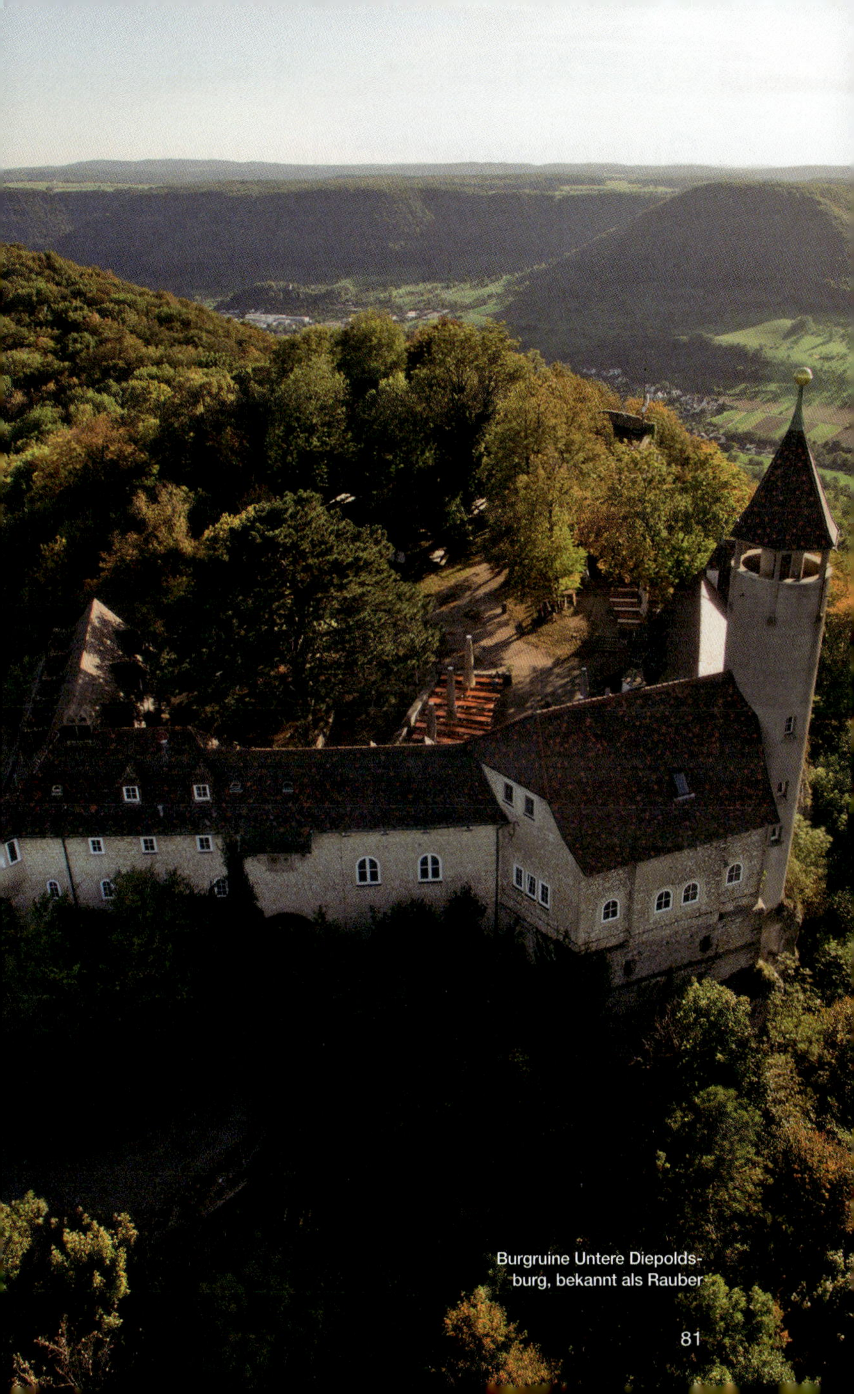

Burgruine Untere Diepoldsburg, bekannt als Rauber

16 | 4:15 Std. | 440 hm / 440 hm | 15 km

Gutenberger Höhlen und Pfulb

Aus dem Lenninger Tal führt der Weg hinauf zu den Gutenberger Höhlen, auf die Albhochfläche und am Ende der Wanderung zwischen Felsen wieder steil hinunter ins Tal. Bequem hingegen ist die Strecke auf der leicht hügeligen Albhochfläche.

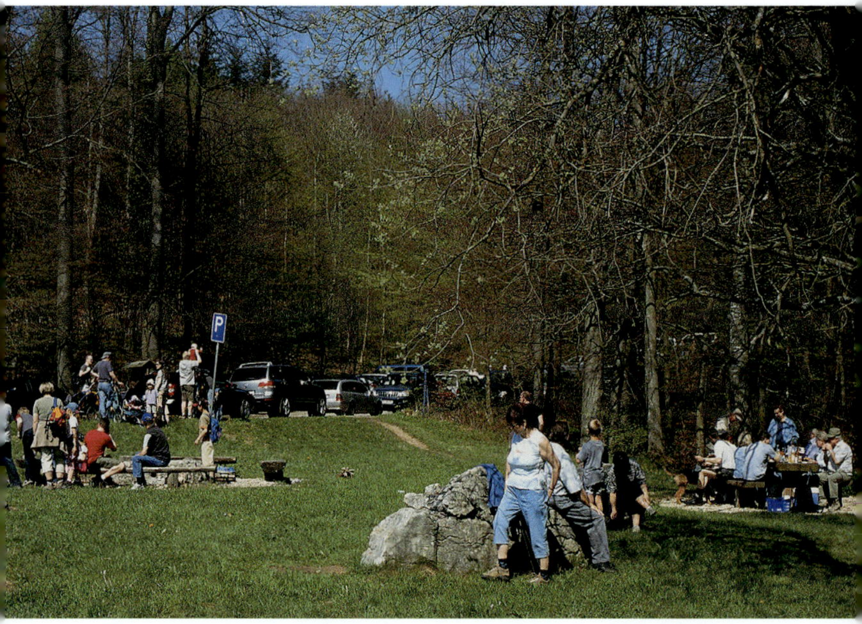

Der Parkplatz »Bahnhöfle« ist ein beliebter Ausgangspunkt für Wanderungen.

Der Wegverlauf

Vom **Parkplatz am Ortsrand von Gutenberg** **A** folgen Sie talaufwärts einem Sträßchen in den Ort, kreuzen die Ortsdurchfahrt (Wegweiser »Gutenberger Höhlen«) und steigen am Ortsende links am bewaldeten Hang steil an (rote Raute) zu drei Tropfsteinhöhlen, den **Gutenberger Höhlen** **1** **(1:00 Std.)**: Gussmannshöhle, Wolfschluchthöhle und die auf 180 m Länge begehbare Gutenberger Höhle (Führungen Anf. Mai–Mitte Okt. Sa 13 und 14.30 Uhr, So/feiertags 10–17 Uhr, bei gutem Wetter).

Sie steigen vollends zur Talkante an, überqueren die Landstraße Schopfloch–Krebsstein und gelangen in leichtem Anstieg auf die offene Albhochfläche und zur **Wegkreuzung »Kreuzstein«** ❷ (1:15 Std.).

Abstecher: Geradeaus zum Landgasthof Albengel (Ruhetage Mo, Di; retour 20 Min.); vor der Gaststätte erstreckt sich linker Hand das Schopflocher Moor (s. Tour 14).

Am Kreuzstein wenden Sie sich nach rechts (rote Raute), gehen entlang der Straße Schopfloch–Ochsenwang nach links 250 m weit und überqueren die Straße zu einem Wanderparkplatz. Ein Forstweg (rote Raute; rotes Dreieck des HW 1) führt an die Kante des Neidlinger Tals und, vorbei am Keimenstein, zum **Parkplatz »Bahnhöfle«** ❸ (2:00 Std.) mit einer Grillstelle; Blick auf die Burgruine Reußenstein.

Nach rechts folgen Sie der Straße Wiesensteig–Schopfloch 200 m weit, biegen links ab auf einen Asphaltweg und halten sich nach 500 m an einer Weggabelung rechts. Bequem gelangen Sie durch ein flaches Wiesental (rote Raute) an eine Wegkreuzung und steigen erneut

Wegbeschaffenheit
Mehrmals auf asphaltierten Wirtschaftswegen beziehungsweise Straße, Forst- und Waldwege

Ausgangspunkt
Gutenberg, Ortsteil von Lenningen

Anfahrt
Bus: Kirchheim–Schopfloch; in Gutenberg Haltestelle »Post«. Pkw: A 8 Stuttgart–München, Ausfahrt Kirchheim/Teck-Ost, B 465 Richtung Blaubeuren bis Gutenberg; Parkplatz am Ortsbeginn

Albengel & Harpprechthaus

Auf der Albhochfläche sind mehrere Abschnitte des Wegs asphaltiert, und in der Nähe der Torfgrube mit dem Landgasthof Albengel, am Parkplatz Bahnhöfle und am Harpprechthaus, einem bewirtschafteten Alpenvereinshaus, geht es lebhaft zu. Wenig begangen dagegen ist der steile Abstieg zwischen den hoch aufragenden Felswänden der Pfulb.

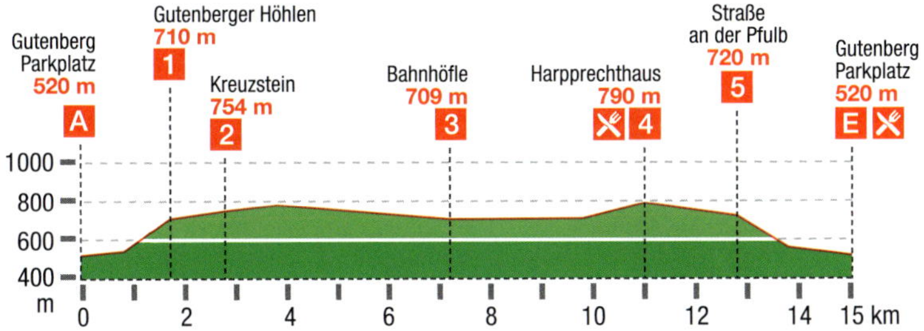

nach rechts hinauf (rote Raute, »Schopfloch«) zum **Harpprechthaus** **4 (3:00 Std.)** (Ruhetag Mo).

Auf dem Zufahrtssträßchen gehen Sie weiter auf Schopfloch zu, wenden sich nach 200 m scharf nach links auf einen asphaltierten Weg (keine Markierung) und folgen im Wald nach 100 m einem rechts abzweigenden Waldweg (keine Markierung). Am Waldrand steigen Sie über die Böschung der Straße Gutenberg–Schopfloch ab, kreuzen die Straße und erreichen die Talkante, wo ein steiler Abstieg zwischen Felswänden **5 (3:30 Std.)** beginnt.

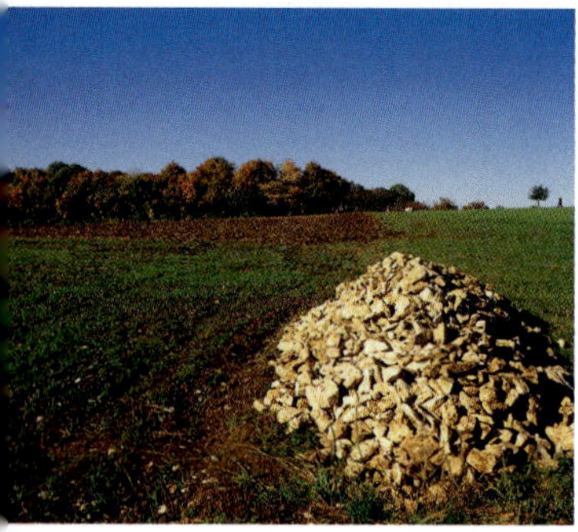

Albtypische Kalkscherben

Ein streckenweise mit Geländern gesicherter Pfad führt zwischen hoch aufragenden Felswänden steil bergab, kreuzt die Gutenberger Steige und geht am Waldrand auf dem Talgrund in einen breiten Weg über. Hier erstreckt sich rechts des Wegs eine weitläufige Wiese, das Quellgebiet der Weißen Lauter. Talabwärts durchqueren Sie das Gelände eines früheren Sägewerks und folgen in Gutenberg der Ortsdurchfahrt bergab, biegen an der Bushaltestelle »Post« links ab und kehren, vorbei an der Kirche, zum **Ausgangspunkt** **E (4:15 Std.)** zurück.

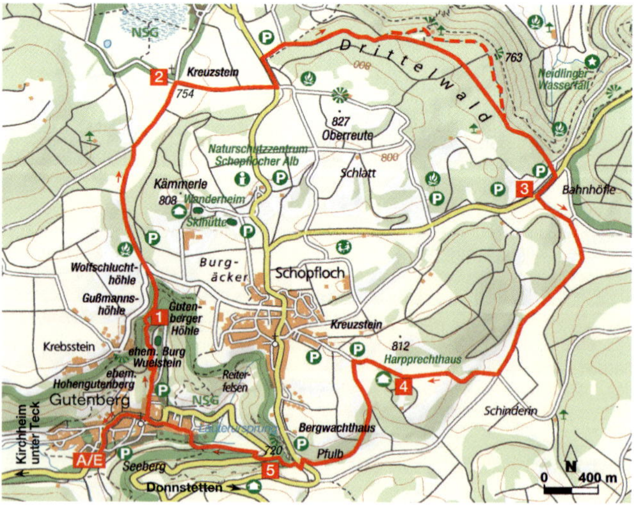

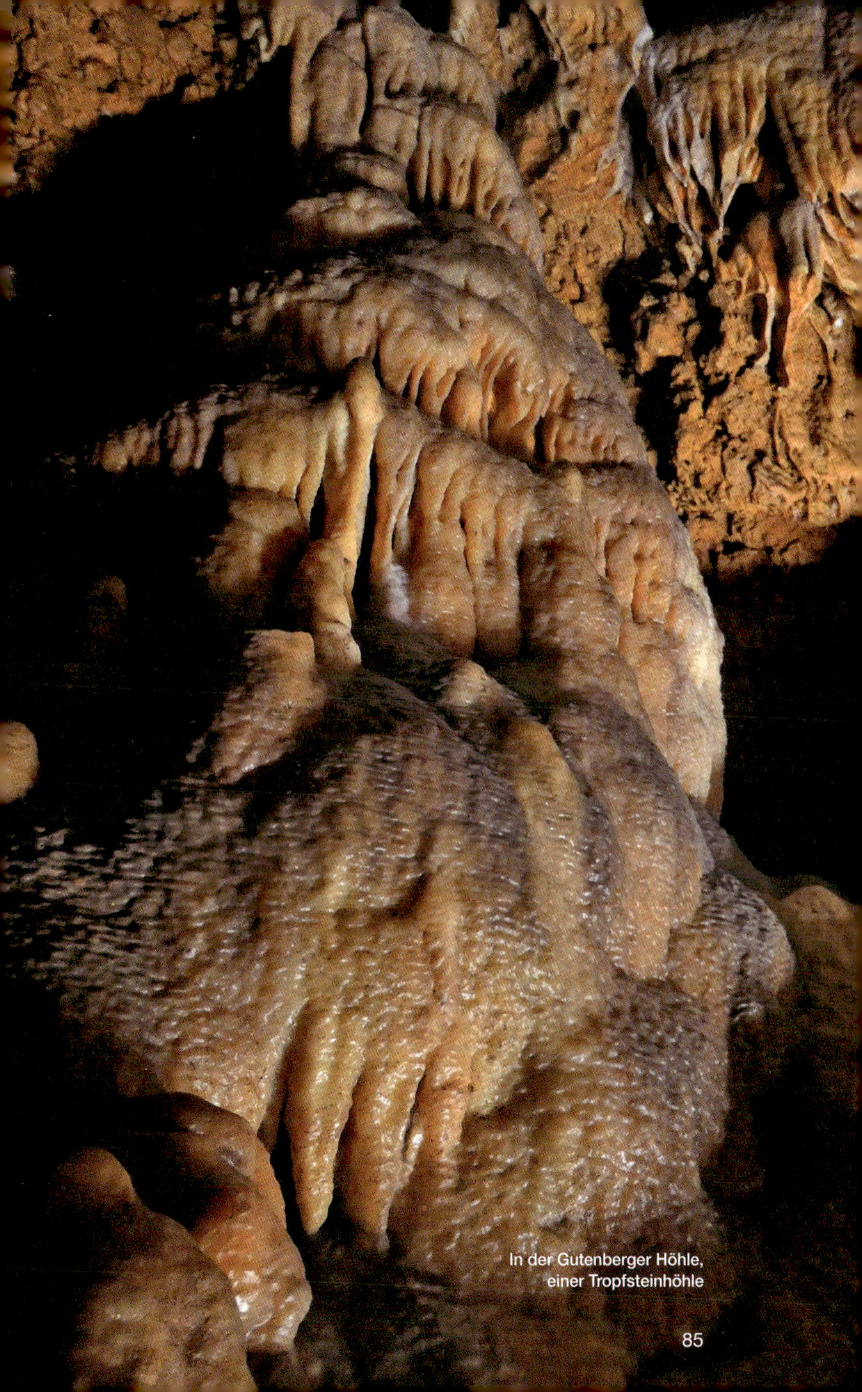

In der Gutenberger Höhle,
einer Tropfsteinhöhle

17 4:00 Std. 360 hm 360 hm 11,7 km

Von Gutenberg zum Römerstein

Aus dem Donntal, einem Seitental des Lenninger Tals, führt die Wanderung steil hinauf zur Albhochfläche, recht bequem zu dem vom Schwäbischen Albverein errichteten Römerstein-Aussichtsturm und zwischen hohen, steil aufragenden Felswänden wieder steil hinunter ins Tal.

Der Wegverlauf

Vom **Parkplatz am Ortsrand von Gutenberg** A folgen Sie talabwärts einer Trittspur neben der Straße und biegen nach 300 m links ab (rote Gabel). Ein leicht ansteigender Wirtschaftsweg verläuft im Donntal neben einem über zahlreiche niedere Kalksinterstufen abfließenden Lauterzufluss. Im Talschluss halten Sie sich rechts (gelbes Dreieck), steigen in Kehren steil an zum Albtrauf und machen nach links einen kurzen Abstecher zu den nur noch spärlichen Mauerresten der auf

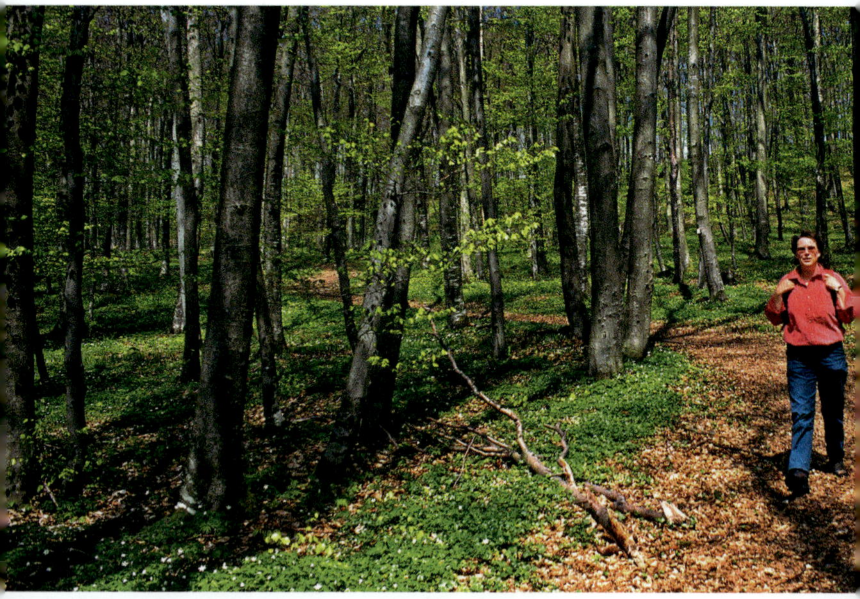

Beim leichten Aufstieg zum Römerstein-Aussichtsturm

einem schmalen Bergsporn sitzenden **Burgruine Sperberseck** ❶ (1:00 Std.).
Wenig später verlässt der Weg den Wald und führt auf der Hochfläche zur Straße Böhringen–Donnstetten. Kurz vor der Straße wenden Sie sich am Wanderparkplatz Kohlhau nach links, überqueren die Straße Böhringen–B 465 und steigen am bewaldeten Hang des Römersteins – besonders schön im Mai, wenn sich die Buchen belauben – leicht an zum **Römerstein-Aussichtsturm** ❷ (2:00 Std.) (während der Wandersaison geöffnet Sa/So/feiertags; www.schwaebischealb.de; ansonsten den Schlüssel vor der Wanderung am Bürgermeisteramt, Verwaltungsstelle, (Tel. 07382 384) abholen. Mit einer Höhe von 872 m ist der Römerstein die höchste Erhebung der Mittleren Alb; bei guten

Römerstein & Pfulb

Eine ruhige Wanderung mit einem Anstieg von rund 200 Hm zu Beginn und einem leichten Anstieg durch Buchenwald zum Römerstein-Aussichtsturm. Leider sind die Wirtschaftswege auf der Albhochfläche zumeist asphaltiert, aber der steile, teilweise mit Geländern gesicherte Abstieg zwischen Felswänden macht dies wieder wett.

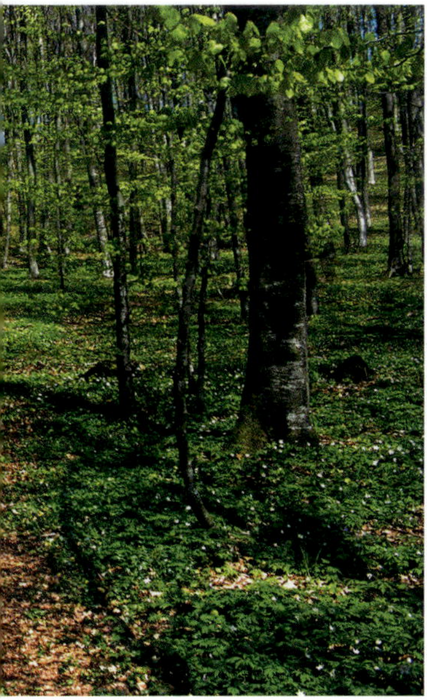

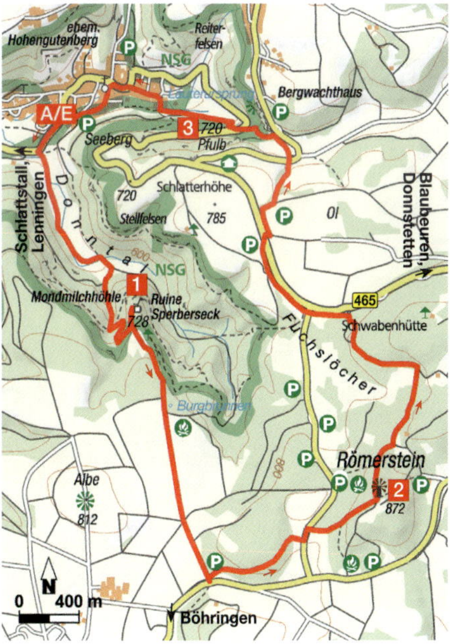

Wegbeschaffenheit
Überwiegend Waldwege, streckenweise asphaltierte Wirtschaftswege
Ausgangspunkt
Gutenberg, Ortsteil von Lenningen
Anfahrt
A 8 Stuttgart–München, Ausfahrt 57 (Kirchheim/Teck-Ost), B 465 in Richtung Blaubeuren/Ulm bis Gutenberg; Parkplatz kurz vor Ortsbeginn in einer Linkskurve der Straße

Sichtverhältnissen sind die Alpen zu sehen. Der Name geht vermutlich auf den Flurnamen Remhartstein zurück und nicht auf die römischen Truppen, die vor knapp 2000 Jahren im nahegelegenen Maar von Donnstetten ein Kastell errichtet hatten zum Schutz der Straße Grinario (Köngen)–Gutenberg–Donau bei Ulm.

Hinter dem Turm folgen Sie einem Waldweg (rote Gabel) – Achtung: Nicht nach rechts dem ebenfalls mit roter Gabel markierten Weg nach Donnstetten folgen! – bequem hangabwärts zur B 465 Blaubeuren–Kirchheim/Teck.

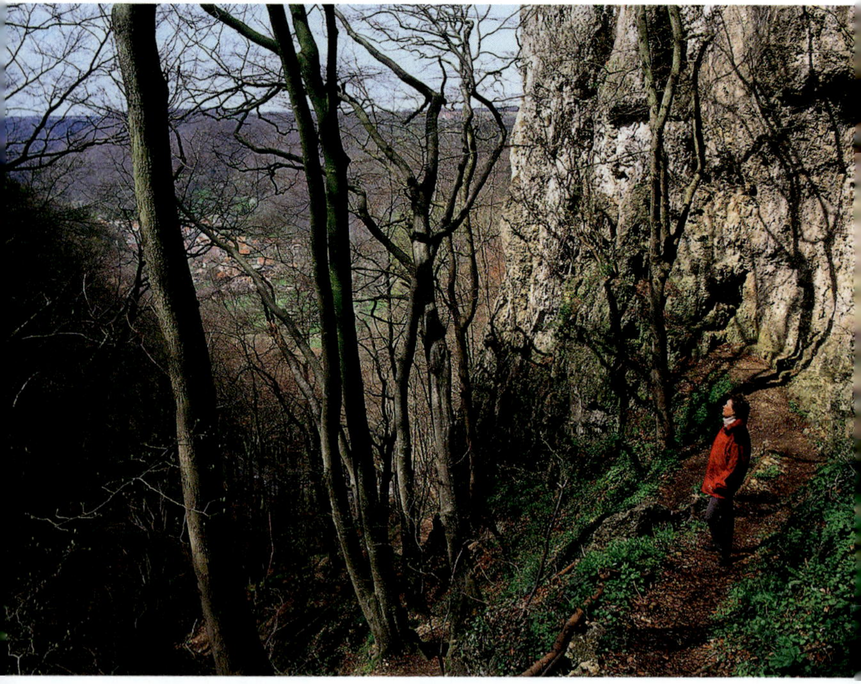

Bergab zwischen steil aufragenden Felsen nach Gutenberg

Neben der Bundesstraße führt der Weg nach links, kreuzt das oben erwähnte Sträßchen Böhringen–B 465 und setzt sich als Asphaltweg entlang der B 465 fort. Nach 700 m kreuzen Sie die Straße und steigen auf einem Wiesenhang, der im Winter als Skihang dient, zu der nach Schopfloch führenden Straße ab.

Nach Überqueren der Straße halten Sie sich an einer Weggabelung geradeaus und erreichen den Einstieg (rote Gabel) in die schluchtartigen Talschlüsse der **Lauter** 3 (3:00 Std.). Zwischen hohen, steil aufragenden Felswänden führt ein stellenweise mit Geländern gesicherter, teilweise rutschiger Pfad steil bergab, kreuzt die Gutenberger Steige und erreicht bei der Quelle der Weißen Lauter den Talgrund. Diese Quelle ist etwas ungewöhnlich, denn das Wasser steigt auf einer größeren Wiesenfläche zur Erdoberfläche. Entlang des Bachs und nach rechts über das Gelände eines früheren Sägewerks erreichen Sie Gutenberg, folgen der Ortsdurchfahrt und biegen in der Ortsmitte an der Bushaltestelle »Post« links ab. Vorbei an der Kirche kehren Sie zu ihrem **Ausgangspunkt** E (4:00 Std.) zurück.

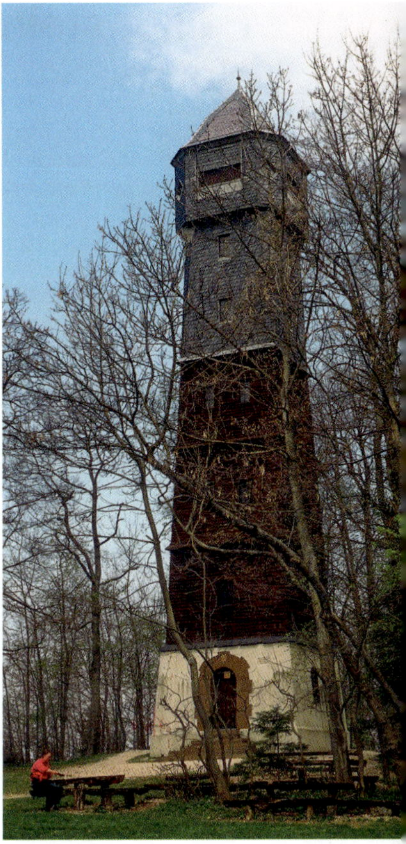

Der Römersteinturm

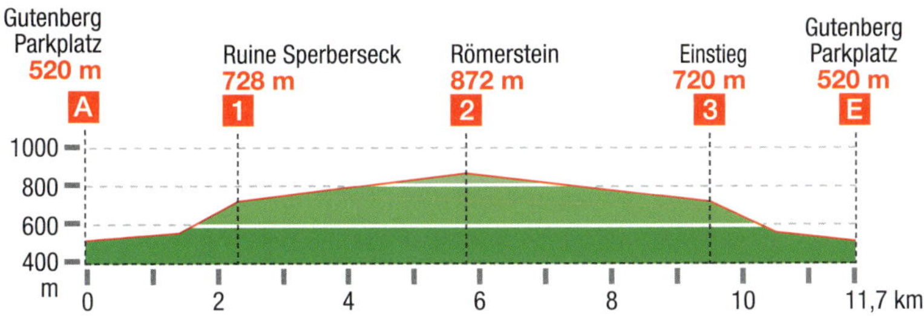

18 | 2:30 Std. | ↑ 180 hm ↓ 180 hm | ↔ 7,5 km

Falkensteiner Höhle und Hofen

Ein steiler Anstieg führt zur Falkensteiner Höhle und auf die Albhochfläche zum etwa drei Meter hohen »Heidengraben«. Diese zu einem Wall erodierte einstige Mauer riegelte den Zugang zu der mit rund 1600 Hektar größten keltischen Fliehburg in Südwestdeutschland ab, dem »Heidengraben«.

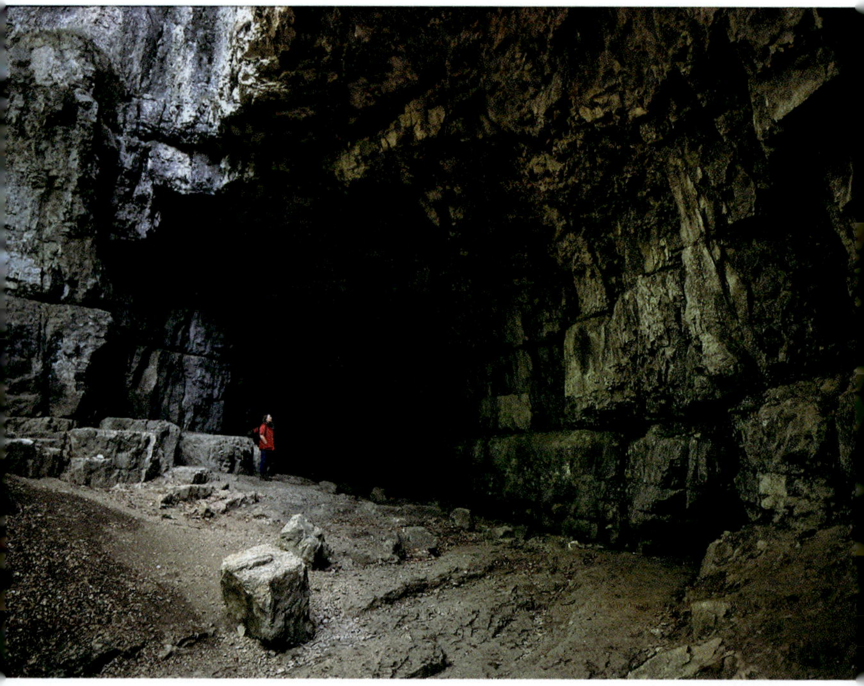

Nur nach Niederschlägen fließt die Elsach als Wildbach aus der Falkensteiner Höhle.

Der Wegverlauf

Vom **Wanderparkplatz** A an der Straße Bad Urach–Grabenstetten führt ein Waldweg (roter Winkel), vorbei am Elsach-Quelltopf, in einem engen Tal steil bergauf. Wenig später gelangen Sie auf einem kurzem Abstecher nach links zu einer Felswand mit der Öffnung der

Falkensteiner Höhle ❶ (0:10 Std.). Durch das gewaltige Höhlentor floss bis etwa 1830 die Elsach ab. Heute ist dies nur noch nach starken Regenfällen der Fall, ansonsten versickert der Bach in der Höhle und tritt erst 200 m weiter talabwärts aus, das heißt, die Höhle befindet sich im Übergangsstadium von einer noch aktiven Fluss- zu einer trockenen Karsthöhle. Von einer Begehung der auf rund 4 km Länge vermessenen Höhle auf eigene Faust wird dringend abgeraten (www.falkensteiner-höhle.de; für Höhlenführungen: TeamX, Tel. 01761-9243530)!

Wegbeschaffenheit
Wald- und Wiesenweg, Ortsstraße und asphaltierter Wirtschaftsweg
Ausgangspunkt
Wanderparkplatz im Pfähler Tal
Anfahrt
B 28 Metzingen–Bad Urach, in Bad Urach links abbiegen Richtung Oberlenningen/Grabenstetten, nach 4,5 km in einer Linkskurve rechts ein Wanderparkplatz

Sie steigen steil hinauf zur Talkante mit dem keltischen **Heidengraben** ❷ (0:30 Std.), gehen am Wall entlang und überqueren die Straße Grabenstetten – B28/Böhringen.

Geradeaus gehen Sie am Waldrand entlang, vorbei an einer Grillstelle, und folgen an einer Gabelung geradeaus einem Waldweg (Markierung keltischer Radnabenstift auf weißem Grund), der hart an der Tal-

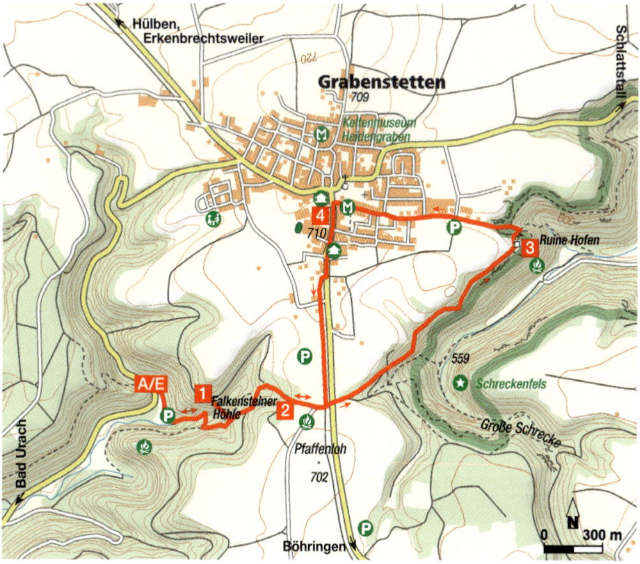

Falkensteiner Höhle

Nach einem kurzen, steilen Anstieg bereitet der Weg auf der Hochfläche keine Mühen mehr. Besonders beeindruckend ist das riesige Portal der Falkensteiner Höhle nach anhaltenden Niederschlägen oder in der Schneeschmelze, wenn das Wasser wie ein Wildbach herausschießt. Aber Achtung: Dann darf man die Höhle auf keinen Fall betreten!

kante der Kleinen Schrecke verläuft, zur kleinen **Burgruine Hofen** 3 (1:15 Std.). Außer einer neu errichteten Tormauer und einem weitgehend verfüllten Burggraben ist so gut wie nichts mehr zu sehen von der einstigen Anlage, die auf einem steil abfallenden Felssporn hoch über dem Schlattstaller Tal errichtet wurde; Vorsicht mit Kindern!

Von der Burgruine führt ein breiter, sanft ansteigender Schotterweg bequem zum Ortsrand und durch eine Wohnstraße in die Ortsmitte von **Grabenstetten** 4 (1:45 Std.). Auf dem Gehweg an der Ortsdurchfahrt nach links verlassen Sie das Dorf, folgen einem asphaltierten Wirtschaftsweg neben der Straße zum Heidengraben und kehren auf demselben Weg, auf dem Sie die Wanderung begonnen haben, zum **Ausgangspunkt** E (2:30 Std.) zurück.

Für Kinderwagen eignet sich die kurze Strecke zwischen dem Ortsrand von Grabenstetten – hier ein Parkplatz – und der Burgruine Hofen (hin und zurück 800 m/15 Min.). Anfahrt: In der Ortsmitte Grabenstetten abbiegen in Richtung Kläranlage.

Abstecher

Rechts der Ruine führt ein steiler, rutschiger Pfad bergab zu einem quer verlaufenden Pfad, der nach rechts zur 200 m langen Gustav-Jakob-Höhle führt. Mit schmutzabweisender Kleidung, Taschenlampe und Helm ausgerüstet kann man die sehr enge und teils niedrige Höhle begehen und verlässt sie wieder auf der anderen Hangseite des Bergsporns.

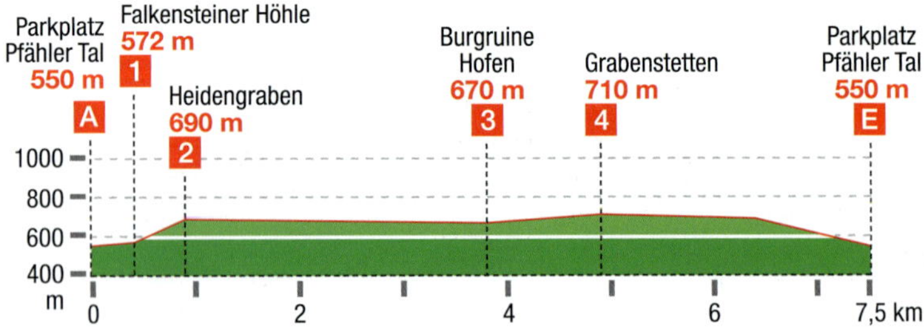

In der recht unscheinbaren
Burgruine Hofen

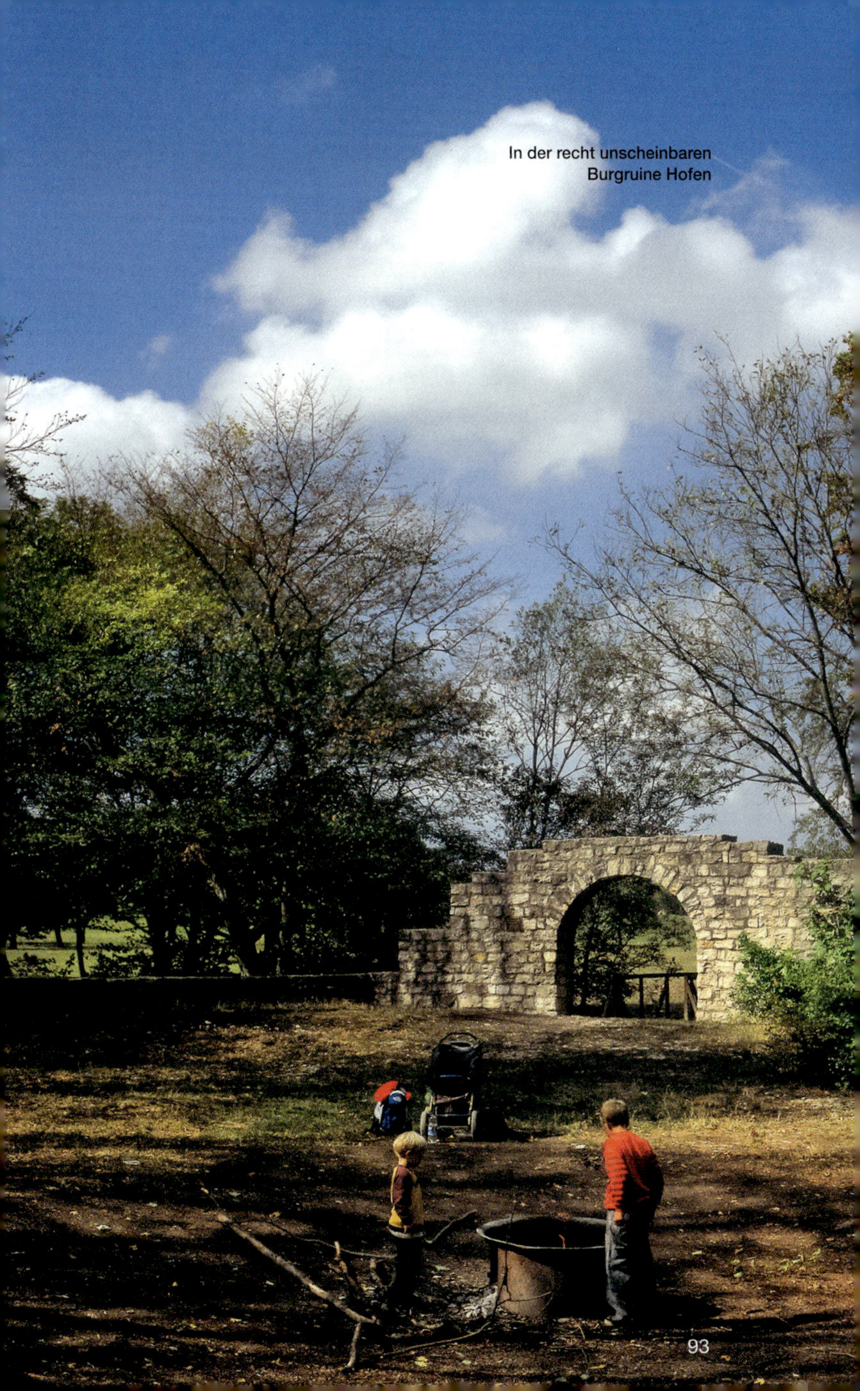

19 4:45 Std. 500 hm 500 hm 14 km

Zur Burgruine Hohenneuffen

Der »Ströhmfeldweg«, ein geologischer Lehrpfad, führt im Gebiet des »Schwäbischen Vulkans« über den Jusiberg, der mit einem Schlot-Durchmesser von rund einem Kilometer der größte Vulkanschlot der Gegend ist. Die Wanderung verläuft entlang des Albtraufs und bietet schöne Ausblicke.

Der Wegverlauf

Vom **Wanderparkplatz »Raupental«** A bei Kohlberg steigen Sie (blaues Dreieck, »Jusi, Neuffen«) über den fast baumlosen Nordwesthang des einfach nur als »Jusi« bekannten **Jusibergs** 1 (0:30 Std.) steil zur kleinen Gipfelhochfläche (673 m; Grillstelle) auf, die einen herrlichen Blick auf das Albvorland bietet.

Der Weg führt auf der Scheitelhöhe des bewaldeten Jusi-Ostausläufers bequem hinunter in den Sattelbogen (600 m) – hier ein Grab eines Soldaten Ende des Zweiten Weltkriegs – und geradeaus in steilem An-

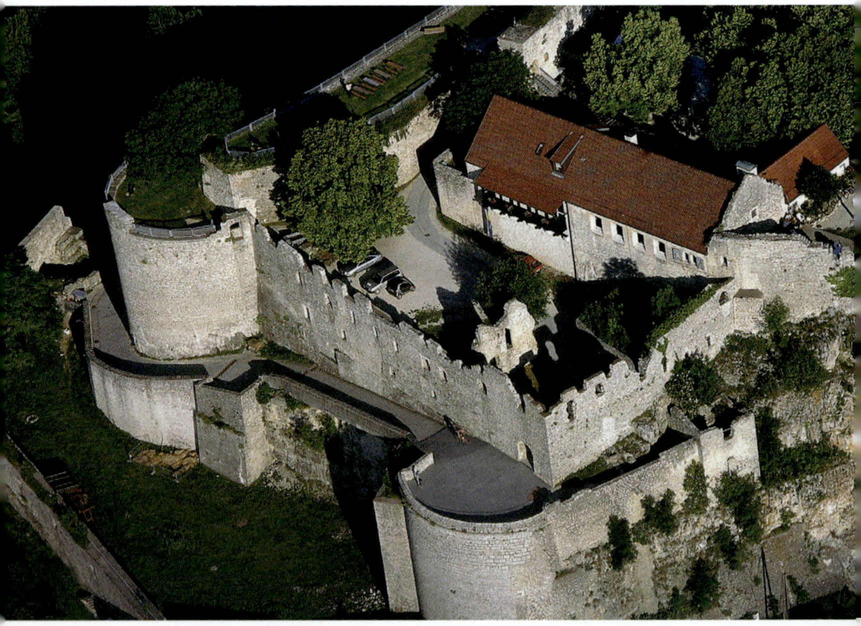

Blick aus dem Segelflugzeug auf die Festungsruine Hohenneuffen

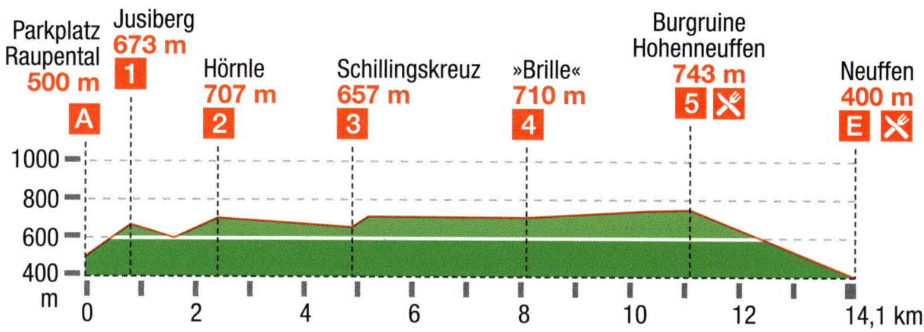

stieg auf das 707 m hohe **Hörnle** ❷ (1:15 Std.); die Nordflanke wurde bis vor einigen Jahrzehnten bis knapp unterhalb der Scheitelhöhe vom ehemaligen Zementwerk Nürtingen abgetragen.

Nach dem Abstieg in den Sattel **Schillingskreuz** ❸ (2:00 Std.) steigen Sie kurzzeitig nochmals steil an zur Karlslinde auf der Albhochfläche und halten sich links. Bequem folgen Sie dem Weg entlang der Hangkante, kreuzen eine von Neuffen heraufführende Straße, die Neuffener Steige (rotes Dreieck, HW 1), und gelangen nach links zu einer modernen, überdimensionalen **Brillenskulptur** ❹ (2:45 Std.). Vorbei am baumbestandenen Heidengraben (s. Tour 18) – zu einem Wall erodierte einstige Mauer einer keltischen Fliehburg – und entlang der Hangkante, vorbei an sogenannten Höllenlöchern (s. Einführung), erreichen Sie einen großen Wanderparkplatz. Nach links folgen Sie einem breiten Forstweg in einen niederen Sattel und steigen steil hoch zur **Burgruine Hohenneuffen** ❺ (4:00 Std.); mit Kiosk (1.4.–31.10. tägl. ab 19 Uhr), und Restaurant (März–Okt. Mi–So ab 9 Uhr, ganzjährig Mi–So). Die ursprüngliche Burg wurde um 1100 erbaut, ging 1301 an die Grafen von Württem-

Jusi & Hohenneuffen

Gleich mehrere, kurzzeitig auch steile Anstiege sind auf dieser Streckenwanderung zu bewältigen; sie sind aber teilweise schattig. Gleich zu Beginn genießen Sie vom Jusi(berg) eine wunderbare Aussicht, die vom höher gelegenen Hohenneuffen sogar noch schöner ist, denn von hier blicken Sie auch auf die Albhochfläche hinab.

Wegbeschaffenheit
Asphaltierter Fuß- sowie Weinbergweg, Wald- und Forstwege, Ortsstraßen

Ausgangspunkt
Wanderparkplatz »Raupental« am Fuß des Jusi

Anfahrt
Bus: Metzingen–Neuffen, in Kohlberg Haltestelle »Goethestraße«; Rückfahrt: Bus Neuffen–Metzingen nach Kohlberg.
Pkw: Von Metzingen in Richtung Neuffen zum Parkplatz kurz vor Kohlberg

berg über und wurde im 16. Jh. zu einer mächtigen Landesfestung ausgebaut. Ob die Veranstaltungen des »Kultursommers« im Burghof des Hohenneuffen in Zukunft stattfinden, ist unklar (www.hohenneuffen.de). Zurück im Sattel unterhalb der Burg steigen Sie auf einem rechts abzweigenden Weg ab (blaues Dreieck), verlassen nach knapp einem Kilometer diesen Weg nach links (blaues Dreieck) und gelangen über eine Wacholderheide und durch Weinberge in das Städtchen **Neuffen E (4:45 Std.)**.

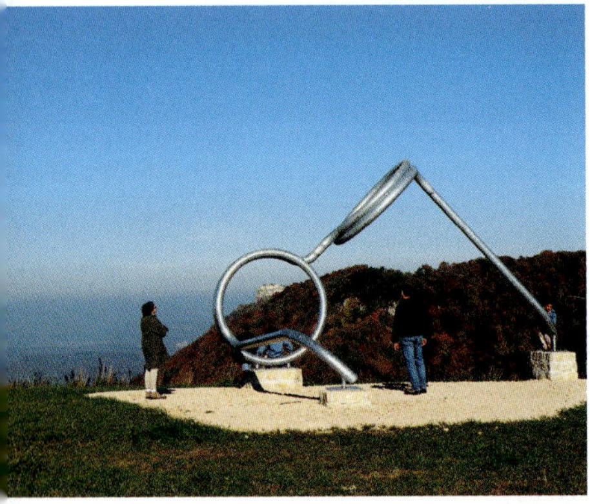

Die Skulptur »Brille«

Auf der Ortsdurchfahrt nach rechts durchqueren Sie den alten Stadtkern und halten sich am Kreisverkehr links in die Reutlinger Straße zur Bushaltestelle »Lindenplatz« (4:45 Std.). Per Bus gelangen Sie in 10 Minuten nach Kohlberg zur Haltestelle Goethestraße am Ortsende und kehren auf dem Gehweg an der Straße nach 200 m zum **Ausgangspunkt** zurück.

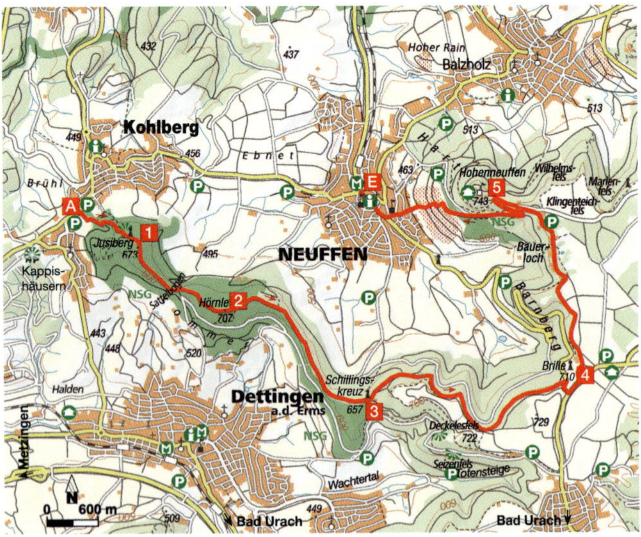

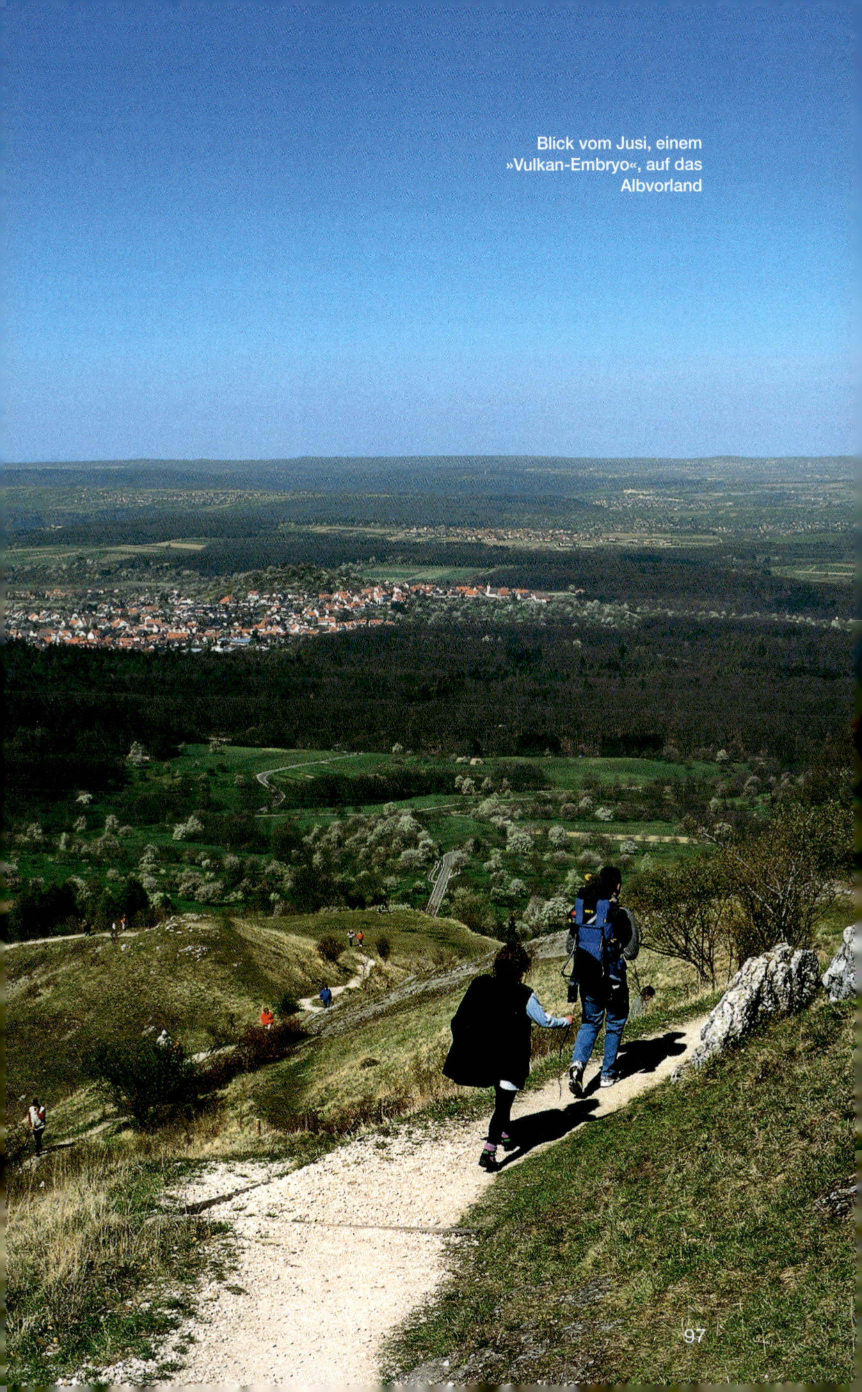

Blick vom Jusi, einem »Vulkan-Embryo«, auf das Albvorland

20 | 3:30 Std. | ↑ 170 hm ↓ 170 hm | ↔ 11,3 km

Beim Gestütshof St. Johann

Die reizvolle Wanderung mit nur geringen Anstiegen führt zu einem Aussichtsturm, entlang des Albtraufs zu mehreren Aussichtsfelsen und zu sogenannten Höllenlöchern: Hier spalten sich Felsen vom Albtrauf ab und werden eines fernen Tages als Bergrutsch zu Tal stürzen.

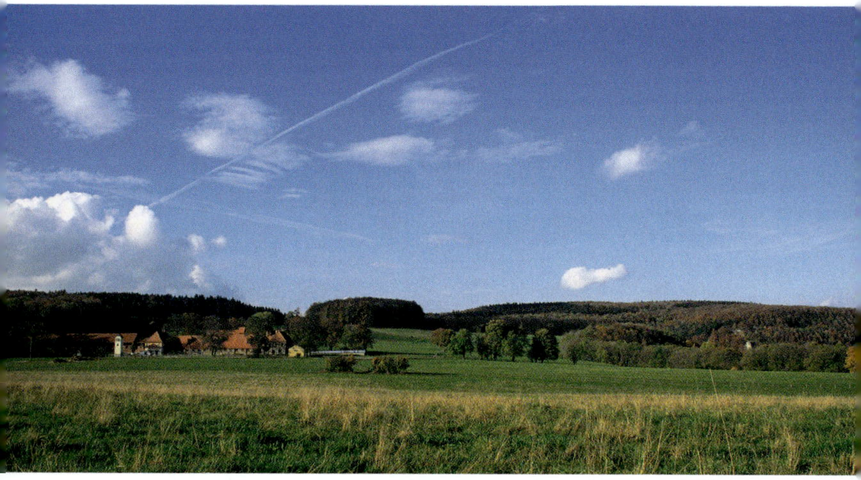

Im zu St. Johann gehörigen Fohlenhof stehen Stuten mit ihren Fohlen.

Der Wegverlauf

Vom Parkplatz im **Gestütshof St. Johann** A – für Besucher zugänglicher Hengststall und Gestütsgasthof (Di–So ab 11 Uhr) – folgen Sie einer Allee (Markierung rotes Dreieck, HW 1, »Hohe Warte«) leicht bergab zum Waldrand und steigen geradeaus hinauf zu einem vom Schwäbischen Albverein errichteten Aussichtsturm auf der 820 m hohen, bewaldeten Kuppe **Hohe Warte** 1 (0:15 Std.). An Sonn- und Feiertagen ist der Aussichtsturm geöffnet, ansonsten muss man sich zuvor die Schlüssel im Gestütsgasthof St. Johann abholen.

Vom Aussichtsturm steigen Sie nach links bequem ab (Markierung rote Raute), kreuzen einen Forstweg und halten sich an einer Kreuzung mit einem weiteren Forstweg geradeaus (Markierung rote Gabel bis zum Ende der Wanderung) zum **Aussichtspunkt Grüner Fels** 2 (0:45 Std.) am Albtrauf. Von hier genießt man einen wunderbaren

Blick auf die Ortschaft Glems, auf Metzingen und auf die kegelförmige Achalm (707 m) bei Reutlingen.

Entlang der Hangkante folgen Sie einem breiten Wiesenweg zum Wiesfels (mit Grillstelle) und passieren einzeln stehende Weidebuchen, einige flache Dolinen sowie einen Gedenkstein für abgestürzte Flieger. Der Weg kreuzt ein von Glems heraufführendes Sträßchen, die Zufahrt des rechter Hand gelegenen Segelfluggeländes Rossfeld, und führt zunächst zum Rossfels (775 m) und etwas später zum **Olgafels** ③ (1:15 Std.).

Die Bezeichnung »Rossfeld« ist nicht zufällig: Seit dem 16. Jh. diente dieses Gelände den Bauern aus dem Ermstal als Weide für ihre Pferde.

Entlang der Talkante führt der Weg schließlich in den Wald und leicht abwärts auf einen Bergsporn hoch über Dettingen an der Erms. Scharf nach rechts steigen Sie wieder an und gelangen über den Sonnenfels (777 m), einen Aussichtspunkt über dem Ermstal, zu den **Höllenlöchern** ④ (1:45 Std.). Dabei handelt es sich um einen parallel zur Hangkante verlaufenden, mehrere Meter breiten Felsspalt, der etwa 100 m lang und bis zu 20 m tief ist. Dieser Spalt wird sich vertiefen und verbreitern, bis irgendwann in der Zukunft die abgespaltenen Felsmassen sich vollständig vom Albkörper lösen und als Bergsturz abrutschen werden. An dieser geologischen Erscheinung ist gut zu erkennen, wie der vor Millionen Jahren ursprünglich bei Stuttgart verlaufende Alb-Nordrand allmählich nach Süden zurückgesetzt wird. Da der Schwund durchschnittlich zwei Meter in 1000 Jahren beträgt, dauert es allerdings noch einige Millionen Jahre, bis die Schwäbische Alb vollständig verschwunden sein wird.

Sie können nun entweder auf dem Weg entlang der Kante der Höllenlöcher bleiben oder die ungefährliche, vor allem für Kinder interessantere Route durch die Höllenlöcher wählen: Über eine Metallleiter steigen

Aussichtsfelsen

Beim Gestütshof St. Johann gehen Sie kurzzeitig auf Asphalt, ansonsten verläuft die Wanderung auf Pfaden und Forstwegen. Höhepunkt sind die Ausblicke vom Aussichtsturm Hohe Warte und von den Felsköpfen am Albrand. Spannend, vor allem für Kinder, ist die gefahrlose Durchquerung der Höllenlöcher, einer sehr tiefen Felsspalte.

Wegbeschaffenheit
Zu Beginn und am Ende auf Asphalt, ansonsten Wald- und Forstwege

Ausgangspunkt
Gestütshof St. Johann, Parkplatz im Hof des Gestüts

Anfahrt
Von Bad Urach auf der B 465 in Richtung Münsingen, am Ortsende Bad Urach rechts ab nach St. Johann-Würtingen und im Ort nach rechts rund 3,5 km zum Gestütshof St. Johann

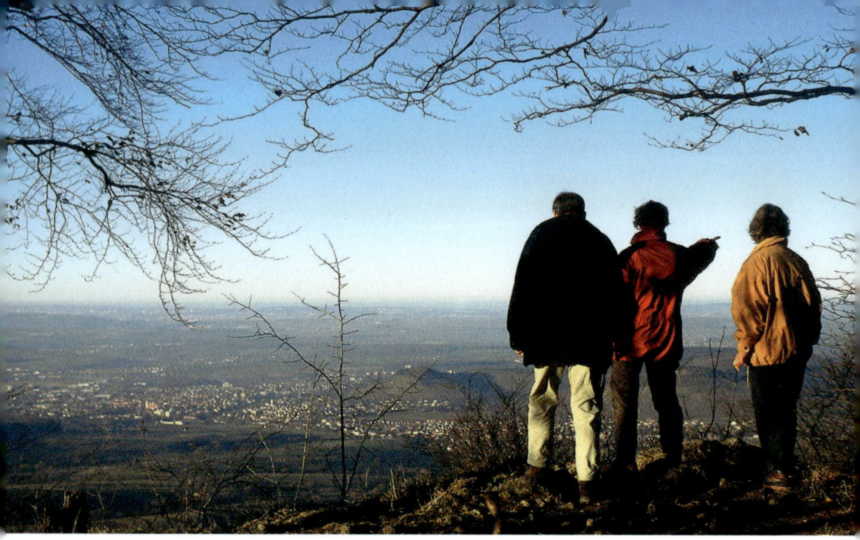

Blick vom Wiesfels auf das Albvorland mit Metzingen

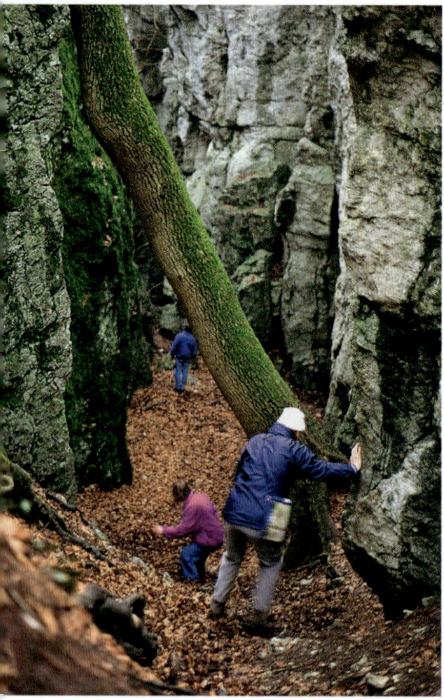

Die Felsspalte «Höllenlöcher»

Sie in den schluchtartigen Felsspalt hinunter und verlassen ihn wieder über eine weitere Leiter am Kopf der aus dem Ermstal heraufführenden Rossbergsteige.

Hier halten Sie sich an einer Wegespinne geradeaus (Markierung rote Gabel) entlang des Albtraufs und gelangen über den Aussichtspunkt Gelber Fels (733 m) zu einem weiteren Aussichtspunkt, von dem Sie auf den Runden Berg (711 m) und die Burgruine Hohenurach (692 m) blicken.

Der Runde Berg, der nur noch durch einen schmalen Sattel mit dem Albkörper verbunden ist, war wohl schon in vorchristlicher Zeit besiedelt und diente, wie umfangreiche Ausgrabungen zeigten, im frühen Mittelalter (4.–6. Jh.) einem alamannischen Adligen als befestigter Fürstensitz; angeschlossen war eine Handwerkersiedlung. Die Burg Ho-

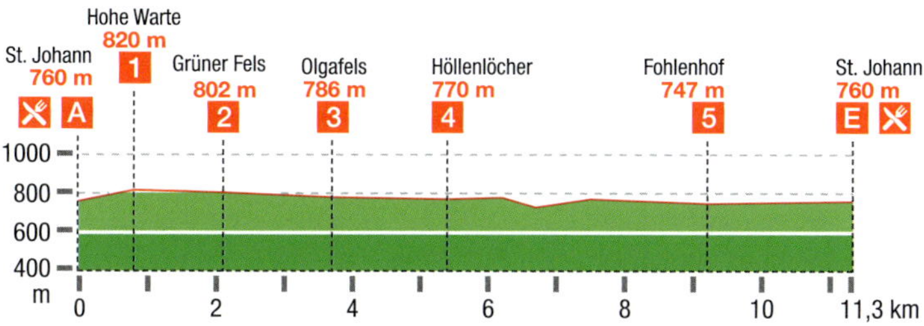

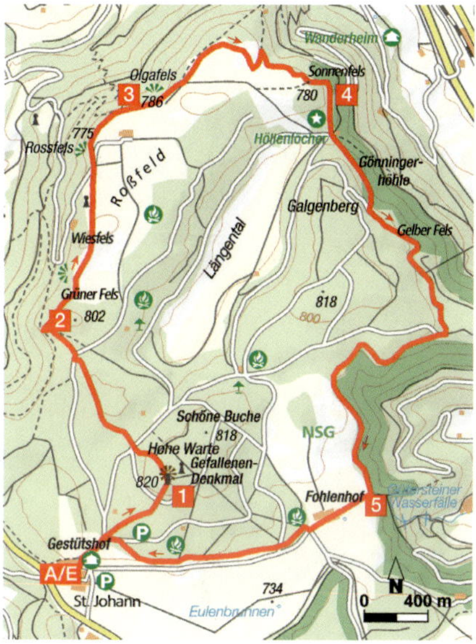

henurach wurde im 11. Jh. von den Grafen von Urach erbaut, ging im 13. Jh. in den Besitz der Grafen von Württemberg über und wurde im 16. Jh. zu einer der sieben württembergischen Landesfestungen ausgebaut. Nebenbei diente sie als Gefängnis, unter anderem für den am Hof in Ungnade gefallenen Humanisten Nikodemus Frischlin, der bei einem Fluchtversuch zu Tode stürzte. Mitte des 18. Jh., als Burgen wegen durchschlagskräftiger Geschütze keinen militärischen Nutzen mehr hatten, wurde Hohenurach aufgegeben und verfiel.

Sie verlassen den Wald und erreichen entlang der bewaldeten Talkante nach einigen Minuten eine Wegkreuzung, an der Sie sich nach rechts wenden (Markierung rote Gabel) und zwischen Pferdekoppeln leicht ansteigen zum **Fohlenhof** 5 (2:45 Std.), wo Stuten mit ihren Fohlen gehalten werden. Sowohl der Gestütshof St. Johann als auch der Fohlenhof sind Außenstellen des Landgestüts Marbach, das etwa 15 km weiter südöstlich im Tal der Großen Lauter liegt.

Das nach St. Johann führende Fohlenhof-Zufahrtsträßchen verlassen Sie nach Passieren der Gebäude am Waldrand nach rechts. Parallel zur Straße führt ein Waldweg (Markierung rote Gabel) zu einem Forsthaus, von dem Sie nach links zum **Gestütshof St. Johann** E (3:30 Std.) zurückkehren.

21 3:30 Std. 430 hm 430 hm 10,5 km

Auf der Uracher Alb

Die Umgebung von Bad Urach gilt als eine der reizvollsten Landschaften der Mittleren Alb. Die abwechslungsreiche, aber anstrengende Rundwanderung führt unter anderem zum höchsten Wasserfall der Alb, zur Burgruine Hohenurach und zu einer alamannischen Burgstelle auf dem Runden Berg.

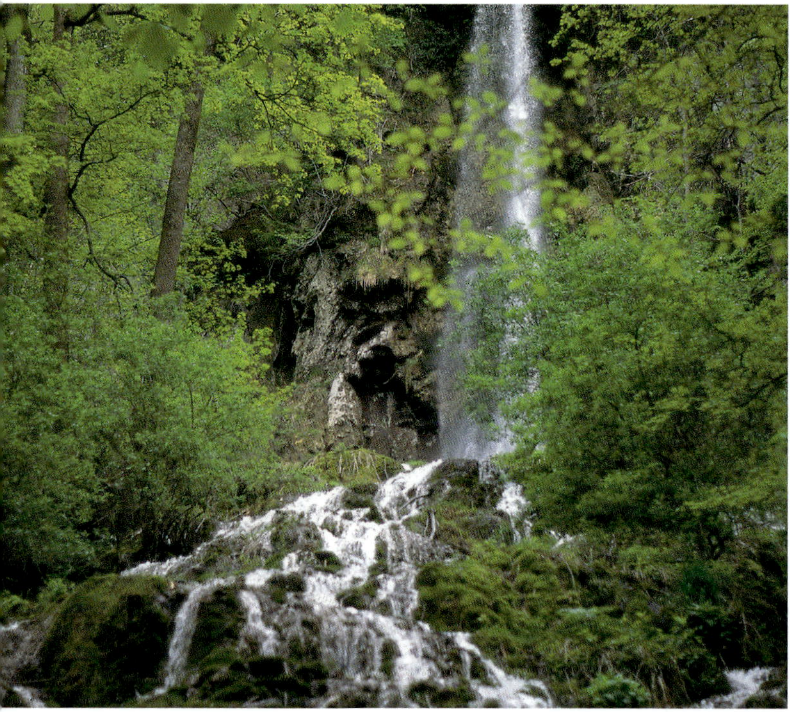

Der Uracher Wasserfall ist mit 37 Metern Fallhöhe der höchste Wasserfall der Schwäbischen Alb.

Der Wegverlauf

Am **Parkplatz »Wasserfall«** A, unterhalb der Burgruine Hohenurach gelegen, überqueren Sie die Parkplatz-Zufahrtstraße und folgen einem asphaltierten Fahrweg (Markierung blaues Dreieck, »Gütersteiner Wasserfall«), der im breiten Maisental den Brühlbach, den Abfluss des Uracher Wasserfalls, überquert. Nach einigen Hundert Metern halten Sie sich an einer Weggabelung rechts, bei einer Grillhütte an einem Weiher links – einst vermutlich eine Tränke für die Pferde des Gestütshofs – und passieren den Gestütshof Güterstein, eine der Zweigstellen des Landgestüts Marbach. Kurz darauf steigen Sie an einer Weggabelung nach rechts (Markierung blaues Dreieck) in wenigen Kehren steil an zum Kopf des **Gütersteiner Wasserfalls** ❶ **(1:00 Std.)**.

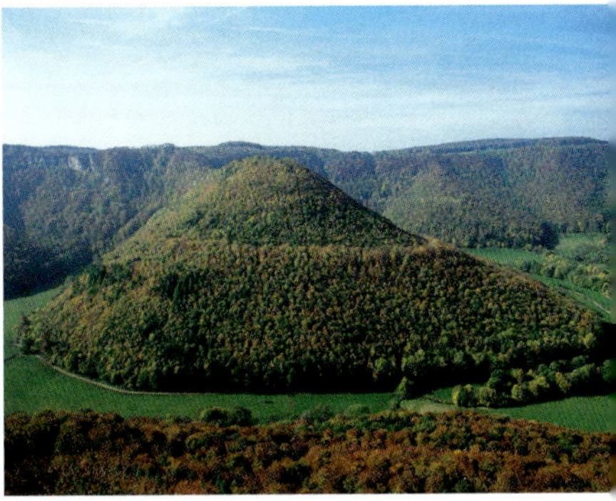

Der Runde Berg

Unterhalb einer Felswand fließt von einer aus Kalksinter gebildeten Terrasse – hier stand im Mittelalter zunächst eine Kartause, dann ein kleines Kloster – das Wasser über schmale, aus angelagertem Kalk entstandene Felssporne ab.

Nach links führt ein Waldweg (Markierung rote Gabel), anschließend ein Forstweg (Markierung rote Gabel, »Hölle«) mehrere Hundert Meter weit bergauf, und in einer Rechtskehre des Forstwegs halten Sie sich links (Markierung rote Gabel, »Hölle«) in einen Sattel, aus dem Sie vollends ansteigen zum kleinen Gipfelplateau des **Runden Bergs** ❷ **(1:30 Std.)**.

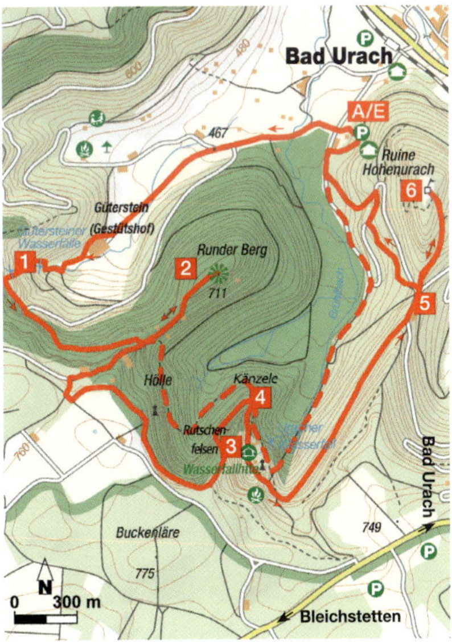

Der nur durch einen schmalen Grat mit der Albhochfläche verbundene kegelförmige Berg war jahrtausendelang ein Siedlungsplatz, wobei das frühe Mittelalter (4.–6. Jh.) die bedeutsamste Siedlungsphase darstellte; eine Informationstafel gibt Auskunft. Die während umfangreicher Ausgrabungen gemachten Funde zeigten, dass sich hier ein befestigter alamannischer Fürstensitz mitsamt einer Handwerker- beziehungsweise Kunsthandwerkersiedlung befand.

Wegbeschaffenheit
Zu Beginn auf Asphalt, ansonsten Wirtschafts-, Forst- und Waldwege
Ausgangspunkt
Parkplatz »Wasserfall« bei Bad Urach, unterhalb der Ruine Hohenurach
Anfahrt
Bahn: Stuttgart–Tübingen bis Metzingen; Ermstalbahn bis »Bad Urach-Wasserfall«. Pkw: Von Reutlingen B 28 nach Bad Urach; am Ortsbeginn an der Ampelkreuzung nach rechts zum Parkplatz

Auf dem gleichen Weg kehren Sie in den Sattel zurück, folgen dem Forstweg bergauf (Markierung rote Gabel, »Fohlenhof«) und biegen nach etwa 400 m links ab in einen Hohlweg (Ausschilderung »Naturfreundehaus Rohrauer Hütte«; Mi–Do ab 14 Uhr, Fr–So ab 10 Uhr; www.rohrauerhuette.de), der steil hinaufführt zur Hangkante.

Abstecher: An der Talkante kann man geradeaus zur Rohrauer Hütte wandern (hin und zurück 15 Min.; geöffnet an Sa, So und Feiertagen).

Nach links entlang der Talkante gelangen Sie zum Camererstein, einem Gedenkstein am ungesicherten Steilabfall der **Rutschenfelsen** ③ (2:00 Std.). Vorsicht mit Kindern, Abrutschgefahr! Von diesem hervorragenden Aussichtspunkt blicken Sie u. a. auch auf die Burgruine Hohenurach. Über diese etwa 90 m hohe Felswand wurde jahrhundertelang über eine Rutsche – daher angeblich der Name des Felsens – Brennholz zu Tal gebracht und auf der Erms zum Neckar und in die Landeshauptstadt Stuttgart geflößt.

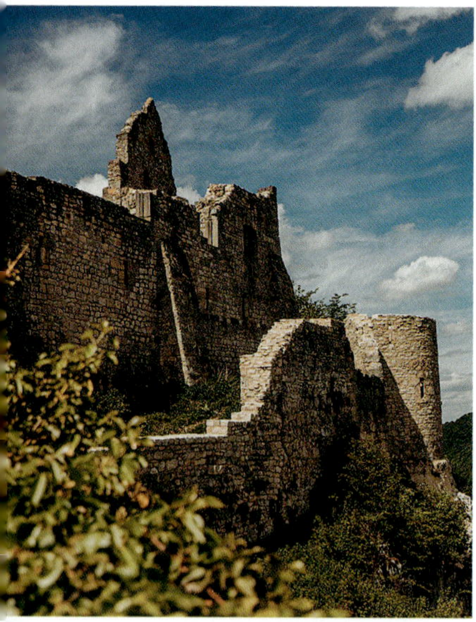

Burgruine Hohenurach

Entlang der Hangkante gehen Sie weiter, halten sich im Wald links (Markierung rotes Dreieck) und steigen kurz danach auf einem links abzweigenden Pfad (Markierung rote Gabel) steil ab zu einer Terrasse aus Kalksinter, von der der **Uracher Wasserfall** ④ (2:15 Std.), der höchste Wasserfall der Schwäbischen Alb, 37 m tief hinabstürzt – im Hochsommer als dünnes Rinnsal, nach heftigen Niederschlägen oder in der Schneeschmelze als Wasserfall mit mehr als 1000 Litern pro Sekunde. Der Kiosk am Kopf des Wasserfalls ist nur im Sommer geöffnet. Auf dem Hangabsatz gehen Sie weiter und folgen einem Forstweg (Markierung rotes Dreieck) auf der Scheitelhöhe eines schmalen Bergrückens bequem zu einer **Wegkreuzung** 5 (2:45 Std.) in einem Sattel (mit Schutzhütte und Grillstelle) unterhalb der Burgruine Hohenurach.

Parkplatz als Ärgernis

Recht fragwürdig ist die »Berechtigungsgebühr« für diese ansonsten sehr interessante Wanderung: Besucher müssen ihre Autos auf gebührenpflichtigen Parkplätzen abstellen.

Ein kurzer, steiler Anstieg führt hoch zu den umfangreichen Mauerresten der sehenswerten **Burgruine Hohenurach** 6 (3:00 Std.). Die im 11. Jh. von den Grafen von Urach errichtete Burg ging in den Besitz der Grafen von Württemberg über und wurde im 16. Jh. von den mittlerweile zu Herzögen aufgestiegenen württembergischen Herrschern zu einer von sieben Landesfestungen ausgebaut und gleichzeitig als Gefängnis benutzt. Prominentester Gefangener war der am Stuttgarter Hof in Ungnade gefallene Humanist Nikodemus Frischlin, der im Jahr 1590 bei einem Fluchtversuch abstürzte und an seinen Verletzungen starb.

Sie kehren in den Sattel zurück, wenden sich nach rechts bergab auf einen Forstweg (keine Markierung) oder halb rechts auf einen Waldweg (ebenfalls keine Markierung), der eine Kehre des Forstwegs abschneidet. Auf dem Grund des Maisentals kehren Sie nach rechts wenig später zum **Ausgangspunkt** E (3:30 Std.) zurück.

Kürzere Variante

(Gehzeit 2:30 Std, Anstiege 220 Hm): Bis zum Runden Berg siehe oben; zurück im Sattel zwischen Rundem Berg und Albhochfläche nach links bergab (Markierung rote Gabel, »Hölle«), durch eine Felstrümmer-Steinschutt-Halde, die sogenannte »Hölle«, zum Uracher Wasserfall und auf einem breiten Talweg bequem zurück zum Parkplatz.

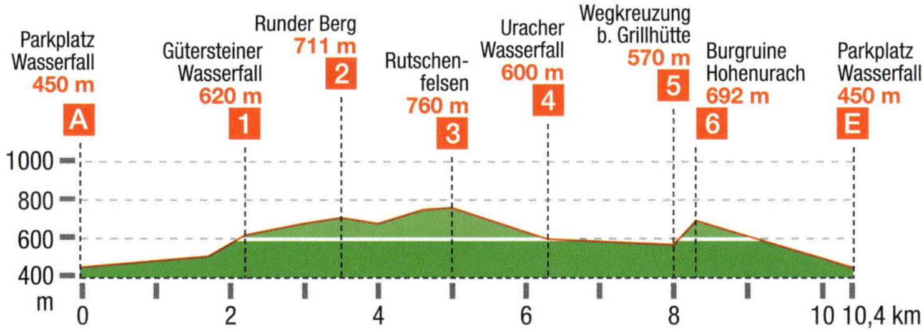

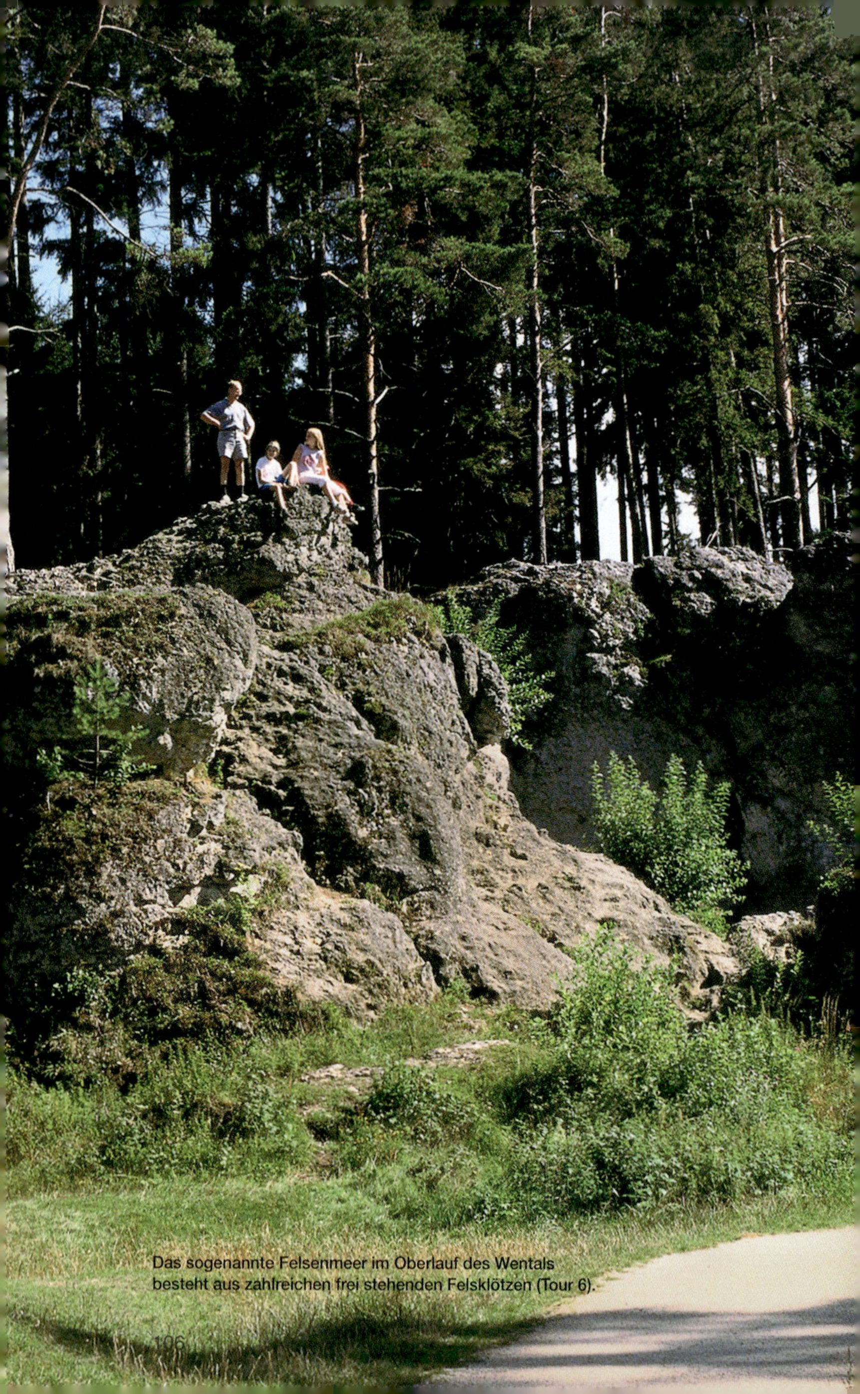
Das sogenannte Felsenmeer im Oberlauf des Wentals besteht aus zahlreichen frei stehenden Felsklötzen (Tour 6).

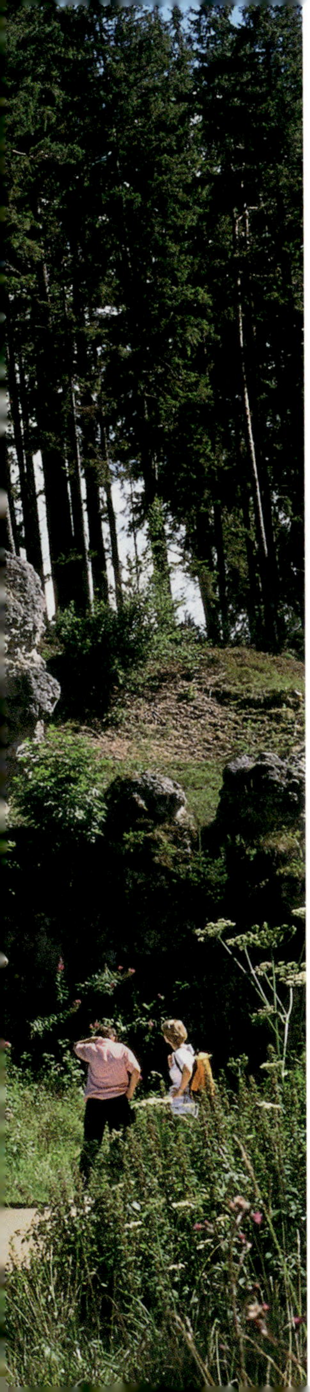

Top 5

Mühelose Anstiege

Durchs Lonetal

Kaum spürbar ist der etwa fünf Kilometer lange Anstieg vom Archäopark Vogelherd zur Gaststätte Lindenau. **Tour 4**

Durchs Wental

Das erste Viertel der Tour besteht aus einem mäßigen Anstieg, ansonsten verläuft der Weg bequem talabwärts. **Tour 6**

Großes Lautertal und Wolfstal

Ein kurzer Anstieg zu Beginn und ein längerer, bequemer Anstieg im Wolfstal sind mühelos zu bewältigen. **Tour 28**

Zur Wimsener Höhle

Nach einem kurzen Anstieg in Hayingen führt der Weg nur noch bergab beziehungsweise talabwärts. **Tour 29**

Hohmichele und Heuneburg

Nach dem Durchqueren einer Talsenke auf dem Weg zum Grabhügel Hohmichele verläuft die Wanderung sehr bequem zur Heuneburg. **Tour 30**

22 4:15 Std. 440 hm 440 hm 12,5 km

Abseits des Trubels

Das Seeburger Tal

Die abwechslungsreiche Wanderung verläuft in einem landschaftlich reizvollen Gebiet, dem Seeburger Tal bei Bad Urach. Ein steiler Anstieg führt durch eine felsige Schlucht hinauf zur Albhochfläche. Im weiteren Verlauf passiert man eine Burgstelle, eine Burgruine und eine Höhle.

Der Wegverlauf

Vom **Parkplatz an der B 465** A im Seeburger Tal, wie das malerische Tal der Erms zwischen Seeburg und Bad Urach genannt wird, führt ein Forstweg (Markierungen gelbe Raute und gelbe Gabel) entlang des Föh-

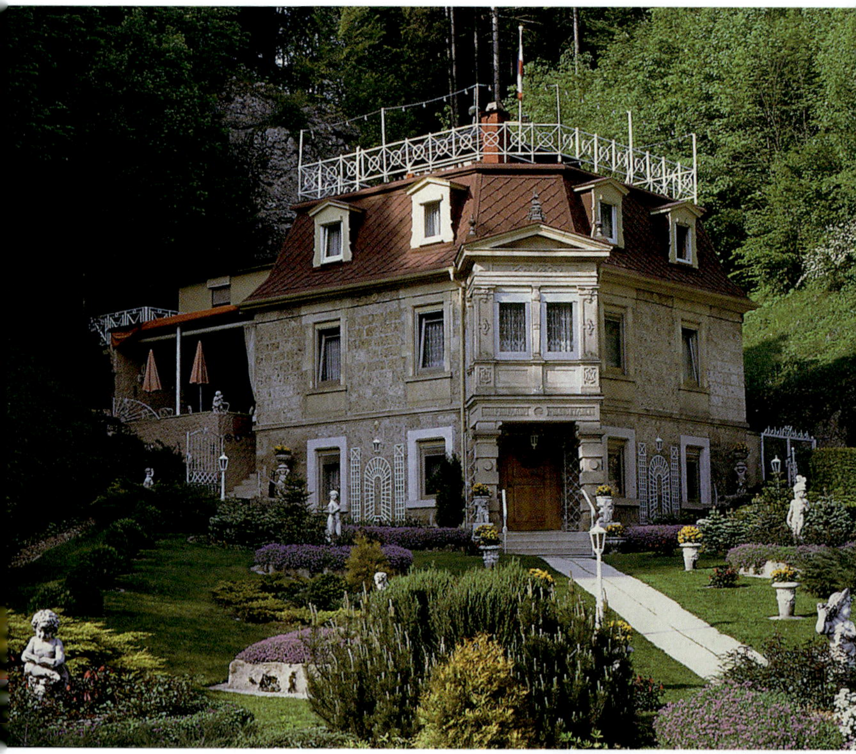

Vor der Nutzung als Gastronomiebetrieb war das Café Schlössle bei Seeburg ein Sanatorium.

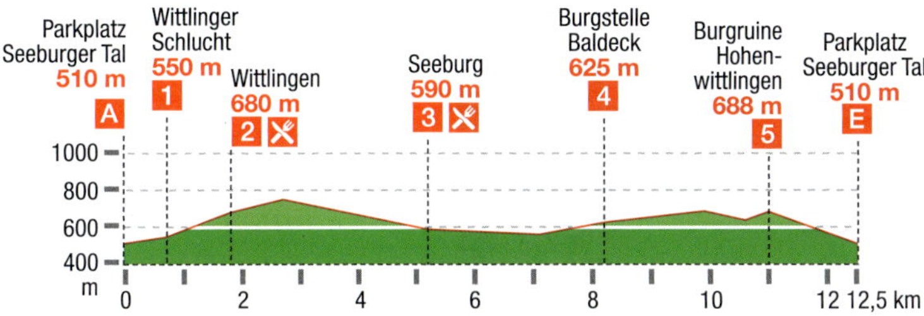

renbachs talaufwärts. Im Talschluss, wo der Bach an einer felsigen Engstelle über mehrere Felsstufen abfließt und der markierte Weg scharf nach rechts unterhalb einer Felswand weiter bergauf führt in Richtung Hohenwittlingen, beginnt die **Wittlinger Schlucht** ❶ (0:15 Std.).

Auf einer Brücke überqueren Sie den Föhrenbach und folgen einem steiler ansteigenden Pfad (keine Markierung) entlang des Bachs durch die felsige Schlucht. Nach Durchsteigen der Schlucht wird der Weg breiter, verlässt den Wald und führt, nur noch leicht ansteigend, auf der Sohle eines Wiesentals nach **Wittlingen** ❷ (0:45 Std.), das auf der Albhochfläche geschützt in einem Maar liegt. Der Westrand des Maars, das heißt das Gebiet, in dem Sie nach Wittlingen aufgestiegen sind, ist aufgrund der Erosion verschwunden.

In der Ortsmitte wenden Sie sich an einem Brunnen auf dem Zehntplatz nach rechts in die Straße Bucherweg (Markierung gelbes Dreieck), halten sich nach 100 m an einer Gabelung links und steigen zum Waldrand an, wo der Wanderweg nach links (Markierung gelbes Dreieck) zum Sportplatz führt. Ein Pfad führt geradeaus weiter und schwenkt an der Waldecke rechts ab in ein flaches Wiesental.

Hier folgen Sie nach rechts dem markierten Weg bequem bergab durch den Wald gelangen schließlich auf die Sohle des Seeburger Tals und zu einem etwas fremdartig wirkenden Gebäude, dem Café Schlössle (geöffnet Di–So 12–20 Uhr; www.speisecafe-schloessle.de). Dieses villenartige Gebäude ließ sich im Jahr 1885 ein Stuttgarter Arzt als Privatsanatorium und Wohnsitz mit kleinem Park errichten.

Burgruine & Höhle

Zwei Anstiege aus dem Ermstal zur Albhochfläche sind zu bewältigen, wobei der Anstieg in der sehr engen Wittlinger Schlucht etwas abenteuerlich ist (Achtung, nicht nach kräftigen Niederschlägen begehen!). Ansonsten geht es ruhig zu auf dem Weg zum verschwundenen »Mörderschloss« Baldeck, zur Ruine Hohenwittlingen und zur Schillerhöhle.

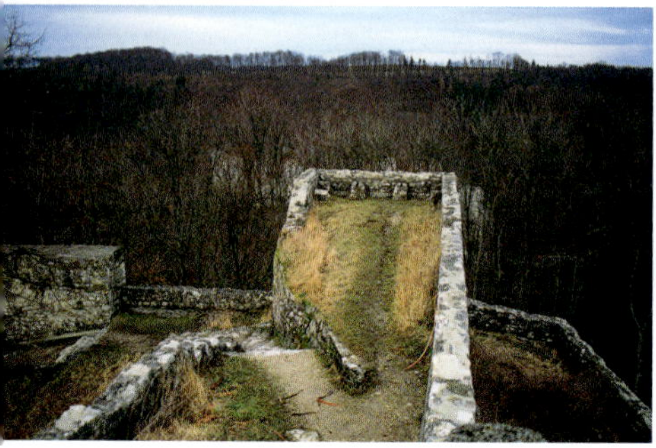

Die Burgruine Hohenwittlingen

Entlang der B 465 erreichen Sie wenig später **Seeburg** ③ (1:45 Std.). Das Dörfchen liegt zwischen felsdurchsetzten Talhängen. Ein kleiner Pavillon auf einer niederen Erhebung kennzeichnet diejenige Stelle, an der einst die Burg Uhenfels stand, und mitten im Ort fällt eine helle Felswand auf: Es handelt sich um einen aufgegebenen Steinbruch, in dem der mit Luftbläschen durchsetzte Kalktuff abgebaut und wegen seiner isolierenden Eigenschaften bevorzugt beim Hausbau verwendet wurde. Im Ort laufen drei Täler zusammen: das Seetal, in dem die B 465 nach Münsingen verläuft, das Mühltal, in dem die Erms entspringt, und das Fischburgtal, in dem sich der sogenannte »Bodenlose See« ab der Kirche rund zwei Kilometer weit in das Tal hinaufzog. Im 19. Jh. wurde der durch eine natürliche Kalktuff-Barriere aufgestaute See abgelassen, weil das Wasser für die Flößerei nicht mehr benötigt wurde.

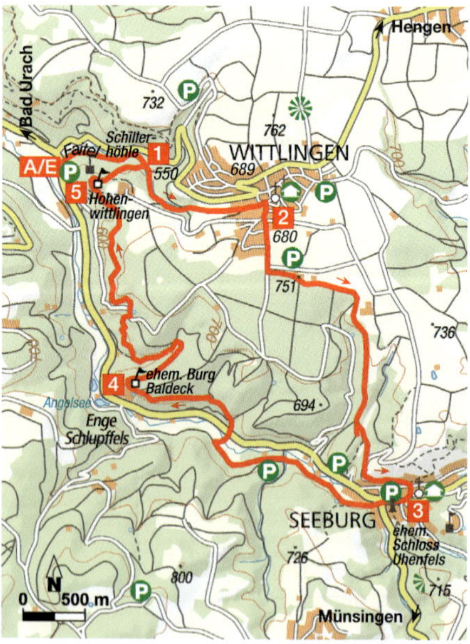

Am Parkplatz des Gasthauses Lamm überqueren Sie die Erms (Markierung gelbe Gabel, »Hohenwittlingen«) und folgen einem Fuß- und Radweg, dem »Grünen Weg«, im Seeburger Tal bequem talabwärts. Etwa 600 m nach einem Grillplatz überqueren Sie sowohl die Erms als auch die B 465 und steigen in Kehren am Talhang an. Auf halber Hanghöhe führt der gut markierte Wanderweg (Markierung gelbe Gabel) in leichtem Anstieg talabwärts, und an einer Weggabelung können Sie nach links (keine

Ausschilderung) auf einem kleinen Umweg die **Burgstelle Baldeck** 4 (2:45 Std.) aufsuchen. Vom »Mörderschlössle«, wie die Ruine im 17./18. Jh. genannt wurde, als Wegelagerer hier Unterschlupf fanden, ist kaum mehr etwas zu sehen, aber beeindruckend ist der Ausblick ins Seeburger Tal.

Von der Burgstelle steigen Sie 100 m weit steil an zum markierten Wanderweg, folgen ihm nach links in einen Taleinschnitt und, stetig leicht bergan, zur **Burgruine Hohenwittlingen** 5 (3:45 Std.). Die auf einem Felssporn sitzende Burg war gegen Angriffe von der Hochfläche her durch zwei Gräben sowie durch eine hohe Schildmauer geschützt. Auf den Resten dieser Schildmauer befindet sich heute eine Aussichtsplattform.

Zur Fortsetzung der Wanderung folgen Sie bei einer Schutzhütte im Burggraben einem Pfad (Markierung gelbe Gabel), der über Stufen steil bergab führt zur Schillerhöhle. Diese 91 m lange, begehbare Höhle ist die Tulkahöhle des »Rulaman«, in der der Held mit seiner Familie hauste (zum Schutz der hier lebenden Fledermäuse vom 15. Nov.–14. April geschlossen).

In Kehren steigen Sie nun vollends hinunter in das Tal des Föhrenbachs und kehren auf dem vom Beginn der Wanderung schon bekannten Weg ganz bequem zum **Ausgangspunkt** E (4:15 Std.) zurück.

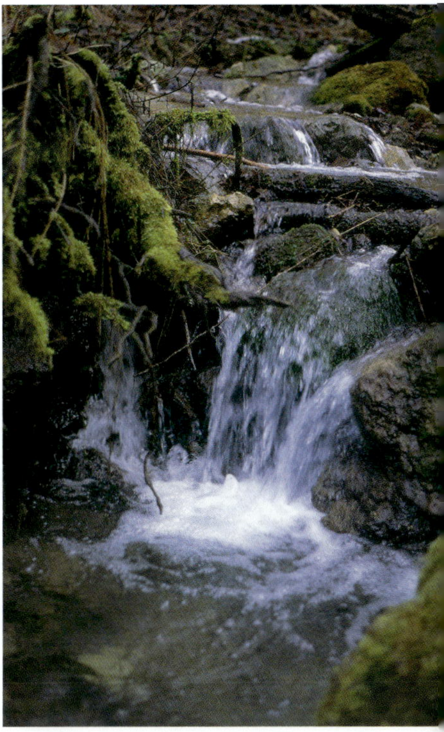

Der Föhrenbach in der felsigen Wittlinger Schlucht

Wegbeschaffenheit
Forst- und Waldwege, teilweise asphaltierte Wirtschaftswege, kurz auf Straße

Ausgangspunkt
Parkplatz an der B 465 Bad Urach–Münsingen, nahe der Abzweigung nach Wittlingen

Anfahrt
Bahn: Stuttgart–Metzingen, umsteigen nach Bad Urach und Bus Richtung Münsingen bis Haltestelle. Pkw: B 28 Metzingen–Bad Urach und B 465 Richtung Münsingen

23 1:15 Std. ↑ 110 hm ↓ 110 hm ↔ 3,1 km

Zum Aussichtsturm Rossberg

Die Kurzwanderung führt hinauf zum Rossberg, einem auf der Albhochfläche steil aufragenden Kegel, auf dem einer der Aussichtstürme des Schwäbischen Albvereins steht. Vom Turm genießt man einen weiten Rundblick, und bei guten Sichtverhältnissen sind sogar die Alpen zu sehen.

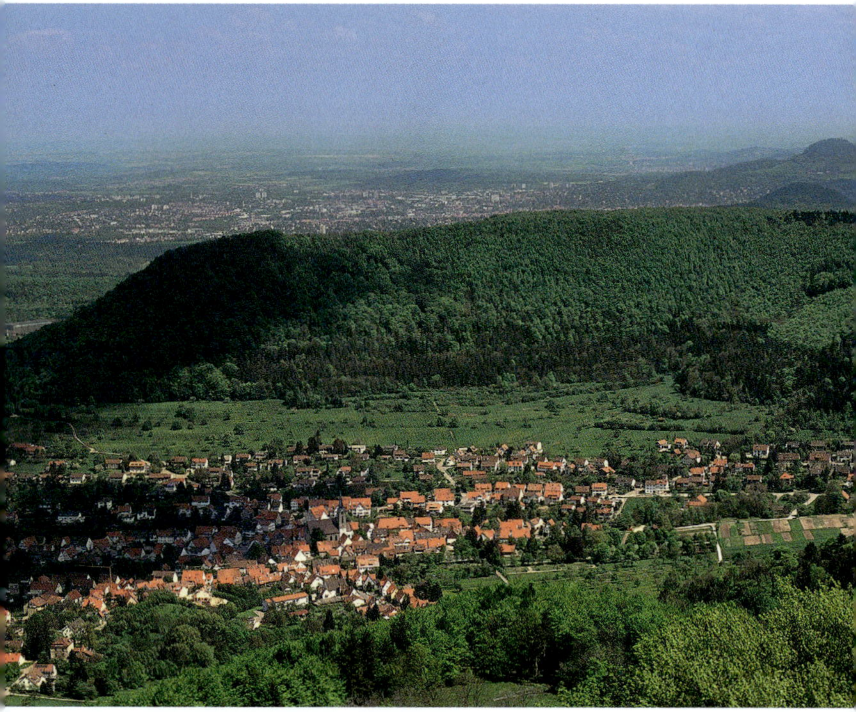

Blick vom Rossberg auf Gönningen mit dem Stöffelberg, rechts hinten die kegelförmige Achalm, der Reutlinger Hausberg

Der Wegverlauf

Vom **Wanderparkplatz** A auf dem weitläufigen Rossfeld, einer Berghalbinsel, gehen Sie auf die Kuppe des Rossbergs zu (Markierung blaues Dreieck). In Kehren führt der Weg am bewaldeten Hang des Bergkegels recht steil hinauf zum Gipfel des **Rossbergs** 1 (0:30 Std.), auf dem sich ein Aussichtsturm mit einem Wanderheim des Schwäbischen Albvereins und einer Gaststätte (Mi–So ab 12 Uhr; www.rossberghaus.de) befindet. Turm und Wanderheim wurden zum 25-jährigen Jubiläum des Schwäbischen Albvereins im Jahr 1913 auf der damals noch weitgehend waldfreien Kuppe des Rossbergs erbaut. Beim Turm finden sich Feuerstellen und ein Spielplatz. Der Blick vom 30 m hohen Aussichtsturm – nur zugänglich, wenn die Gaststätte geöffnet ist – umfasst die Albhochfläche und, bei guten Sichtverhältnissen, die Alpen im Süden, den Albtrauf und das Albvorland, den Mittleren Neckarraum im Norden sowie den Schwarzwald im Westen.

Vom Wanderheim folgen Sie zunächst dem vom Rossfeld heraufführenden Sträßchen (Markierung blaues Dreieck) und biegen nach etwa 30 m am Ausgang einer Linkskehre scharf rechts ab (Markierung blaue Gabel) auf einen abwärts führenden Pfad, der sich zu einem Waldweg verbreitert. Nach wenigen Minuten halten Sie sich an einer Weggabelung links (Markierung blaues Dreieck) und stoßen am Fuß des Rossbergs am Waldrand auf eine weitere Weggabelung. Sie wenden sich nach links (keine Markierung; Verbotsschild für Reiter) und kehren entlang des Waldrands und

Auf- und Abstieg

Ein längerer Anstieg zum Gipfel des bewaldeten Rossbergs und ein kürzerer, steilerer Abstieg stellen die einzigen Anforderungen dar auf dieser Kurzwanderung. Umfassend ist der Ausblick vom Aussichtsturm bis zum Schwarzwald im Westen, und angenehm überraschend schwäbisch sind die Speisen in der Gaststätte.

Wegbeschaffenheit
Wald-, Forst- und Wirtschaftsweg, ganz kurz auf Straße

Ausgangspunkt
Großer Wanderparkplatz am Fuß des Rossbergs

Anfahrt
Von Reutlingen oder Pfullingen nach Gönningen, durch den Ort nach Genkingen und auf schmaler Straße 3,5 km zum Wanderparkplatz am Fuß des Rossbergs

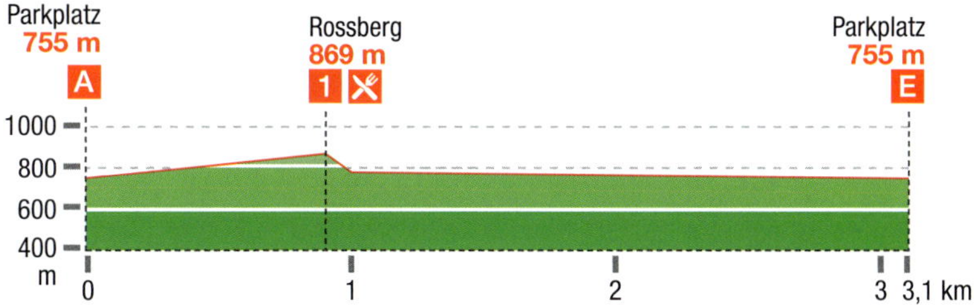

über Magerwiesen bequem um den Rossberg herum zum **Parkplatz E (1:15 Std.)** zurück.

Frühjahrsblüte und Museum in Gönningen

Im Frühjahr/Frühsommer lohnt ein Rundgang durch Gönningen, denn Straßenränder, Gärten, insbesondere aber der Friedhof bieten eine überwältigende Fülle von Narzissen und Tulpen. Seit der Mitte des 18. Jh. zog jeweils im Sommer etwa die Hälfte der Gönninger Männer und Frauen, mit Samen und Blumenzwiebeln als Handelsware im Gepäck, in alle Welt hinaus. Über diesen Hausierhandel mit Samen, der das Überleben der Gönninger Einwohnerschaft sicherte, informiert ein kleines Museum im Rathaus Gönningen (geöffnet Mo–Mi und Fr 8–11.30 Uhr, Do 14–18 Uhr; www.reutlingen.de/samenhandelsmuseum).

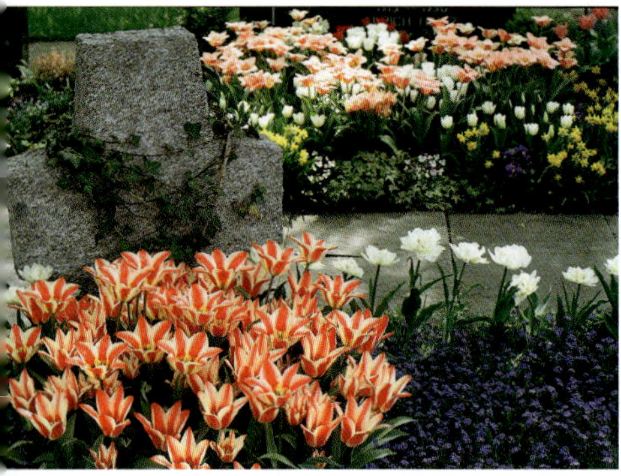

Tulpenblüte in Gönningen

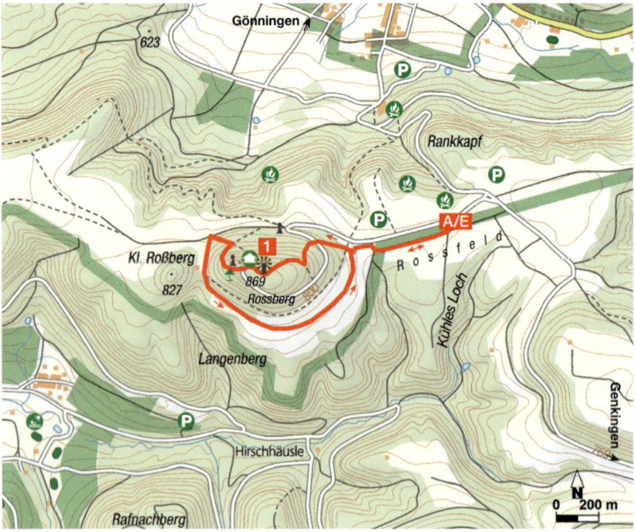

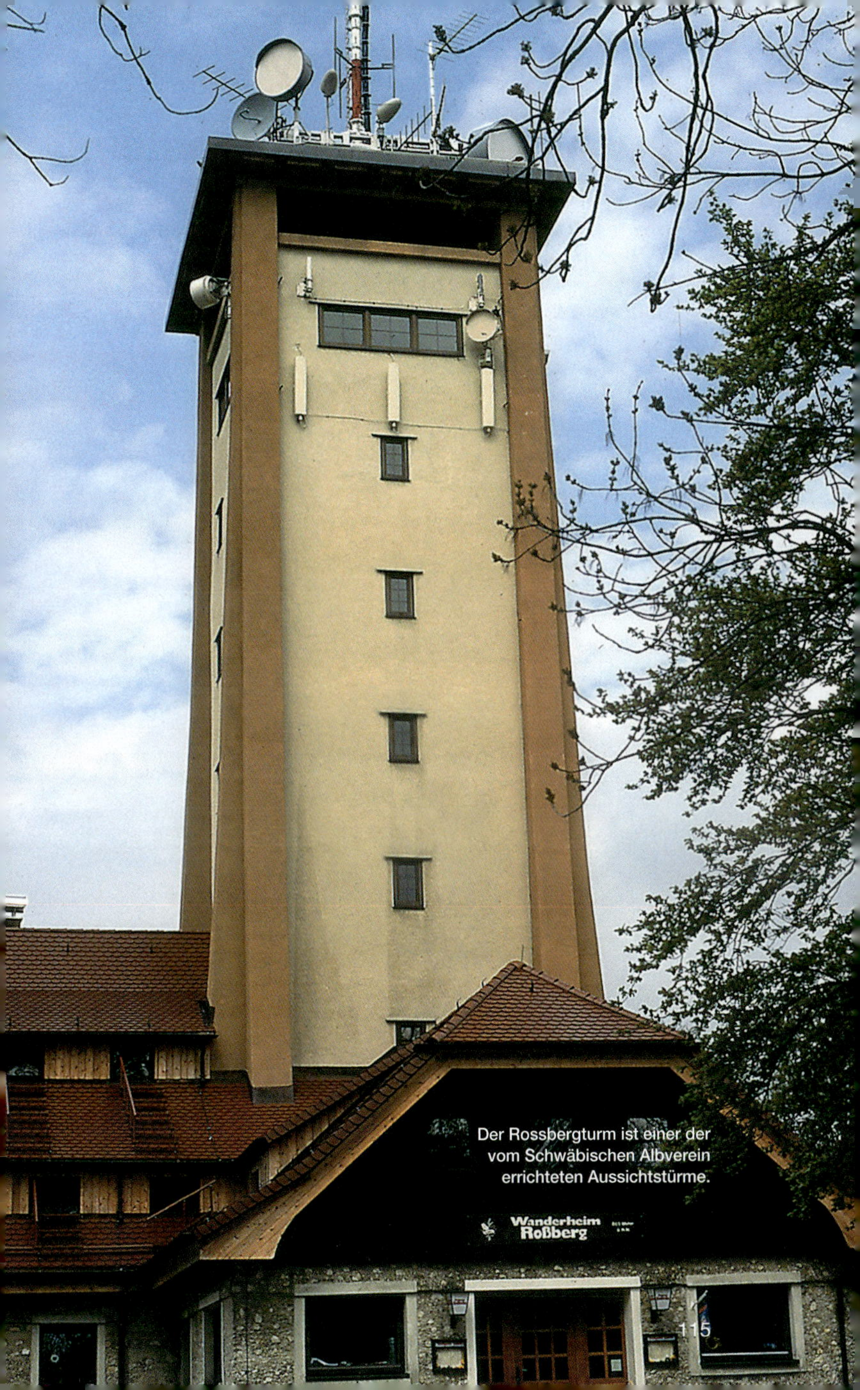

Der Rossbergturm ist einer der vom Schwäbischen Albverein errichteten Aussichtstürme.

24 3:15 Std. ↑ 190 hm ↓ 190 hm ↔ 10 km

Nebelhöhle und Lichtenstein

Anfang des 19. Jahrhunderts besuchte der württembergische König Friedrich I. die Nebelhöhle, worauf reges Interesse an einer Besichtigung entstand und die Höhle einmal pro Jahr beleuchtet wurde. Durch das Erscheinen des Romans »Lichtenstein« wurden diese Beleuchtungstage zu Volksfesten.

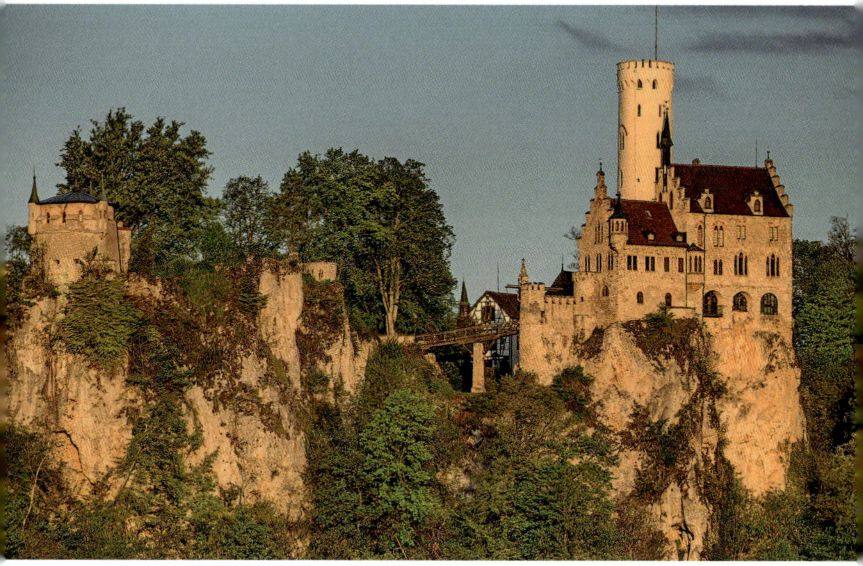

Blick aus dem Echaztal auf Schloss Lichtenstein

Wegbeschaffenheit
Forst- und Waldwege, ein Abschnitt auf asphaltiertem Fahrweg
Ausgangspunkt
Parkplatz bei der Nebelhöhle
Anfahrt
Von Reutlingen B 312 auf die Albhochfläche, kurz vor Genkingen rechts ab in Richtung Pfullingen und nach 50 m erneut nach rechts; 2,5 km zum Parkplatz bei der Nebelhöhle

Der Wegverlauf

Am **Parkplatz bei der Nebelhöhle** A halten Sie sich links zur Nebelhöhle, einer 380 m langen Tropfsteinhöhle (zu besichtigen von Anfang April bis Anfang Nov. täglich 9–17.30 Uhr, Nov. und März Sa/So 9–17 Uhr; www.hoehlen-sonnenbuehl.de). Nach der Besichtigung folgen Sie einem Waldweg (Markierung rotes Dreieck) entlang des Albtraufs zur Straße Lichtenstein–Unterhausen–Genkingen (30 Min.); in der Nähe befinden sich die **Gaststätte Kalkofenhütte** ❶ (0:30 Std.) sowie eine Grillstelle (Mo–Sa ab 12.30 Uhr).

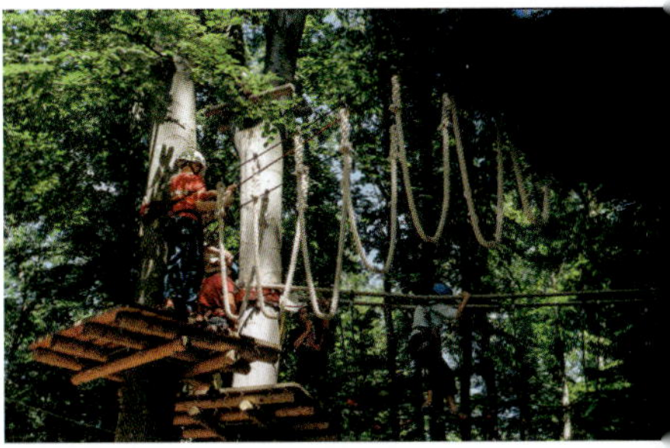

Klettergarten bei Schloss Lichtenstein

Sie kreuzen die Straße und folgen der leicht ansteigenden Talkante, passieren nach 200 m den links abzweigenden Zugang zur Höhle Goldloch und erreichen den **Aussichtsfelsen Gießstein** ❷ (1:00 Std.).

An der Talkante – Vorsicht: felsiger Steilhang! – passieren Sie weitere Aussichtspunkte, kreuzen einen Hohlweg, die Schloss-Steige, und stehen einige Minuten später vor **Schloss Lichtenstein** ❸ (1:45 Std.). Das zinnenbewehrte, über eine Zugbrücke zugängliche Schloss, das auf einer Felsnadel über dem Echaztal steht und auf den ersten Blick wie eine mittelalterliche Ritterburg anmutet, entstand erst in den Jahren 1839–1842. Inspiriert durch Wilhelm Hauffs historischen Roman »Lichtenstein« aus dem Jahr 1826 ließ Graf Wilhelm von Württemberg diese kühne Ritterburg im neugotischen Stil erbauen. Der »Fürsten-

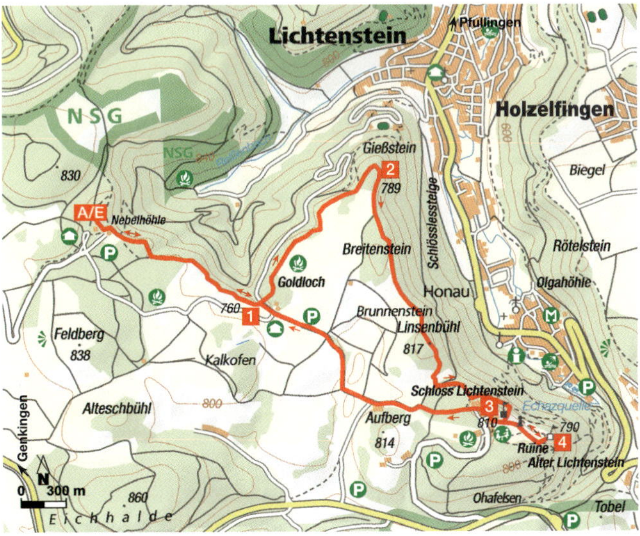

Ausblicke, Höhle, Schloss

Ruhig und still ist es auf dieser Wanderung leider nirgendwo – nicht an der mehrere Hundert Meter langen Nebelhöhle, einer beeindruckenden Tropfsteinhöhle, und nicht an den Aussichtsfelsen an der Talkante, nicht am und im romantisch wirkenden Schloss Lichtenstein und auch nicht im Waldklettergarten beim Parkplatz des Schlosses.

bau« wird von einem Familienzweig des Hauses Württemberg bewohnt, aber der »Schlossbau« ist im Rahmen einer Führung zu besichtigen (März täglich von 10–16 Uhr, April–Okt. täglich von 9–17.30 Uhr, Nov. und Dez. 10–16 Uhr; weitere Informationen unter www.schloss-lichtenstein.de). Das Bild, das Wilhelm Hauff vom ach so guten, von den Untertanen geliebten Herzog Ulrich (1487–1550) in seinem Roman zeichnet, muss korrigiert werden. Der Herzog war ein gewaltbereiter Mann – Ermordung seines Stallmeisters wegen dessen Ehefrau – und musste im Jahr 1519 ins Exil fliehen.

Die Gaststätte Altes Forsthaus beim Schloss Lichtenstein lädt zu einer beschaulichen Einkehr (Öffnungszeiten wie Schloss Lichtenstein; www.altesforsthauslichtenstein.de).

Nach der Schlossbesichtigung wenden Sie sich nach links zur Talkante, wo bei einer geologischen Pyramide zum Aufbau der Alb eine Büste von Wilhelm Hauff an den »geistigen Vater« des Schlosses erinnert. Entlang der Talkante (Markierung rotes Dreieck) sind noch 400 m zu überwinden, bis Sie die umfangreichen Reste der **Burgruine**

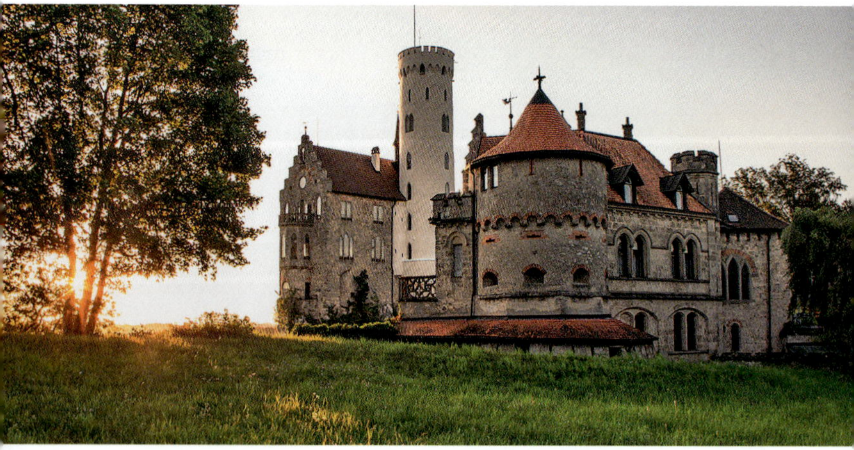

Das im 19. Jahrhundert errichtete Schloss Lichtenstein an der Felskante des Echaztals

Alter Lichtenstein 4 (2:00 Std.) erreicht haben.

Sie kehren zum Schloss zurück, passieren einen Wald-Klettergarten (www.abenteuerpark-schloss-lichtenstein.de) und folgen halb links einem Waldweg (Markierung rote Gabel), der in einen Fahrweg übergeht.

An einer Gabelung halten Sie sich rechts (Markierung rote Gabel), lassen nach 250 m einen links abzweigenden, ebenfalls mit der roten Gabel markierten Weg unbeachtet und erreichen die vom Beginn der Tour schon bekannte Kalkofenhütte.

Von hier kehren Sie auf dem Ihnen schon bekannten Weg am Albtrauf zu Ihrem **Ausgangspunkt** E (3:15 Std.) bei der Nebelhöhle zurück.

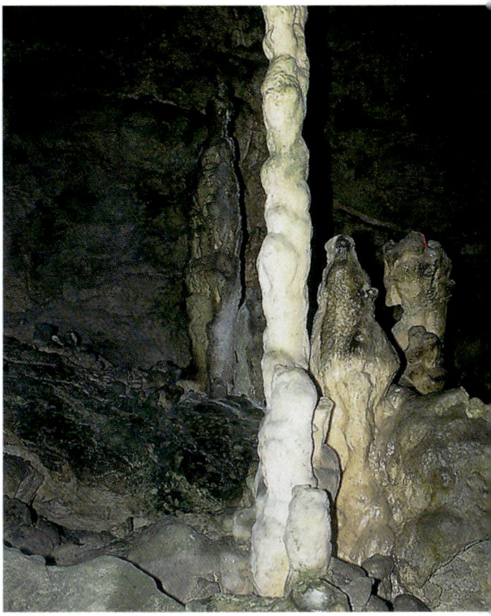

In feuchten Karsthöhlen wie der Nebelhöhle bauen sich aus Kalk, der in den Wassertropfen gelöst ist, Tropfsteine auf.

Variante

Kalkofenhütte – Gießstein – Schloss Lichtenstein – Kalkofenhütte (Länge 6 km, Gehzeit 1:45 Std.): Für diese Wandervariante benutzen Sie nicht den Parkplatz an der Nebelhöhle, sondern fahren auf dem Sträßchen weiter zu einem Parkplatz an der Kalkofenhütte. Zum Wegverlauf siehe obige Wegbeschreibung ab Zeitangabe »30 Min.«.

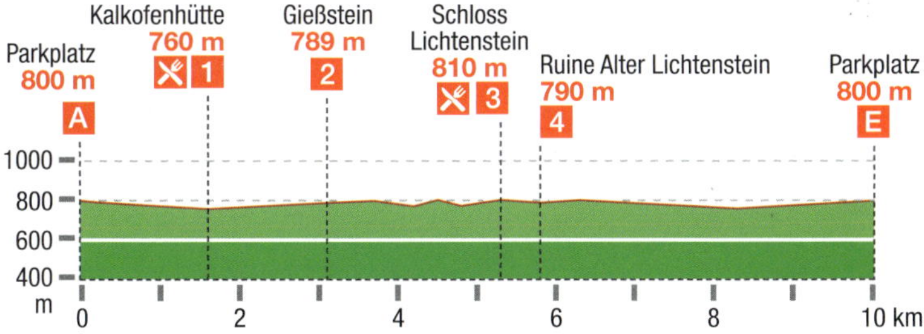

25 | 4:00 Std. | 390 hm ↑ 390 hm ↓ | 12,6 km

Zum Landgestüt Marbach

Im oberen Talabschnitt der Großen Lauter führt die Wanderung zum Landgestüt Marbach und über den Sternberg nach Offenhausen, wo in einer Außenstelle des Gestüts Marbach die Große Lauter entspringt und ein Museum über die Entwicklung der Pferdezucht informiert.

Der Wegverlauf

In **Gomadingen** A gehen Sie vom Parkplatz hinter dem Rathaus zur Durchgangsstraße, überqueren sie und steigen recht steil an: zunächst in der Schömbergstraße (Markierung gelbe Raute, »Steingebronn«), dann in der Haldenstraße nach links und nach 200 m rechts in der Straße Sonnenhalde.

Am Ortsrand steigt ein nach Steingebronn führendes Sträßchen weiter leicht an, von dem Sie wenig später rechts abbiegen auf einen Wirtschaftsweg (gelbe Raute), der an der unbewaldeten Kuppe des **Schöm-**

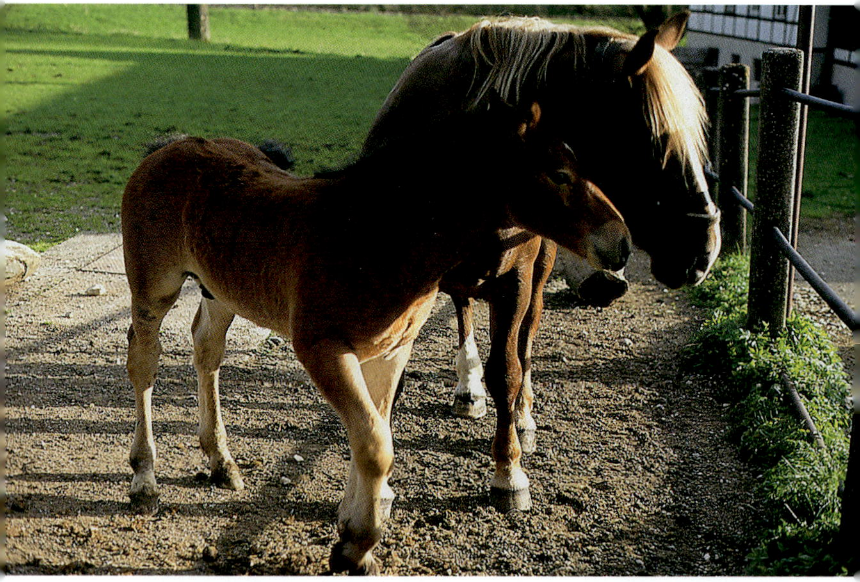

Im Gestüt Marbach wurden einst Pferde für das Militär und den Hofstaat der württembergischen Herrscher gezüchtet, während heute der Zuchtschwerpunkt auf Freizeitpferden liegt.

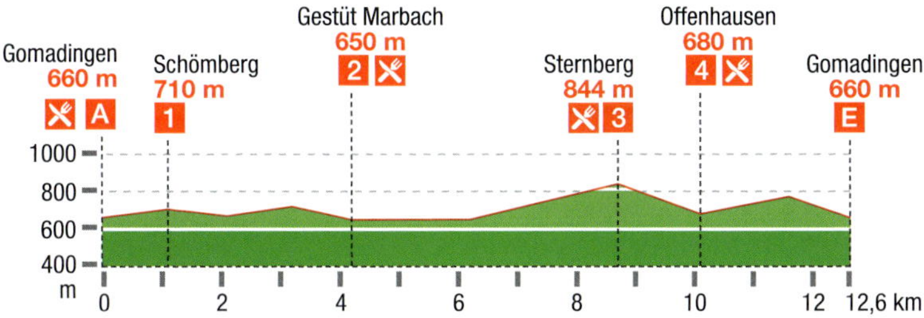

bergs **1** **(0:20 Std.)** (743 m) entlangführt.

Zwischen einigen Wochenendhäusern hindurch gelangen Sie bequem in das flache Bermannstal. Nach rechts folgen Sie dem asphaltierten, leicht fallenden Bermannstalweg (gelbe Raute) zum Waldrand und biegen nach wenigen Metern links ab (keine Markierung) auf einen breiten, leicht ansteigenden Waldweg. Wenig später verlassen Sie den Wald wieder und gelangen über offenes Gelände bequem zu einigen Koppeln des Gestüts Marbach. Sie kreuzen einen quer verlaufenden Fahrweg – rechter Hand der Sommerstall für die Vollblut-Araberstuten – und folgen einem asphaltierten Fahrweg, der an der Grabstelle eines erfolgreichen Zuchthengsts vorbeiführt. Kurz darauf mündet der Weg in eine Allee ein, auf der Sie nach rechts bergab (gelbe Gabel) das weitläufige Gelände des Gestüts erreichen. Vorbei am Turnierplatz und an den Stallgebäuden gelangen Sie in den von Wohn- und Verwaltungsgebäuden sowie von Hengstställen eingefassten Innenhof des **Haupt- und Landgestüts Marbach** **2** **(1:15 Std.)** (www.landwirtschaft-bw.de; geöffnet täglich 8–18 Uhr).

Sie verlassen das Gestüt und folgen nach rechts der Straße Gomadingen–Buttenhausen. Nach 100 m biegen Sie links ab auf ein nach Ödenwaldstetten führendes Sträßchen (gelbes Dreieck; Markierung des Burgenwegs), überqueren die Große Lauter sowie die nur noch von der Museumsbahn »Ulmer Spatz« befahrene Bahnlinie Ulm–Engstingen und biegen rechts ab (roter Balken des HW 5; »Burgenweg«) auf einen neben den Gleisen beziehungsweise der

Gestüt mit Museum

Mehrere zumeist kurze und leichte Anstiege gilt es zu bewältigen, aber auch einen längeren auf den Sternberg, von dessen Aussichtsturm bei guten Sichtverhältnissen die Alpen zu sehen sind. Sehenswert sind auch das Haupt- und Landgestüt Marbach und ein Pferdezucht-Museum sowie der Quelltopf der Großen Lauter in Offenhausen.

Wegbeschaffenheit
Teilweise asphaltierte Wirtschaftswege, Waldwege, kurzzeitig auf Straßen
Ausgangspunkt
Gomadingen im Großen Lautertal, Parkplatz hinter dem Rathaus beim ehemaligen Bahnhof
Anfahrt
Bus: Linie Reutlingen–Münsingen, in Gomadingen Haltestelle »Rathaus«. Pkw: Von Reutlingen auf der B 312 in Richtung Sigmaringen und vor Engstingen links abbiegen in Richtung Münsingen

Großen Lauter talaufwärts führenden Fuß- und Radweg.
Nach etwa 30 Min. knickt der markierte Weg links ab, und wenig später halten Sie sich auf einem Sträßchen links, biegen aber nach 100 m wieder rechts ab auf einen Wirtschaftsweg, der im Wolfstal leicht ansteigt. Am Waldrand wenden Sie sich nach rechts (roter Balken) auf den Lerchentalweg und steigen nun am bewaldeten Südosthang des Sternbergs an. Diesen Weg verlassen Sie wenige Minuten später nach links (roter Balken), steigen steiler auf zu einer weitläufigen Wacholderheide und erreichen, vorbei an einer Doline, den Gipfel des **Sternbergs** 3 (2:45 Std.). Hier befinden sich ein Wanderheim des Schwäbischen Albvereins (Sa ab 14 Uhr, So/feiertags bis 17 Uhr geöffnet; www.wanderheime-schwäbische-alb-sternberg.de) und eine Grillstelle sowie ein jederzeit zugänglicher Aussichtsturm; der Ausblick umfasst unter anderem die Burg Teck im Norden und, bei ent-

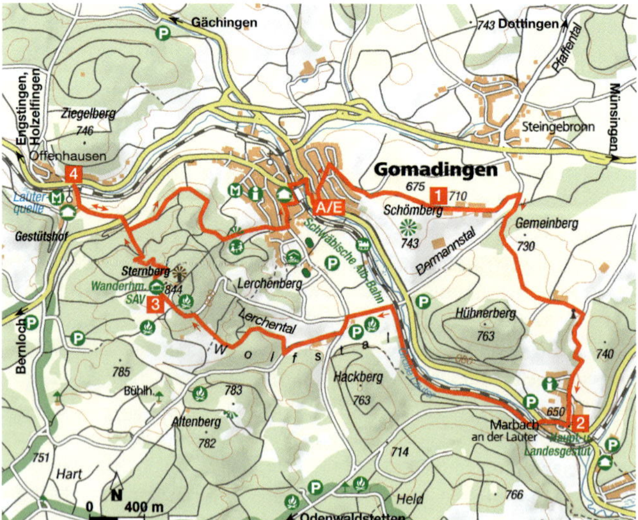

sprechenden Sichtverhältnissen, die Alpen im Süden.

Vom Sternberg-Wanderheim steigen Sie ab (gelbes Dreieck) und passieren einen ehemaligen Basaltbruch. Dieser Steinbruch zeigt, dass der Sternberg einer der rund 350 zum sogenannten Schwäbischen Vulkan gehörenden Vulkanschlote ist, in denen vor mehr als 15 Millionen Jahren Magma bis an die Erdoberfläche drang.

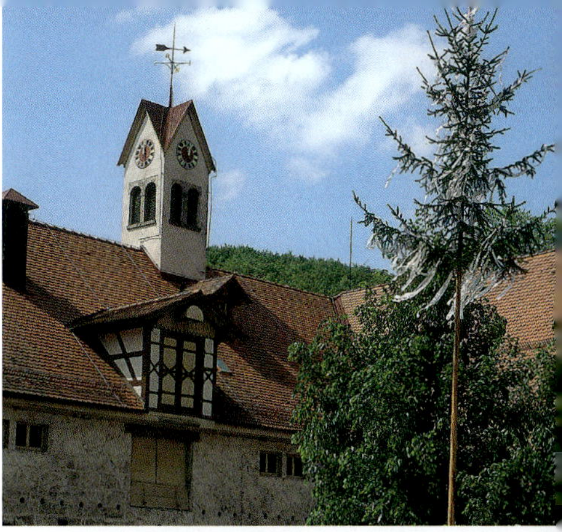

Innenhof des Gestüts Marbach

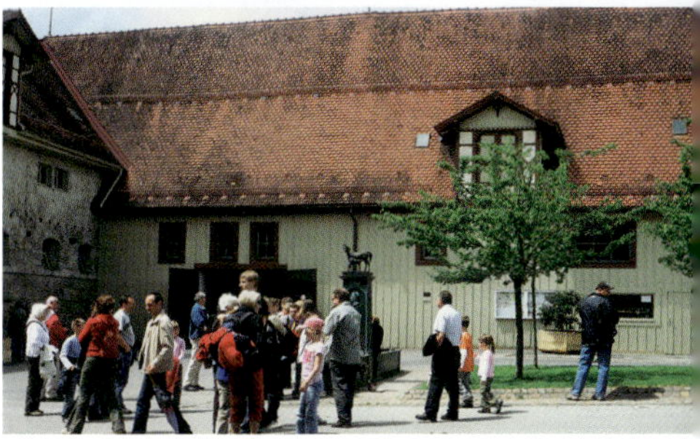

Innenhof des Gestüts Marbach

Am Fuß des Sternbergs überqueren Sie die Straße Gomadingen–Bernloch und folgen nun einer Allee hinunter in die kleine Ortschaft **Offenhausen** **4 (3:15 Std.)**, die sich an einem ehemaligen Dominikanerinnenkloster (1258–1575) entwickelte. Heute sind im einstigen Kloster die Hengst-Aufzuchtstation des Gestüts Marbach sowie ein Gestütsmuseum zum Thema Pferdezucht untergebracht (1. Mai–Ende Okt. Di–Fr 14–17, Sa 13–17 Uhr, So/Feiertags 11–17 Uhr; www.gomadingen.de). Im zugänglichen einstigen Klostergarten entspringt die Große Lauter.

Auf demselben Weg kehren Sie zurück, überqueren wieder die Straße Gomadingen–Bernloch und biegen am Waldrand links ab (keine Markierung, Ausschilderung »Panoramaweg«). Ein Forstweg steigt am Nordhang des Sternbergs zunächst entlang des Waldrands leicht an und führt in einem weiten Rechtsbogen in den Wald, kreuzt einen breiten Pfad und mündet in einen Schotterweg ein. Nach links bergab (gelbe Raute) gelangen Sie auf eine Wacholderheide mit einem Rast- und Spielplatz, von dem ein Pfad am rechten Rand der Heidefläche weiterführt zum Ortsrand von Gomadingen. Der Hollenbergstraße folgen Sie nach rechts bergab, wenden sich nach links in die Brunnenstraße und biegen rechts ab in die Hülbenstraße, die zu Ihrem **Ausgangspunkt** **E (4:00 Std.)** zurückführt.

26 3:30 Std. ↑ 310 hm ↓ 310 hm ↔ 12 km

Burgruinen im Lautertal

Achtzehn Burgruinen sitzen an den Kanten des Großen Lautertals. An dieser Wanderstrecke mit zwei Anstiegen zur Talkante liegen drei Burgruinen: Hohengundelfingen, Bichishausen und Hohenhundersingen. Am beeindruckendsten ist Hohengundelfingen mit seinen mächtigen Buckelquadern.

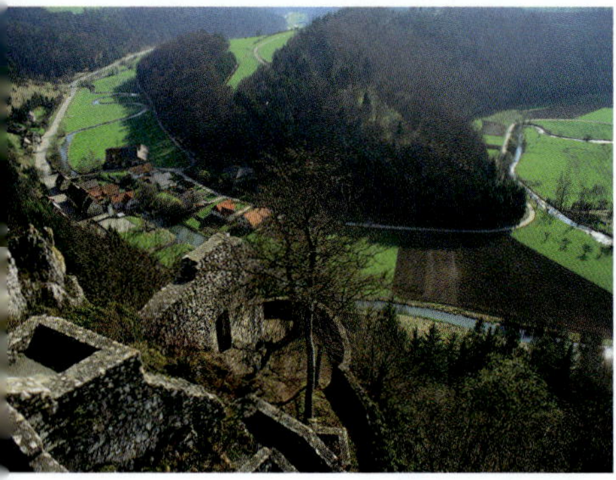

Hohengundelfingen hoch über dem Tal

Der Wegverlauf

In **Hundersingen** **A** folgen Sie vom Parkplatz »Waschhäusle« der Wasserstraße, wenden sich nach 50 m rechts in die Straße Hochburg und steigen vom Ortsrand (Markierung roter Balken, HW 5; »Burgenweg«) zu einer Straßenkreuzung an der Talkante hinauf. Dem nach links auf der Albhochfläche verlaufenden Sträßchen (Markierung gelbe Raute) folgen Sie 600 m weit, biegen links ab (Markierung gelbe Raute) und erreichen die **Steighöfe** **1** **(1:00 Std.)**.

Wenig später kreuzen Sie ein Sträßchen (Markierung gelbe Raute) und gelangen bequem zum **Aussichtspunkt Bürzel** **2** **(1:15 Std.)**, der einen der schönsten Ausblicke im Tal der Großen Lauter bietet.

Auf einem Pfad, anschließend auf einem Fahrweg und einem vom Fahrweg rechts abzweigenden alten Weg (Markierung roter Balken) erreichen Sie den Talgrund und den Weiler **Wittsteig** **3** **(1:50 Std.)**. Sie wenden sich nach rechts, biegen gleich wieder links ab und überqueren beim Hotel-Gasthof Wittstaig die Große Lauter (Di Ruhetag, ansonsten 11.30–14 Uhr und ab 17.30 Uhr; www.hotel-wittstaig.de).

Gegenüber dem Gasthof (Markierung roter Balken, »Hohen-

Wegbeschaffenheit
Wald-, Forst- und Wirtschaftswege, einzelne Abschnitte auf Sträßchen

Ausgangspunkt
Hundersingen, im Ort der Parkplatz »Waschhäusle« an der Großen Lauter

Anfahrt
Bus: Lautertal-Freizeit-Bus Zwiefalten–Münsingen (nur im Sommer So und Feiertag) nach Hundersingen, Haltestelle »Rathaus«.
Pkw: Von Münsingen auf Landstraße über Buttenhausen nach Hundersingen

gundelfingen«) steigen Sie anfangs steil, dann recht bequem hinauf zu den umfangreichen Mauerresten der **Burgruine Hohengundelfingen** ❹ (2:15 Std.).

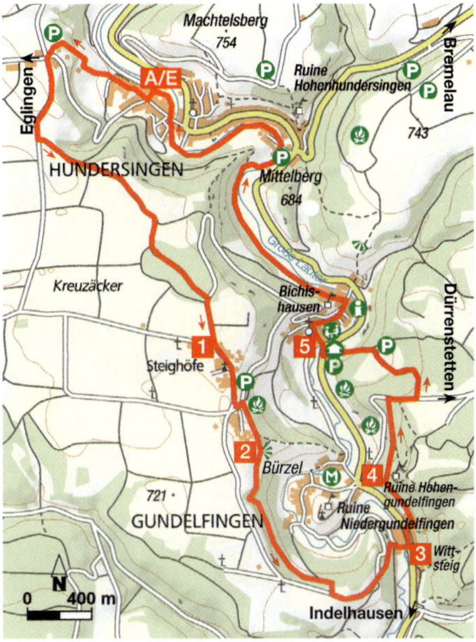

Auf dem Weg Ihres Aufstiegs kehren Sie zurück und halten sich nach 30 m an einer Weggabelung geradeaus (Markierung roter Balken), nach weiteren 50 m an einer zweiten Gabelung ebenfalls geradeaus (keine Markierung) und erreichen die Straße Gundelfingen–Bremelau. Ihr folgen Sie nach rechts 100 m weit, biegen links ab auf einen Waldweg (keine Markierung) und stoßen auf einen quer verlaufenden Forstweg (Markierung gelbe Raute), der bei einem Grillplatz auf einer Lichtung in ein Sträßchen übergeht. Auf dem Sträßchen gelangen Sie hinunter nach **Bichishausen** ❺ (2:45 Std.), überqueren die Große Lauter und folgen der Dorfstraße durch den Ort. Kurz vor einem Bootsverleih mit Biergarten am Ortsende passieren Sie die mächtig wirkende, etwas erhöht sitzende Burgruine Bichishausen.

Vom Ortsende führt ein breiter Wirtschaftsweg (Markierung roter Balken, »Hundersingen«) bequem talaufwärts entlang der Großen Lauter; rechter Hand auf halber Hanghöhe steht die Burgruine Hundersingen. Am Ortsende von **Hundersingen** E (3:30 Std.) kehren Sie zum Ausgangspunkt zurück.

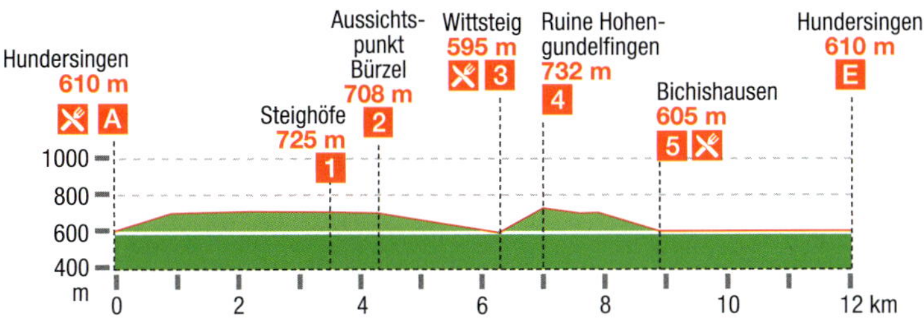

27 | 2:45 Std. | 210 hm 210 hm | 7,5 km

Zur Ruine Hohengundelfingen

Hohengundelfingen ist die größte Burgruine im Tal der Großen Lauter. In ehrenamtlicher Arbeit wurde die Anlage begehbar gemacht und eine Aussichtsplattform geschaffen, die einen herrlichen Ausblick auf das Tal bietet.

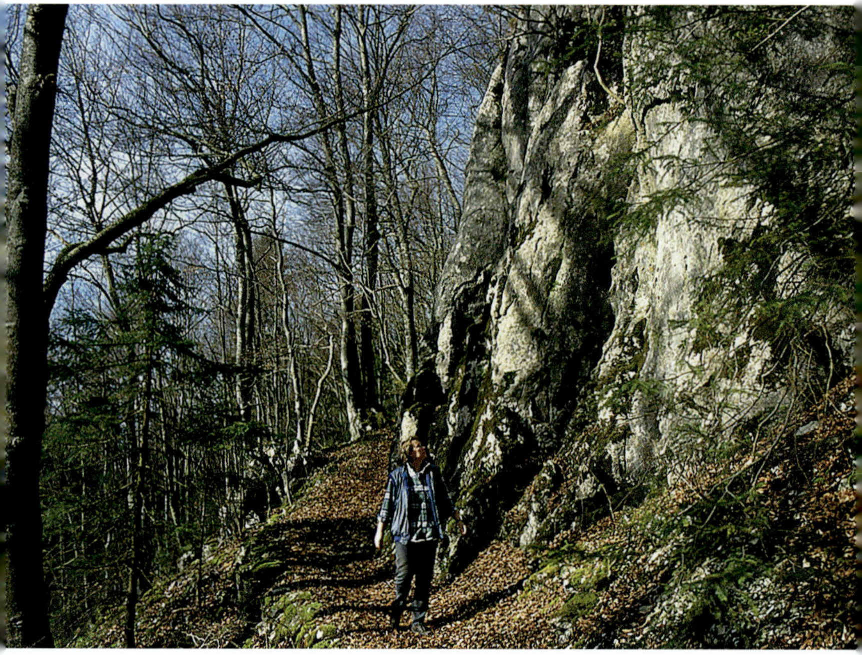

Der Wanderweg am Talhang der Großen Lauter bei der Burgruine Hohengundelfingen

Der Wegverlauf

Vom **Wanderparkplatz** A (mit Grillstelle) bei Wittsteig überqueren Sie die Parkplatzzufahrt und steigen am bewaldeten Talhang steil an (Markierung gelbe Gabel). Auf der Hochfläche knickt der Weg links ab und führt entlang der Talkante zu den umfangreichen Mauerresten der **Burgruine Hohengundelfingen** 1 (0:45 Std.) mit ihrem mächtigen Bergfried. Die umfangreiche Burganlage wurde Anfang des 13. Jh. vom Geschlecht derer von Gundelfingen, einer mächtigen schwäbischen Hochadelsfamilie, als Repräsentationsbau errichtet. Die gewaltigen, an den Kanten sauber behauenen Mauersteine (sogenannte »Buckelquader«) zeigen, dass die Burg in der Stauferzeit (12./13. Jh.) erbaut wurde. Bis zu zwei Meter lang, 70 cm hoch und 80 cm breit sind diese Quader und haben ein Gewicht von durchschnittlich 400–600 kg; auf Hohengundelfingen sind einige dieser Quader sogar bis zu 2000 kg schwer. Hochgehoben und verlegt wurden diese Steine mithilfe von Flaschenzügen und großen Greifzangenkränen; die lochartigen Vertiefungen in den Quadern sind die Ansatzpunkte für die Greifzangen.

Nach Verlassen der Burgruine steigen Sie auf einem Waldweg kurzzeitig ab, halten sich an einer Weggabelung geradeaus (Markierung roter Balken) – nicht nach links in Richtung Wittsteig absteigen! –, gehen entlang des Talhangs und stoßen auf das Sträßchen Gundelfingen–Dürrenstetten. Ihm folgen Sie hinunter nach **Gundelfingen** **2 (1:10 Std.)**, das in einer Lauterschleife liegt.

Sie kreuzen die Talstraße und gehen geradeaus durch die kleine Ortschaft am Fuß eines kegelförmigen Umlaufbergs, auf dem die bewohnte und deshalb nicht zugängliche Burg Niedergundelfingen sitzt. Die von einer rechteckigen Ringmauer umgebene Kernburg wurde um 1250 als erste Burg der Herren von Gundelfingen erbaut. Die erhaltene, bis zu 12 m hohe Mauer stammt zum größten Teil aus dieser Zeit – typische Bauteile jener Zeit, Buckelquader und Bergfried, fehlen jedoch. Anfang des 20. Jh. wurde die Burgruine von Privat gekauft und auf der Südseite mit dem Bau eines Wohnhauses bewohnbar gemacht. Deshalb ist die Burg nur von außen zu besichtigen. Im Bereich der einstigen Vorburg steht die barocke Burgkapelle St. Michael.

Kurz nach dem Ortsende überqueren Sie auf einem Asphaltweg die Große Lauter. Wenige Minuten später zweigt noch vor den ersten Häusern von **Wittsteig** **3 (1:40 Std.)** rechts ein breiter Waldweg ab (Mar-

Burgruine mit Talblick

Nach einem kurzzeitig steilen Anstieg genießen Sie von der Burgruine Hohengundelfingen den Ausblick auf das Tal der Großen Lauter; ein längerer leichter Anstieg führt zur Burgruine Derneck mit einer an Sommerwochenenden geöffneten Schänke. Durch Gundelfingen und bis Wittsteig muss man auf Asphalt gehen.

Wegbeschaffenheit
Wald- und Wirtschaftswege, ein längerer Abschnitt auf Asphalt

Ausgangspunkt
Wanderparkplatz, 500 m hinter Wittsteig links der Straße

Anfahrt
B 312 auf die Albhochfläche, beim Kreisverkehr Richtung Münsingen und nach Gomadingen, im Tal der Großen Lauter Richtung Indelhausen, 500 m hinter Wittsteig links Wanderparkplatz

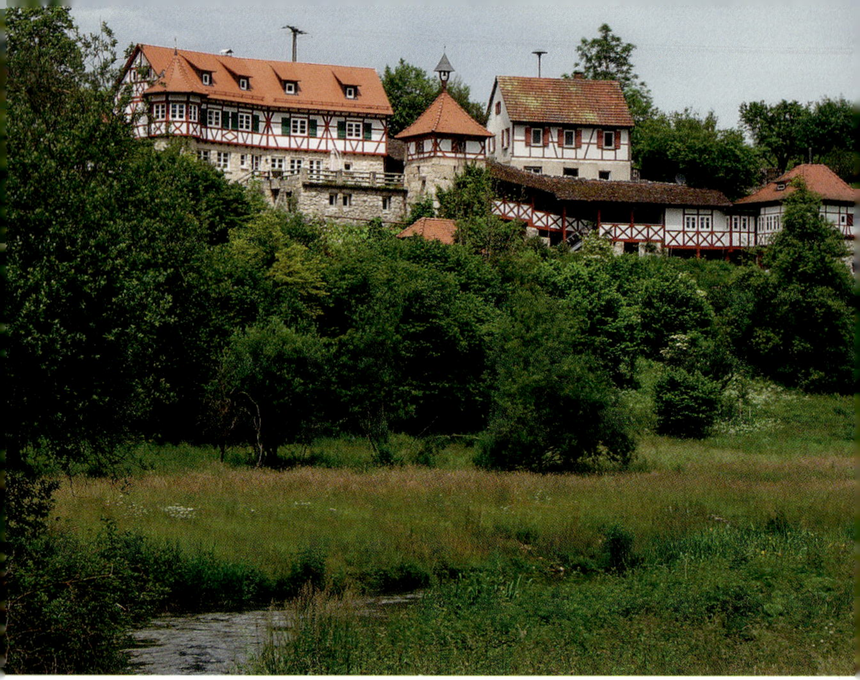

Gebäudeensemble in Gundelfingen

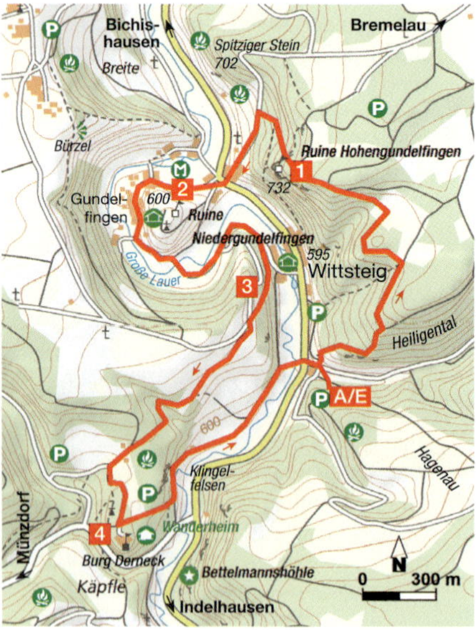

kierung roter Balken, HW5; »Burgenweg«), der am Talhang ansteigt und schließlich in den Zufahrtsweg der Burg Derneck einmündet. Nach links bergauf, vorbei an einer Grillstelle und einem Abenteuerspielplatz, erreichen Sie kurz darauf die **Burg Derneck** 4 (2:15 Std.). Zur Bergseite hin ist die Burg geschützt durch einen breiten Halsgraben und eine Schildmauer mit Rundturm, zu dem Treppen hinaufführen. Um 1350 wurde die Burg erbaut von Degenhart I. von Degeneck aus dem Geschlecht derer von Niedergundelfingen. Weitere Besitzer waren die Grafen von Helfenstein und das

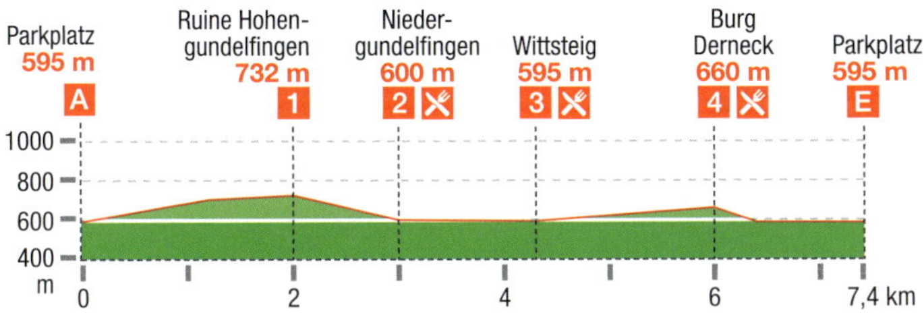

Königreich Württemberg. Die Burg wurde nicht, wie die meisten anderen mittelalterlichen Burgen, im 16. Jh. dem Zerfall überlassen, sondern teilweise instand gesetzt und im 19. Jh. als Försterei mit kleiner Landwirtschaft genutzt. Dieses Försterhaus ist erhalten, ebenso die Ringmauer und die Schildmauer, auf der sich eine Aussichtsplattform befindet. Seit 1967 ist die Burg im Besitz des Schwäbischen Albvereins, der die Burg restauriert und zum Wanderheim ausgebaut hat. Die Burganlage ist frei zugänglich; in der Burgschänke können sich Wanderer stärken (Burgschänke geöffnet Ende März – Anfang Nov.; www.tuerme-und-wanderheime.albverein.net); bei schönem Wetter manchmal auch unter der Woche).

Auf der Burgzufahrt verlassen Sie Burg Derneck wieder und biegen nach 25 m rechts (keine Markierung) auf einen anfangs schmalen Waldweg ab, auf dem Sie in wenigen Minuten in das Lautertal absteigen. Nach links gehen Sie entlang der Straße, die aus dem Lautertal nach Münzdorf führt, und noch vor der Lauter-Straßenbrücke wenden Sie sich nach links auf einen breiten Schotterweg. Dieser bei Radfahrern und Fußgängern höchst beliebte Talweg führt am Klingelfelsen (Grillplatz und kleine Liegewiese) vorbei und bequem talaufwärts.

Nach etwa einem Kilometer biegen Sie rechts ab auf einen Wiesenweg, überqueren auf einem Steg das Flüsschen und kehren zum **Ausgangspunkt** E (2:45 Std.) zurück.

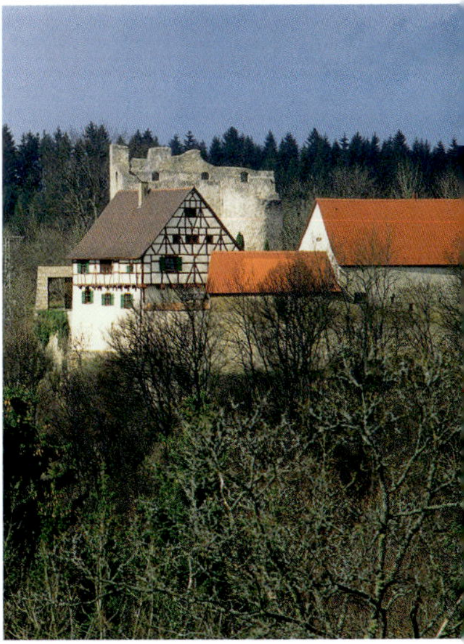

Burg Derneck

28 4:00 Std. ↑ 150 hm ↓ 150 hm ↔ 13 km

Großes Lautertal und Wolfstal

Die Wanderung führt über die Burgruine Wartstein und zwei Burgruinen, von denen kaum noch etwas zu sehen ist, ins Große Lautertal und durch einen autofreien Talabschnitt. Der Rückweg erfolgt durch das Wolfstal, in dem im März zahllose Märzenbecher blühen.

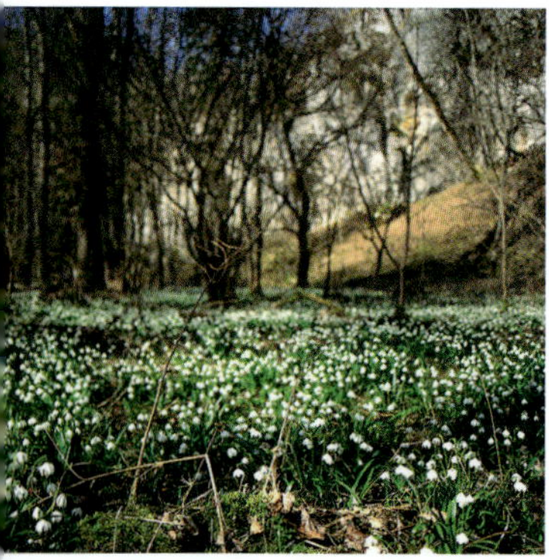

Im März blühen Tausende von Märzenbechern im felsigen Wolfstal.

Wegbeschaffenheit
Wald- und Forstwege. Wirtschaftsweg, kurze Abschnitte auf Straßen

Ausgangspunkt
Erbstetten, Ortsteil von Ehingen

Anfahrt
Bus: Munderkingen–Erbstetten, Haltestelle »Rathaus«. Pkw: Von der B 311 Ehingen–Riedlingen bei Untermarchtal abbiegen, über Lauterach und Munderkingen nach Erbstetten; Parken bei der Kirche

Der Wegverlauf

In **Erbstetten** A folgen Sie der Straße Zum Wartstein, halten sich in einer Linkskurve geradeaus (Markierung rotes Dreieck, HW 2) und steigen am bewaldeten Hang an. Von diesem alten Weg – stellenweise sind Karrenspuren zu sehen – biegen Sie nach 150 m links ab. Wenig später führt ein Forstweg geradeaus weiter.

Wo der Weg zu fallen beginnt, wenden Sie sich nach links zum Heumacherfelsen, und entlang der Hangkante gelangen Sie zur **Burgruine Wartstein** 1 (0:45 Std.), die auf einem Felsen hoch über der mäandrierenden Großen Lauter steht. Die einstige Schildmauer dient heute als Aussichtsplattform.

Kurzzeitig bergab (roter Balken), bei den Resten der Vorburg nach links und auf halber Hanghöhe talabwärts erreichen Sie die wenigen Mauerreste der Burgruine Monsberg. Entlang der Talkante führt der Weg weiter zur Burgruine St. Ruprecht, von der nur der Graben sowie Grundmauern zu sehen sind, und hinab ins **Tal der Großen Lauter** 2 (1:15 Std.).

Auf dem Talweg halten Sie sich links, überqueren die Große Lauter und gehen am Ufer des Flüsschens auf den Weiler Unterwilzingen zu. Hier überqueren Sie die Große Lauter auf einer Straßenbrücke (Markierung roter Bal-

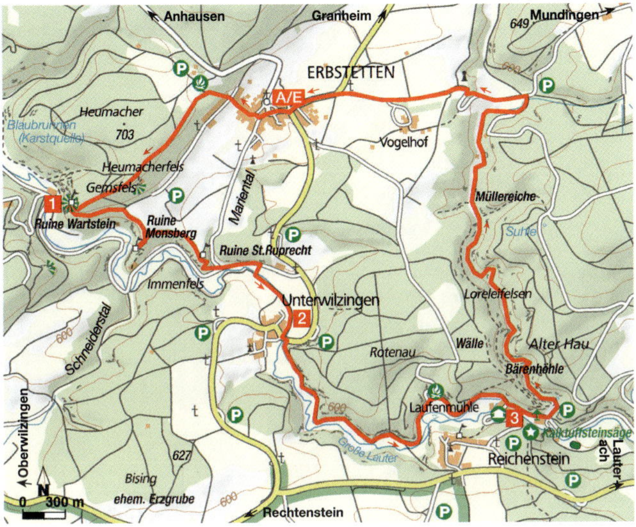

ken) und gelangen durch das enge, gewundene Tal bequem zur Gaststätte **Laufenmühle** ③ **(2:15 Std.)** (Mo Ruhetag, Di–Sa ab 11.30 Uhr, So ab 10 Uhr; www.restaurant-laufenmuehle.de).

Auf der Mühlenzufahrt erreichen Sie einen Parkplatz und wenden sich nach links in das Wolfstal, in dem im zeitigen Frühjahr unzählige Märzenbecher blühen. Ein Forstweg (Markierung roter Balken, HW 7) führt im engen Tal aufwärts, vorbei an bemoosten Felsen, zur Straße Mundingen–Erbstetten (3:30 Std.).

Der Straße folgen Sie nach links (Markierung blaues Dreieck), schneiden nach 500 m auf einem rechts abzweigenden Pfad eine Straßenkehre ab und gelangen anschließend bequem zur Straße Granheim–Erbstetten und zurück nach **Erbstetten** E **(4:00 Std.)**.

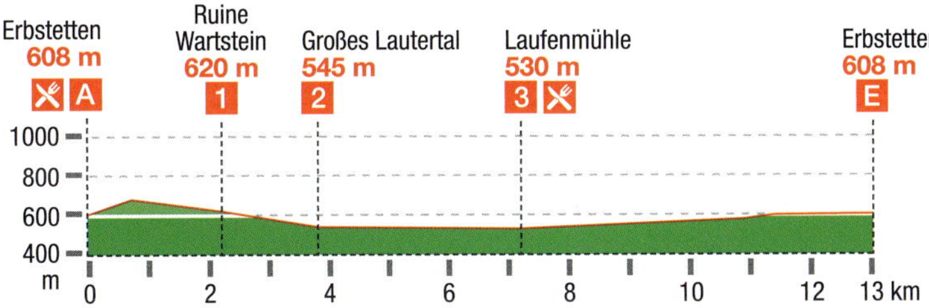

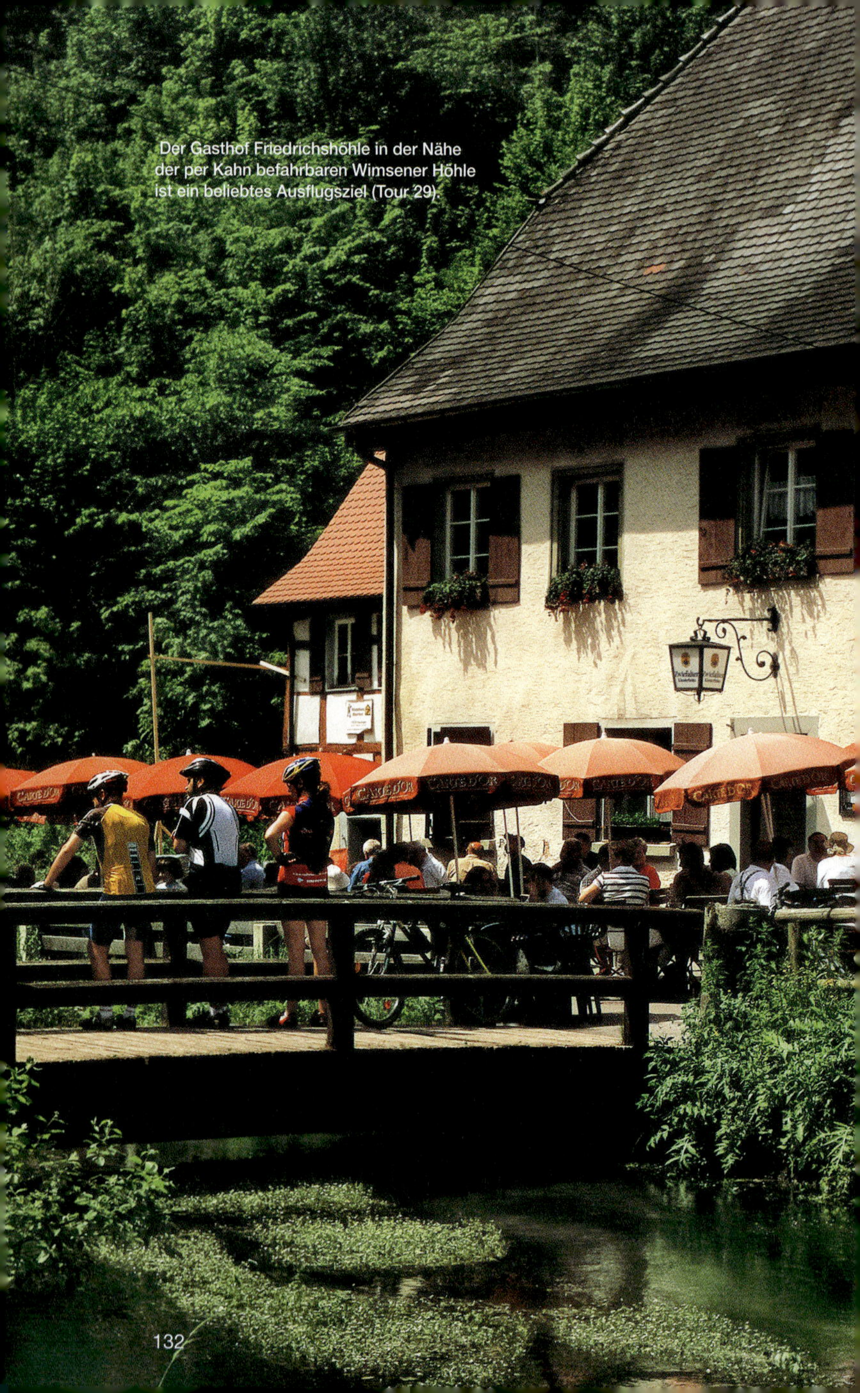

Der Gasthof Friedrichshöhle in der Nähe der per Kahn befahrbaren Wimsener Höhle ist ein beliebtes Ausflugsziel (Tour 29).

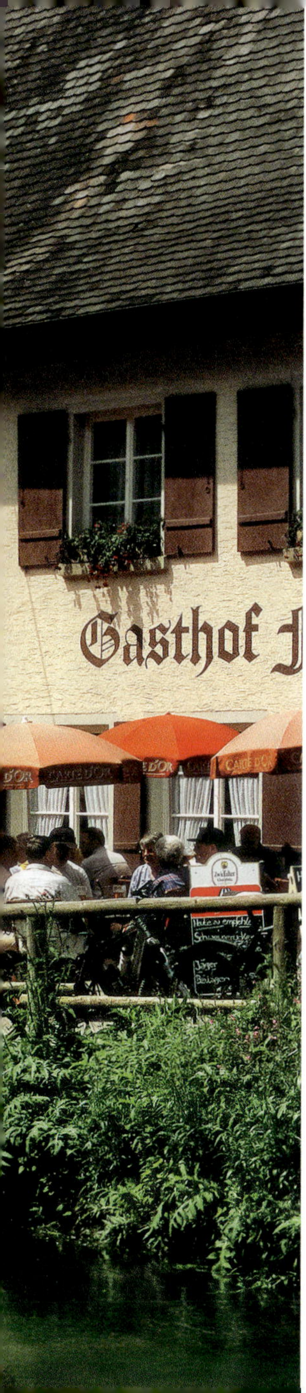

Top 5

Schön einkehren

Gutenberger Höhlen und Pfulb

Einzeln am Waldrand steht das dem Alpenverein gehörende Harpprechthaus mit seiner großen Terrasse. **Tour 16**

Großes Lautertal und Wolfstal

Nahe der Einmündung des Wolfstals in das Tal der Großen Lauter steht die zum Gasthaus umgebaute Laufenmühle. **Tour 28**

Wimsener Höhle

Bekannt für Forellengerichte ist das Gasthaus Friedrichshöhle, nur einige Meter entfernt von der Wimsener Höhle. **Tour 29**

Donau-Durchbruchstal

Bei Wanderern und Radlern sehr beliebt ist die unterhalb des Schlosses Bronnen stehende Gaststätte Jägerhaus. **Tour 37**

Zur Burg Wildenstein

Zur Burgschänke gehören auch Tische im Innenhof, wo man die Burgatmosphäre genießen kann. **Tour 39**

29 | 3:15 Std. | 35 hm / 170 hm | 11,5 km

Zur Wimsener Höhle

Vom Landstädtchen Hayingen führt die abwechslungsreiche Wanderung durch ein enges, felsiges Tal und an Schloss Ehrenfels vorbei zu der als Wimsener Höhle bekannten Friedrichshöhle, einer aktiven Flusshöhle. Endpunkt der Wanderung ist Zwiefalten mit seinem barocken Kloster.

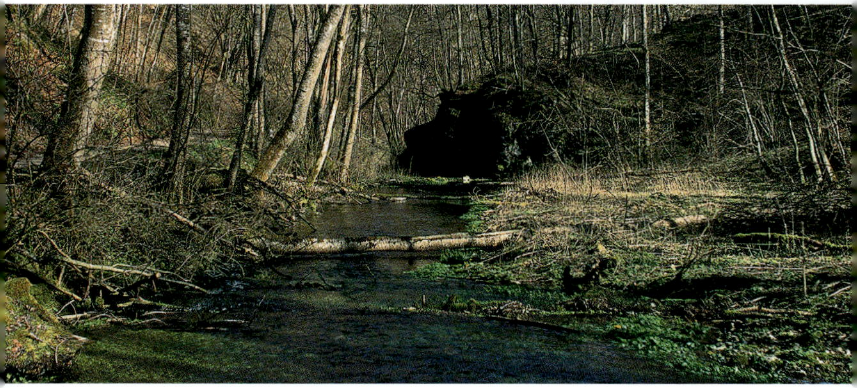

Das Glastal nördlich der Wimsener Höhle

Der Wegverlauf

In **Hayingen** A gehen Sie von der Bushaltestelle entlang der Ortsdurchfahrt weiter, halten sich an einer Straßengabelung geradeaus in die Ehestetter Straße in Richtung Reutlingen (Markierung rotes Dreieck des HW 2 bis Zwiefalten) und biegen links ab in die Straße Auf der Bleiche. Nach rechts führt der Wendelinusweg hinauf zum Ortsrand, wo neben der links abzweigenden Straße in Richtung Aichstetten/Pfronstetten ein Fußweg verläuft.

Mitte des 13. Jh. wurde Hayingen an einer Straßenkreuzung auf der Albhochfläche angelegt, denn die Stadtgründer, die Herren von Gundelfingen, versprachen sich dadurch wirtschaftlichen Aufschwung

Wegbeschaffenheit
Kurze Abschnitte auf Straßen, auf Fußweg, Wald-, Forst- und Wirtschaftswegen

Ausgangspunkt
Hayingen, Bushaltestelle

Anfahrt
Pkw: Von Reutlingen B 312 nach Zwiefalten; großer Parkplatz nahe dem Kloster. Per Bus (Linie Riedlingen–Bad Urach) von Haltestelle am Klostertor nach Hayingen, Haltestelle Zwiefalter Straße.

für ihre Herrschaft. Von der einstigen Stadtmauer ist nur noch ein geringer Rest erhalten. Heute ist das Landstädtchen ein ruhiger Luftkurort.
Auf dem leicht fallenden Fußweg passieren Sie das rechts der Straße sich erstreckende Digelfeld, eine ausgedehnte, unter Naturschutz stehende Wacholderheide, und wenden sich an der unscheinbaren **Hayinger Brücke** ❶ **(0:50 Std.)** nach links.
Über einen Wanderparkplatz mit Grillstelle gehen Sie im engen, bewaldeten Glastal bequem abwärts. Vermutlich geht der Name auf eine früher am Lämmerstein betriebene Glashütte zurück. Das Tal knickt links ab – linker Hand die Bärenhöhle, kurz darauf rechts die Glashöhle –, und der Weg führt an der Quelle des Hasenbachs unterhalb der Felswand des Lämmersteins sowie an der links oberhalb einer Weggabelung sitzenden Burgruine Alt-Ehrenfels vorbei, die schon seit dem 16. Jh. verfällt.

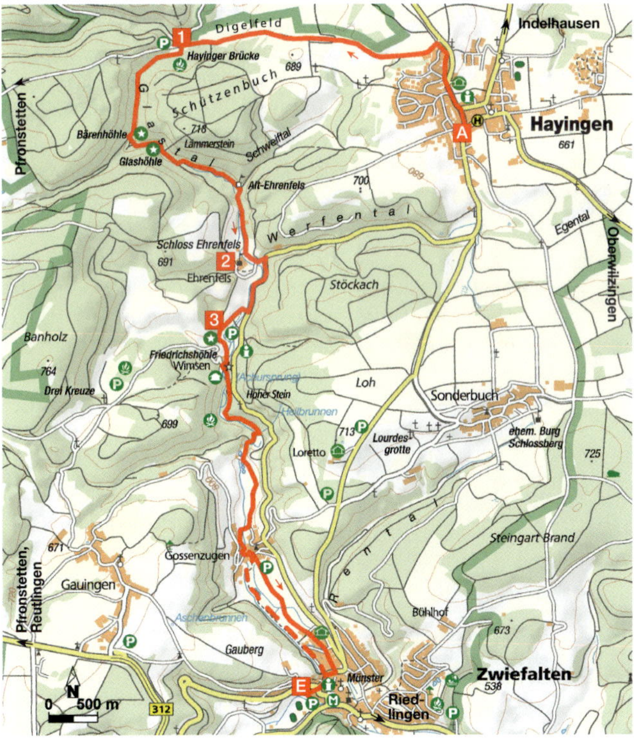

In einer felsigen Engstelle bildet der Hasenbach einige Becken, und wenig später ist zur Rechten im nun breiteren Tal das **Schloss Ehrenfels** ❷ (1:45 Std.) zu sehen, das 1735 als barocker Sommersitz der Äbte des Klosters Zwiefalten errichtet wurde. Heute befindet es sich im Besitz der Nachfahren eines zu Beginn des 19. Jh. geadelten württembergischen Staatsministers; die Räumlichkeiten können für Hochzeiten oder Betriebsfeiern gemietet werden.

Sie folgen der Schlosszufahrt, biegen vor dem Schloss links ab und erreichen die **Wimsener Höhle** ❸ (2:00 Std.; Ende März–Anfang Nov. ab 10 Uhr; www.tress-gastronomie.de/wimsener-hoehle) und den ehemaligen Mühlenhof Wimsen (www.tress-gastronomie.de), heute die für Forellengerichte bekannte Gaststätte Friedrichshöhle; das einstige Mühlengebäude nebenan wurde zum Veranstaltungsraum ausgebaut. Offiziell handelt es sich bei der Höhle um die nach dem ersten württembergischen König Friedrich (Anfang 19. Jh.) benannte Friedrichshöhle. Üblich jedoch ist die alte, vom Mühlenhof Wimsen abgeleitete Bezeichnung Wimsener Höhle für die einzige ganzjährig aktive Flusshöhle der Schwäbischen Alb. Etwa 600 Liter klares Wasser strömen pro Sekunde aus dem Höhlenportal und fließen als Zwiefalter Ach zur Donau. Mit einem flachen Stocherkahn kann man die etwa 70 m lange Höhle befahren (1. April–31. Okt., 9–17 Uhr mehrmals täglich).

Links der Zwiefalter Ach folgen Sie einem Weg (Markierung rotes Dreieck, HW 2) durch einen engen und felsigen Talabschnitt, die Wimsener Klamm, in der seit einigen Jahren Biber leben. Das Tal weitet sich, und vorbei an einer Fischzuchtanlage erreichen Sie Gossenzugen mit der barocken Magnuskapelle im erhöht

Befahrbare Flußhöhle

Diese Wanderung ist ein richtiger Genuss: Ein von Felsen gesäumtes Tal, eine per Kahn befahrbare Höhle und eine »Forellen«-Gaststätte, die kurze Wimsener Schlucht und schließlich die barocke Klosterkirche Zwiefalten.

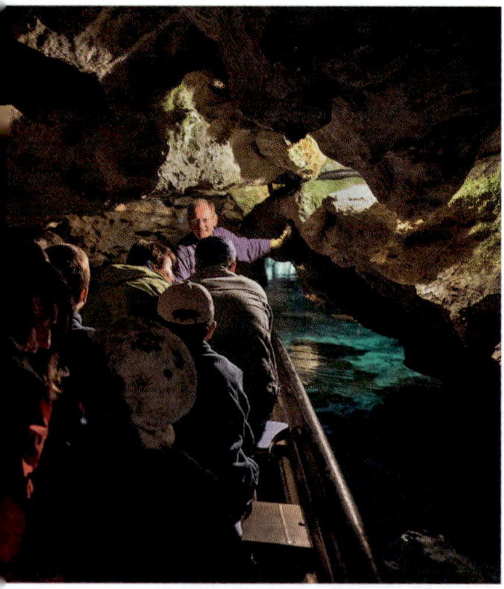

Mit einem flachen Kahn kann die Wimsener Höhle befahren werden.

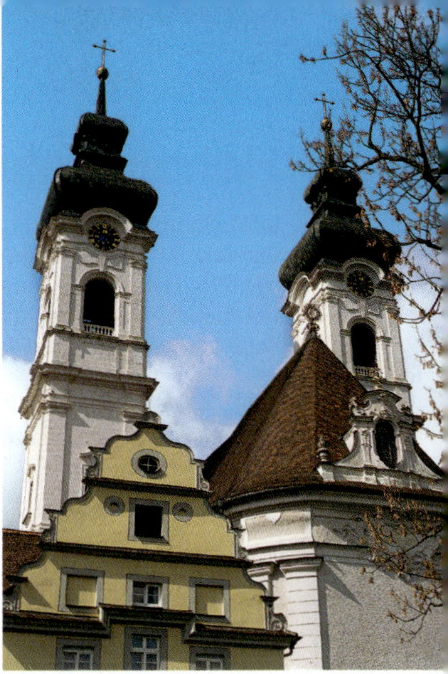

Kloster Zwiefalten

sitzenden Ortsteil und einem mit einem Geländer abgegrenzten, an warmen Tagen höchst willkommenen »Abkühlungsbereich« in der Ach. Hier können Sie entscheiden, ob Sie links der Ach auf einem sonnigen Weg oder rechts der Ach (Markierung rotes Dreieck, HW 2) am schattigeren Fuß des Talhangs weitergehen.

In Zwiefalten überqueren Sie nach links die in Richtung Hayingen führende Straße und betreten durch eine Tordurchfahrt den Klosterbezirk des barocken Klosters Zwiefalten (gut 3:00 Std.). Mitten in der Einöde erfolgte Ende des 11. Jh. die Gründung des ursprünglich Zwiefalterach genannten Benediktinerklosters. Im Zuge einer Neugliederung Südwestdeutschlands durch Napoleon Bonaparte wurde die Abtei 1803 aufgelöst und in das Herzogtum Württemberg eingegliedert. In den Klostergebäuden wurde eine Heil- und Pflegeanstalt eingerichtet und im 20. Jh. zu einem Psychiatrischen Krankenhaus erweitert. Im 18. Jh. wurde die ursprüngliche Kirche ersetzt durch das doppeltürmige Münster »Zu unserer Lieben Frau von Zwiefalten«. Den Neubau im Stil des Barocks führte der Münchener Baumeister Johann Michael Fischer durch, die Deckenbemalung übernahm Franz Joseph Spiegler aus Wangen, und der Stuckateur Johann Michael Feuchtmayer sorgte für die Ornamentik.

Geradeaus gehen Sie an der Klosterkirche vorbei, verlassen das Kloster nach rechts durch das Peterstor und kehren auf der Ortsdurchfahrt zum Parkplatz für die Besucher von **Zwiefalten** E **(3:15 Std.)** zurück.

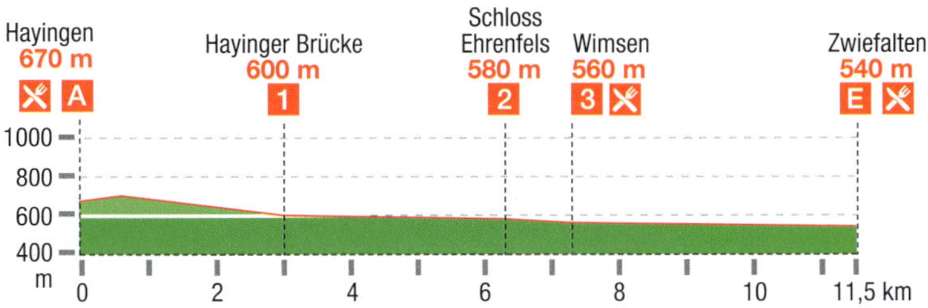

30 2:30 Std. | 50 hm ↑ 50 hm ↓ | 8,5 km

Hohmichele und Heuneburg

Im 5. Jahrhundert v. Chr. beschrieb der Grieche Herodot das Quellgebiet des Istros (Donau) als keltisches Siedlungsgebiet mit dem Hauptort Pyrene, dem heute als Heuneburg bezeichneten Ort. Damit ist die Heuneburg der erste in der Geschichtsschreibung erwähnte Ort in Südwestdeutschland.

Der Wegverlauf

In **Hundersingen A** folgen Sie gegenüber dem Heuneburgmuseum (Grabungsfunde, Schautafeln zur Geschichte der Kelten) einem Seitensträßchen und stoßen auf einen quer verlaufenden Wirtschaftsweg. Nach rechts führt der Weg (Markierung blaue Raute) durch eine flache Talsenke zum Waldrand, und nach 500 m biegen Sie rechts ab in den Wald zum **Grabhügel Hohmichele 1 (0:50 Std.)**, der mit 15 m Höhe einer der größten keltischen Grabhügel Mitteleuropas ist. In der Nähe befindet sich eine sogenannte Viereckschanze, eingefasst von niederen Wällen. Bei solchen Anlagen handelte es sich zumeist um befestigte Bauernhöfe, aber einige könnten auch Tempelbezirke gewesen sein.

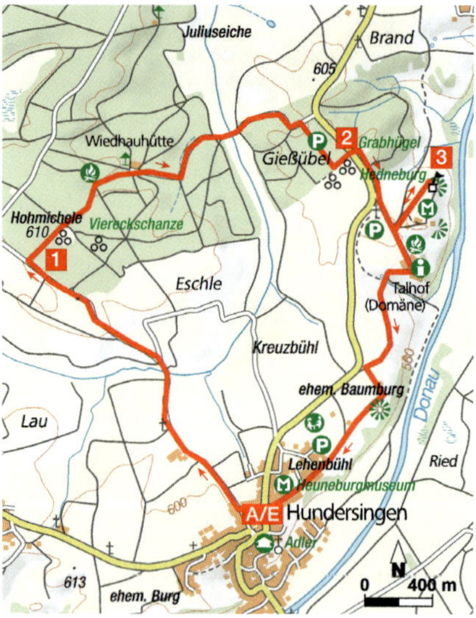

Geradeaus führt der Waldweg (Markierung blaue Raute) an einer Grillstelle vorbei durch ein flaches Tal zum Waldrand und weiter zur Straße Hundersingen–Binzwangen. Hier befinden sich nebeneinander

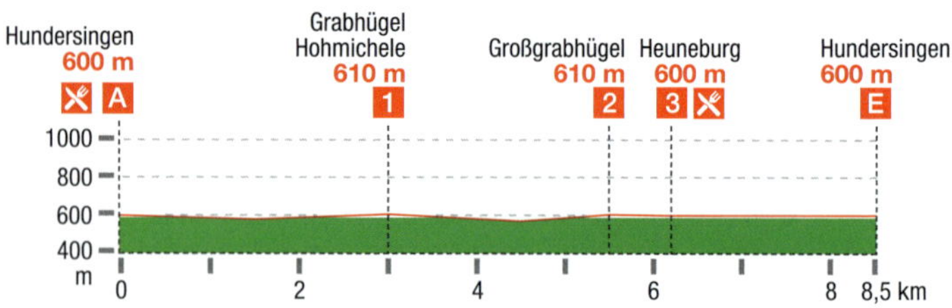

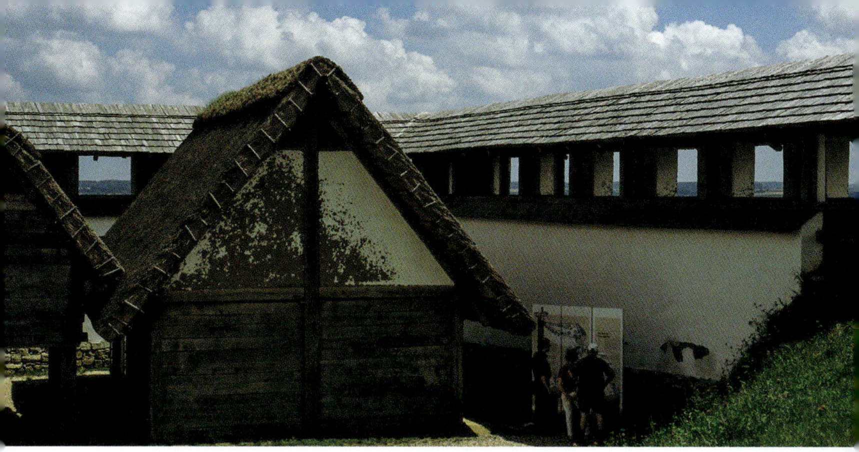

Rekonstruierte Gebäude und Wehrgang der Heuneburg

zwei **Großgrabhügel** 2 (1:30 Std.), zwei weitere liegen jenseits der Straße etwas versteckt im Wald.

Entlang der Straße erreichen Sie wenig später die **Heuneburg** 3 (1:45 Std.), die vor etwa 2600 Jahren auf einem durch einen tiefen Graben geschützten Plateau an der Talkante der Donau angelegt wurde. Außerhalb der Heuneburg erstreckte sich eine Großsiedlung. Rekonstruiert wurden der Torbereich, ein Teil der mit einem Wehrgang versehenen Umfassungsmauer aus Lehmziegeln und einige mit Reet gedeckte Gebäude sowie ein Ausstellungsraum und ein kleines Café (zu besichtigen Di–So 10–17 Uhr, im Juli und Aug. von 10–18 Uhr; weitere Infos unter www.heuneburg.de).

Nach Verlassen der Heuneburg wenden Sie sich nach links (Markierung blaue Raute), halten sich bei den Gebäuden des Talhofs rechts und gelangen in leichtem Auf und Ab zur auffälligen Burgstelle Baumburg. Wenig später passieren Sie einen weiteren keltischen Grabhügel und kehren zum Heuneburgmuseum in **Hundersingen** E (2:30 Std.) zurück.

Zeugnisse der Kelten

Nach leidigen 2,5 km auf einem Sträßchen gleich zu Beginn folgt auf der mühelosen Wanderstrecke nur noch Angenehmes und Sehenswertes: einer der größten keltischen Grabhügel in Europa, schattiger Wald, weitere Großgrabhügel und schließlich ein teilweise ausgegrabener und rekonstruierter keltischer Fürstensitz.

Wegbeschaffenheit
Einzelne Abschnitte auf Asphalt, sonst Wald-, Forst- und Wirtschaftswege

Ausgangspunkt
Parkmöglichkeit beim Heuneburgmuseum in Hundersingen

Anfahrt
Von der B 32 Sigmaringen–Mengen–Bad Saulgau kurz vor Herbertingen abbiegen nach Hundersingen und durch den Ort Richtung Binzwangen zum Heuneburgmuseum kurz vor dem Ortsende

31 | 3:45 Std. | ↑ 150 hm ↓ 150 hm | ↔ 11,5 km

Abseits des Trubels

Fehla- und Laucherttal

Weitgehend naturbelassen mäandrieren Fehla und Lauchert durch ihre engen Täler mit den bewaldeten Hängen. Bei Hettingen mündet die Fehla, in deren Tal auf mehreren Kilometern Länge kein Gebäude zu sehen ist, in die Lauchert, die wiederum bei Sigmaringen in die Donau fließt.

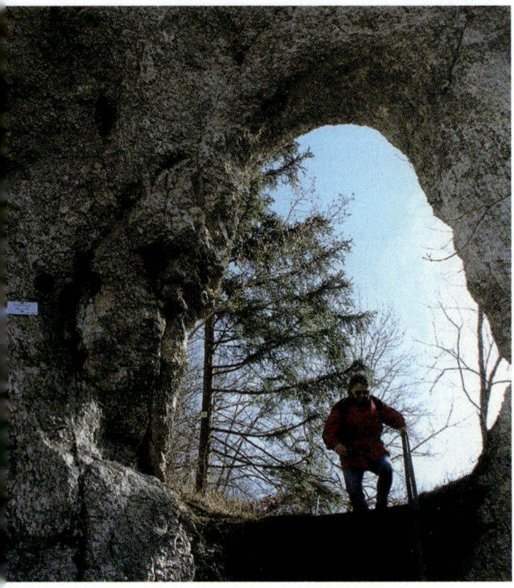

Der Teufelstorfelsen

Wegbeschaffenheit
Forst-, Wald- und Wirtschaftswege, vor und in Hettingen auf Asphalt

Ausgangspunkt
Parkplatz an der B 32 Richtung Sigmaringen, 1 km nach Ortsende von Gammertingen

Anfahrt
Bahn: Hohenzollerische Landesbahn Sigmaringen–Gammertingen, zu Fuß 1,5 km zum Ausgangspunkt. Pkw: Von Reutlingen B 312, dann B 313 nach Gammertingen und B 32 Richtung Sigmaringen

Der Wegverlauf

Am **Parkplatz A** südlich von Gammertingen überqueren Sie die Lauchert (Markierung gelbe Gabel, »Fehlatal«) und folgen einem Weg, der zunächst talabwärts und nach einem scharfen Rechtsknick talaufwärts führt. Nach wenigen Minuten steigen Sie am Hang des Egertsbühls (745 m) leicht an, folgen einem Forstweg nach links und biegen nach 700 m rechts ab zu den Mauerresten der als »Altes Schloss« bezeichneten **Burgruine Baldenstein 1** (0:45 Std.).

Ein Pfad führt hinunter zu der zwischen den bewaldeten Hängen mäandrierenden Fehla. Nach links, talabwärts, folgen Sie einem Wirtschaftsweg (Markierung gelbes Dreieck) bequem zu einer Fischzuchtanlage kurz vor der Einmündung der Fehla in die Lauchert. Geradeaus gehen Sie im Laucherttal entlang der Gleise der Hohenzollerischen Landesbahn Sigmaringen–Gammertingen talaufwärts, überqueren die Gleise und gelangen zwischen der Bahnlinie und dem Flüsschen in das kleine Städtchen **Hettingen 2** (2:15 Std.).

Oberhalb des Orts sitzt ein zu Beginn des 18. Jh. an der Stelle einer Vorgängerburg errichtetes Schloss, in dem sich heute das Rathaus befindet; unmittelbar vor dem Schlosstor kann ein Narrenmuseum besichtigt werden (www.narrenzunft-hettingen.de)

Im Ort folgen Sie geradeaus der Markierung gelbes Dreieck, überqueren die Lauchert und kreuzen die B 32. Nach rechts führt ein Forstweg (Markierung gelbes Dreieck) hinauf zur Talkante, wo Sie links abbiegen (Markierung gelbes Dreieck) zum Aussichtspunkt **Teufelstorfelsen** 3 (3:15 Std.), auf dem ein großes Kreuz errichtet wurde. Auf einem mit Stufen versehenen Pfad steigen Sie ab und durchsteigen auf einer Metallleiter das Teufelstor, einen großen, an einen Torbogen erinnernden Felsdurchbruch.

Ein leicht fallender Waldweg führt auf die Sohle des Laucherttals hinunter und zurück zum **Parkplatz** E (3:45 Std.), Ihrem Ausgangspunkt.

Mäandrierende Flüsschen

Eine ruhige Wanderung, auf der man einem Wirtschaftsweg entlang der mäandrierenden Fehla im autofreien Tal folgt. So ruhig die Tour, so bescheiden sind auch die Höhepunkte, wie z. B. der Blick vom Teufelstorfelsen auf das Tal der Lauchert. Aufregend für Kinder dürfte die Metallleiter sein, auf der man durch das Teufelstor absteigt.

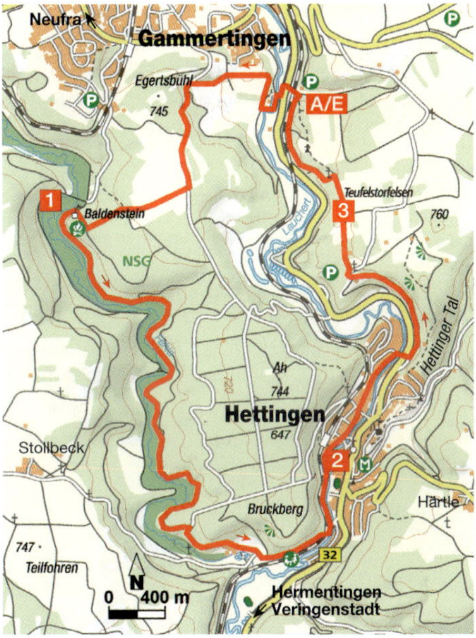

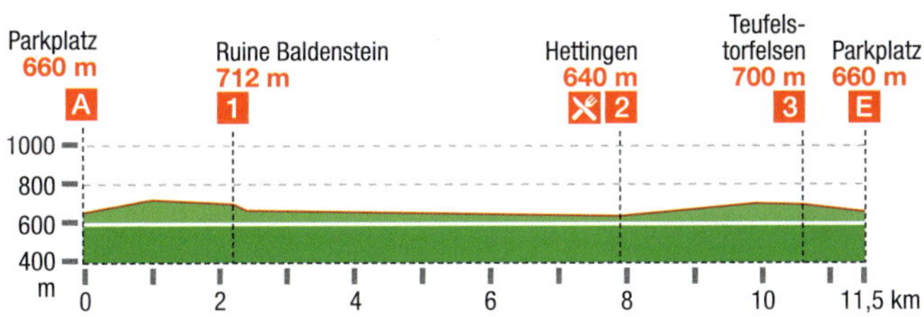

32 4:00 Std. 570 hm 570 hm 10,4 km

Zur Burg Hohenzollern

Die recht anstrengende Wanderung führt vom Raichberg zur mächtigen, mit ihren Erkern und Türmchen dennoch verspielt wirkenden Burg Hohenzollern, die auf dem Zoller, einem der Alb vorgelagerten Bergkegel, thront, der mit dem Albkörper nur noch durch einen Sattel verbunden ist.

Der Wegverlauf

Vom Parkplatz beim Albvereins-Wanderheim **Nägelehaus** A (Mi–So ab 11.30 Uhr; www.naegelehaus.de) an der Kuppe des Raichbergs (956 m; Aussichtsturm) führt ein Weg nach rechts (Markierung rote Gabel) bequem zum Hangenden Stein (923 m) an der Kante des steil fallenden Talhangs. Hier kündigt sich ein Bergsturz an: Parallel zum Albtrauf verläuft eine tiefe Felsspalte, die sich während eines wohl noch sehr langen Zeitraums durch eindringendes und wiederholt gefrierendes Regenwasser allmählich vertiefen und verbreitern wird, bis eines fernen Tages die abgespaltenen Felsmassen zu Tal rutschen. An

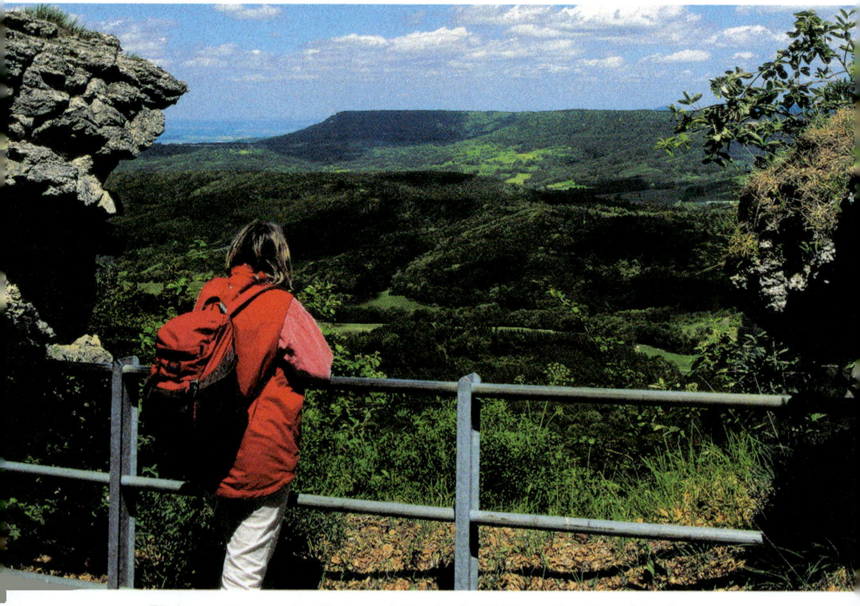

Blick vom Hangenden Stein nach Norden in Richtung Rossberg/Reutlingen

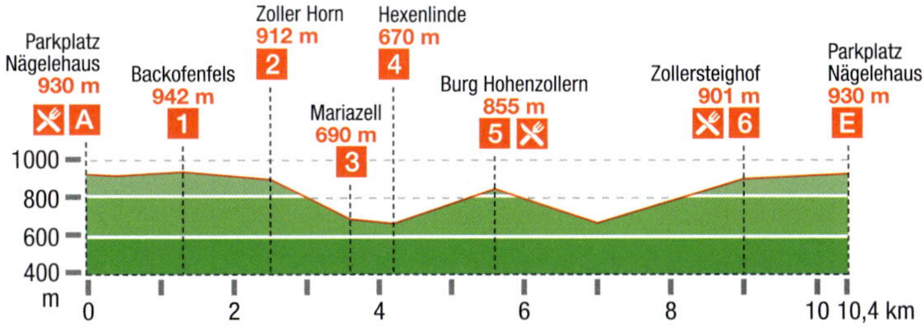

dieser geologischen Erscheinung ist gut zu erkennen, wie der vor Millionen Jahren ursprünglich bei Stuttgart verlaufende Alb-Nordrand allmählich nach Süden zurückgesetzt wird. Da der Schwund durchschnittlich zwei Meter in 1000 Jahren beträgt, dauert es allerdings noch Millionen Jahre, bis die Schwäbische Alb vollständig verschwunden sein wird.

Burg Hohenzollern

Eine aufgrund der Höhenmeter zwar anstrengende, aber dennoch genussvolle Wanderung mit einigen Höhepunkten: dem Hangenden Stein, der eines fernen Tages zu Tal stürzen wird, dem Blick vom Zeller Horn auf die Burg Hohenzollern, der mächtigen Burg Hohenzollern und schließlich der Gaststätte Nägelehaus in der Nähe des Raichberg-Aussichtsturms.

Nach links (Markierung rotes Dreieck, HW 1) steigt der Weg entlang der Talkante durch lichten Wald leicht an und führt an den Felstrümmern eines Bergsturzes des Jahres 1879 vorbei zum Aussichtspunkt **Backofenfels** ❶ (0:30 Std.).
Anschließend entfernt sich der Weg vom Albtrauf (Markierung roter Balken, HW 1), führt einige Meter hinunter in eine Senke und mündet in einen Forstweg, auf dem Sie nach rechts bequem zu einem Felssporn des Bergrückens **Zeller Horn** ❷ (0:50 Std.) gelangen, einem herrlichen Aussichtpunkt. Sie blicken auf das Albvorland, auf das dunkle Band des Schwarzwalds im Hintergrund und, besonders interessant, von oben auf die malerisch auf dem kegelförmigen Zoller sitzende Burg Hohenzollern.
Zeller Horn, Hohenzollern und Raichberg liegen im sogenannten Hohenzollerngraben, einem vor rund 30 Millionen Jahren im Zusammenhang mit der Auffaltung der Alpen entstandenen, etwa zehn Kilometer tiefen Bruch in der Erdkruste, der allerdings an der Erdoberfläche nicht sichtbar ist. In solch einer »schwachen« Zone der Erdkruste lösen sich häufig die durch die ständige Bewegung der Kontinentalplatten entstehenden Spannungen in Form von Erdbeben. In den vergangenen 100 Jahren bebte wiederholt die Erde, weshalb die Zollernalb als eines

der aktivsten Bebenzentren Mitteleuropas gilt. Zumeist sind die Erschütterungen nur gering, doch ein Beben im Jahr 1978 richtete erhebliche Schäden an, unter anderem auch an der Burg Hohenzollern. Bei einer Schutzhütte (Markierung roter Balken, »Burg Hohenzollern«) steigen Sie am steilen, bewaldeten Nordhang des Zeller Horns in einigen Kehren ab und folgen auf Höhe einer Rasthütte einem Forstweg nach links. Hier können Sie auf einem rechts abzweigenden Sträßchen das barocke Wallfahrtskirchlein **Mariazell ③ (1:15 Std.)** aufsuchen (geöffnet Mai–Okt.; www.hechingen.de/wallfahrtskirche). Der bequeme Forstweg führt zu einer Wegkreuzung, an der Sie sich links halten zur **Hexenlinde ④ (1:30 Std.)** im Sattel zwischen dem Bergrücken Zeller Horn und dem Zoller. Ein rechts abzweigender Weg steigt am bewaldeten Südhang des Zollers an, kreuzt mehrere Querwege und mündet in ein autofreies Sträßchen, das

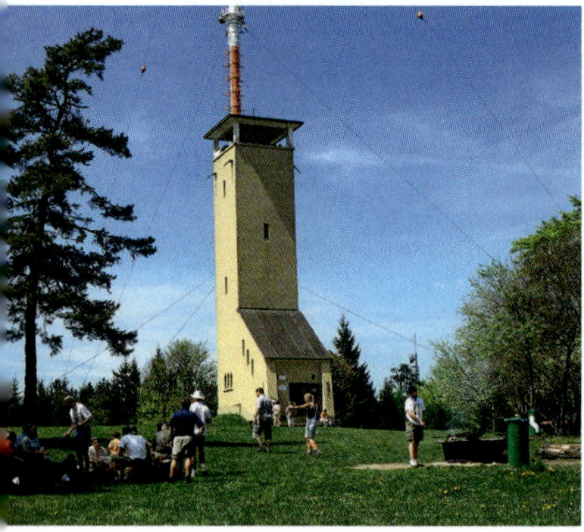

Der Raichbergturm

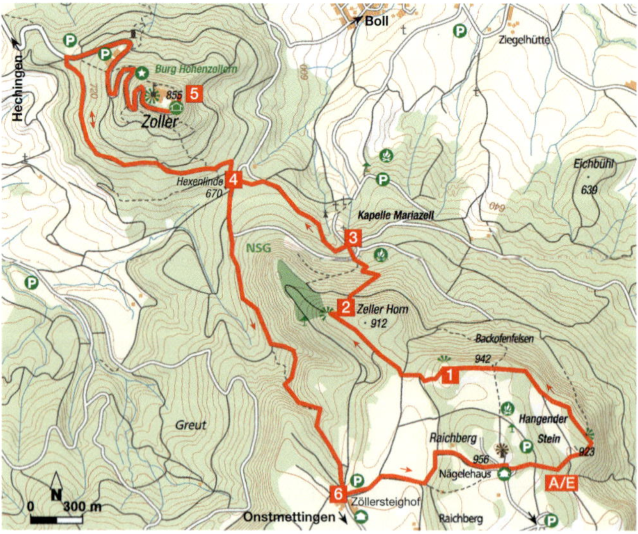

nun steil hinaufführt zur **Burg Hohenzollern** 5 (2:15 Std.). Für Besucher ist die Burg ganzjährig täglich durchgehend geöffnet (März–Okt. 10–17.30 Uhr, im Winter bis 16.30 Uhr; Infos unter www.burg-hohenzollern.com). Im 11. Jh. ist der Zoller urkundlich belegt als befestigter Wohnsitz der Grafen von Zollern, die sich später als Hohenzollern bezeichneten. Die erste Burg wurde 1423 mit Ausnahme der Michaelskapelle, dem ältesten Gebäudeteil der Burg, zerstört und 30 Jahre später wieder aufgebaut. Während im 16. Jh. die gräfliche Hofhaltung in ein Schloss in Hechingen verlegt wurde, blieb die Burg mit kleiner militärischer Besatzung bestehen und wurde Anfang des 17. Jh. mit Bastionen verstärkt. Gegen immer durchschlagskräftigere Geschütze jedoch boten die Burgmauern kaum mehr Schutz, sodass die Burg verlassen und erst Mitte des 19. Jh. nach einem Besuch des preußischen Kronprinzen im romantisierenden neugotischen Stil mit zahlreichen Türmen und Türmchen neu errichtet wurde.

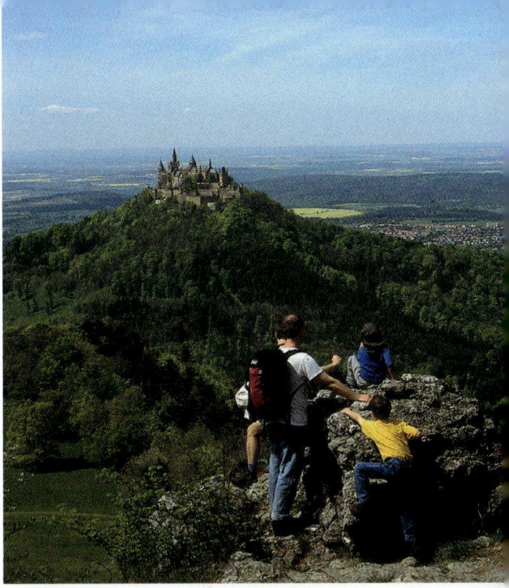

Blick vom Zeller Horn auf Hohenzollern

Auf demselben Weg kehren Sie zur Hexenlinde zurück und folgen einem stetig ansteigenden Weg (Markierung blaues Dreieck, »Zollersteighof«) zum Berghotel **Zollersteighof** 6 (3:30 Std.); www.hotel-restaurant-zollersteighof.de). Nach links führt ein Wirtschaftsweg (Markierung rotes Dreieck) auf den Raichberg-Sendemasten zu.

Nach 250 m biegen Sie rechts ab zum Waldrand und folgen nach links einem Wirtschaftsweg. Kurz darauf halten Sie sich an einer Waldecke rechts auf einen ansteigenden Wiesenweg und erreichen in wenigen Minuten den Parkplatz am **Nägelehaus** E (4:00 Std.).

Wegbeschaffenheit
Forst-, Wald- und Wirtschaftswege, bei Burg Hohenzollern auf Asphalt

Ausgangspunkt
Parkplatz beim Albvereins-Wanderheim Nägelehaus bei Albstadt-Onstmettingen

Anfahrt
Von der B 27 Tübingen–Balingen bei Hechingen abbiegen nach Bisingen, Landstraße nach Onstmettingen und bergauf (Ausschilderung »Nägelehaus/Raichberg«) zum Parkplatz beim Albvereinshaus

33 | 3:00 Std. | 270 hm 270 hm | 9 km

Bei Albstadt-Ebingen

Die Südwestalb mit Hochflächen, die sich in 800 bis 900 m Höhe erstrecken, ist das höchstgelegene Gebiet der Schwäbischen Alb. Hier wurde Viehwirtschaft, vor allem Schafhaltung, betrieben, was im 19. Jahrhundert zur Entstehung zahlreicher Wolle verarbeitender Betriebe führte.

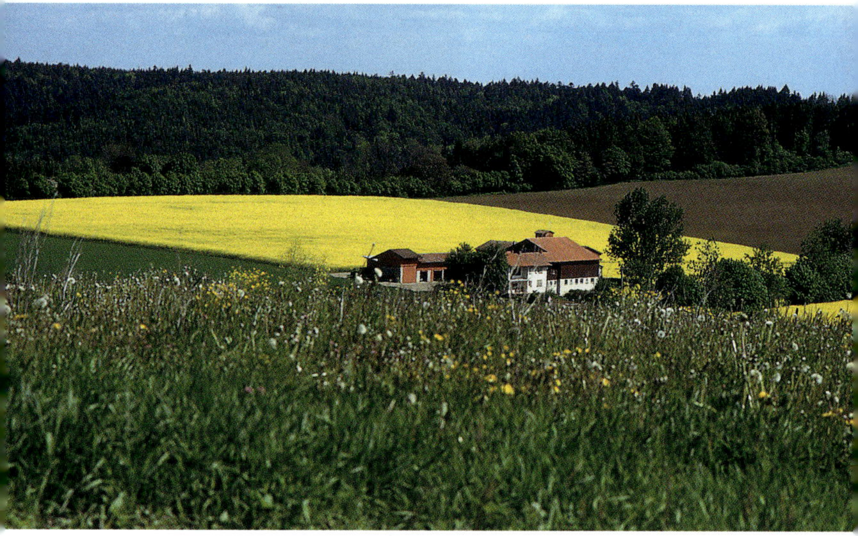

Die Albhochfläche bei Albstadt diente bis ins 19. Jahrhundert auch als Weideland.

Wegbeschaffenheit
Wald- und Wirtschaftswege, kurze Abschnitte auf Straßen
Ausgangspunkt
Höhengaststätte Waldheim, auf der Albhochfläche bei Albstadt-Ebingen
Anfahrt
Von der Landstraße Albstadt-Ebingen in Richtung Bitz/Gammertingen gleich am Ende des Albaufstiegs links abbiegen und 1 km zu den Parkmöglichkeiten beim Waldheim

Der Wegverlauf

Vom Parkplatz bei der Höhengaststätte **Waldheim** A oberhalb von Albstadt-Ebingen (Mo–Sa ab 12 Uhr, So ab 11 Uhr; www.waldheim-ebingen.de) wenden Sie sich nach links und steigen im Wald (Markierung rote Gabel) hinauf zum **Schlossfelsenturm** 1 (0:10 Std.), einem Aussichtsturm mit Blick auf Albstadt-Ebingen und das Flüsschen Schmiecha.

Ein Waldweg (Markierung rote Raute) führt an der Hangkante entlang, durch die Senke des Leizentäle und zur Straße Albstadt-Ebingen–Gammertingen. Sie kreuzen die Straße, steigen am bewaldeten Talhang des Flüsschens Schmeie recht steil an und erreichen entlang der Talkante einen von Albstadt-Ebingen heraufführenden Weg, der nach links (Markierung gelbes Dreieck) zum Restaurant **Fohlenweide** ❷ **(1:15 Std.)** führt (Ruhetage Mo und Do, ansonsten ab 14 Uhr, So ab 11.30 Uhr; www.gasthof-fohlenweide.de). Der Restaurant-Zufahrtstraße folgen Sie in das flache Tiefental und gehen in einem Linksknick der Straße geradeaus bergauf. Nach wenigen Minuten erreichen Sie das am Rand einer ausgedehnten Lichtung stehende, besonders bei Familien mit Kindern beliebte **Haus auf dem Rossberg** ❸ **(1:45 Std.)** (Anfang März–Ende Nov.

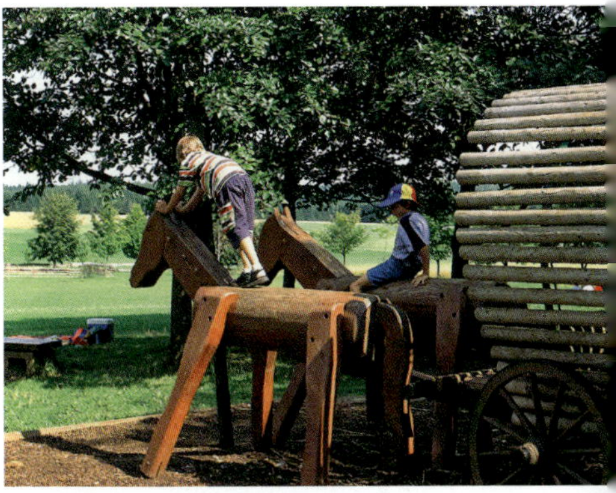

Spielplatz beim Rossberghaus

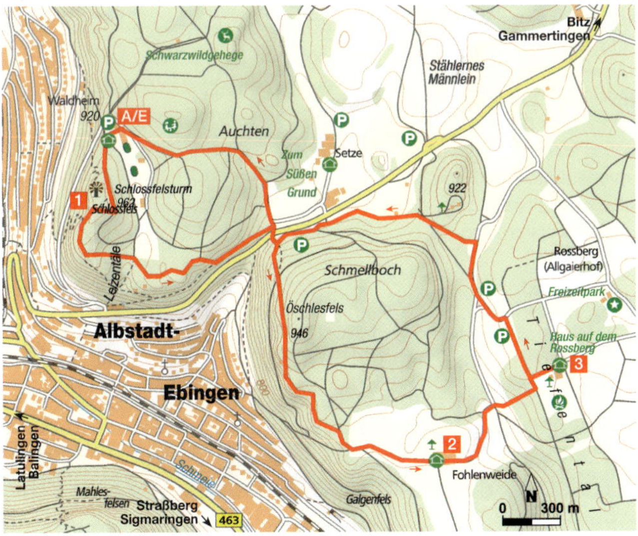

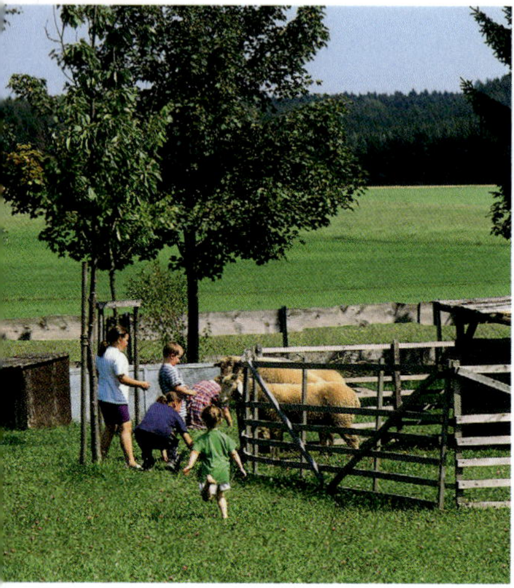

Streicheltiere beim Haus auf dem Rossberg

Streichelzoo & Spielplatz

Ein kurzer Anstieg von der Gaststätte Waldheim führt zu einem Aussichtsturm, ein längerer Anstieg zur Gaststätte Fohlenweide, und bequem geht es zum Haus auf dem Rossberg mit Streichelzoo und schönem Kinderspielplatz. Leider verläuft der Rückweg überwiegend auf Sträßchen, die an Wochenenden stark befahren sind.

Mi und Sa ab 14 Uhr, So ab 11 Uhr; www.rossberg-freizeitverein.de).

Die Albhochfläche bei Albstadt wurde früher vor allem als Weideland genutzt. Eine vergleichsweise kurze Vegetationsperiode aufgrund des kühlen Klimas in der Höhenlage von 800 bis 900 m und der ohnehin karge Boden ließen einen Getreideanbau kaum zu. Infolgedessen betrieben die Bauern vor allem Viehwirtschaft, insbesondere die Schafzucht.

Vom »Haus auf dem Rossberg« kehren Sie 50 m zurück zu einer Wegkreuzung und wenden sich nach rechts (keine Markierung). Sie passieren zwei Parkplätze und folgen nach rechts einem zur Landstraße Albstadt–Ebingen–Gammertingen führenden Sträßchen. Nach 500 m biegen Sie links ab auf den Konstanzer-Rain-Weg (keine Markierung), der im Wald kurzzeitig ansteigt und an der Straße Albstadt-Ebingen–Gammertingen endet. Sie überqueren die Straße, halten sich geradeaus und kehren auf der Zufahrtsstraße der Gaststätte **Waldheim** E (3:00 Std.) zurück zum Ausgangspunkt.

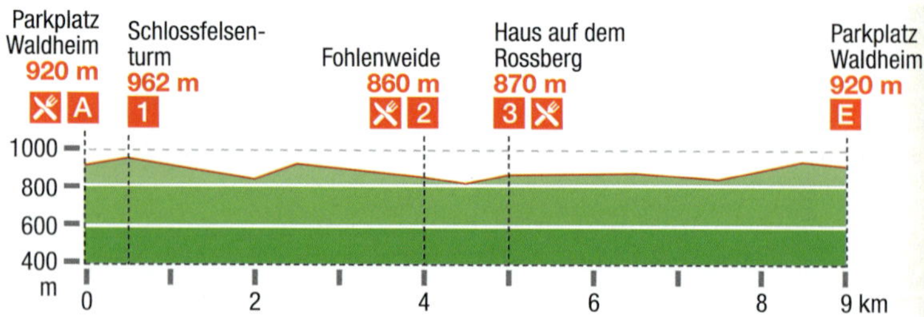

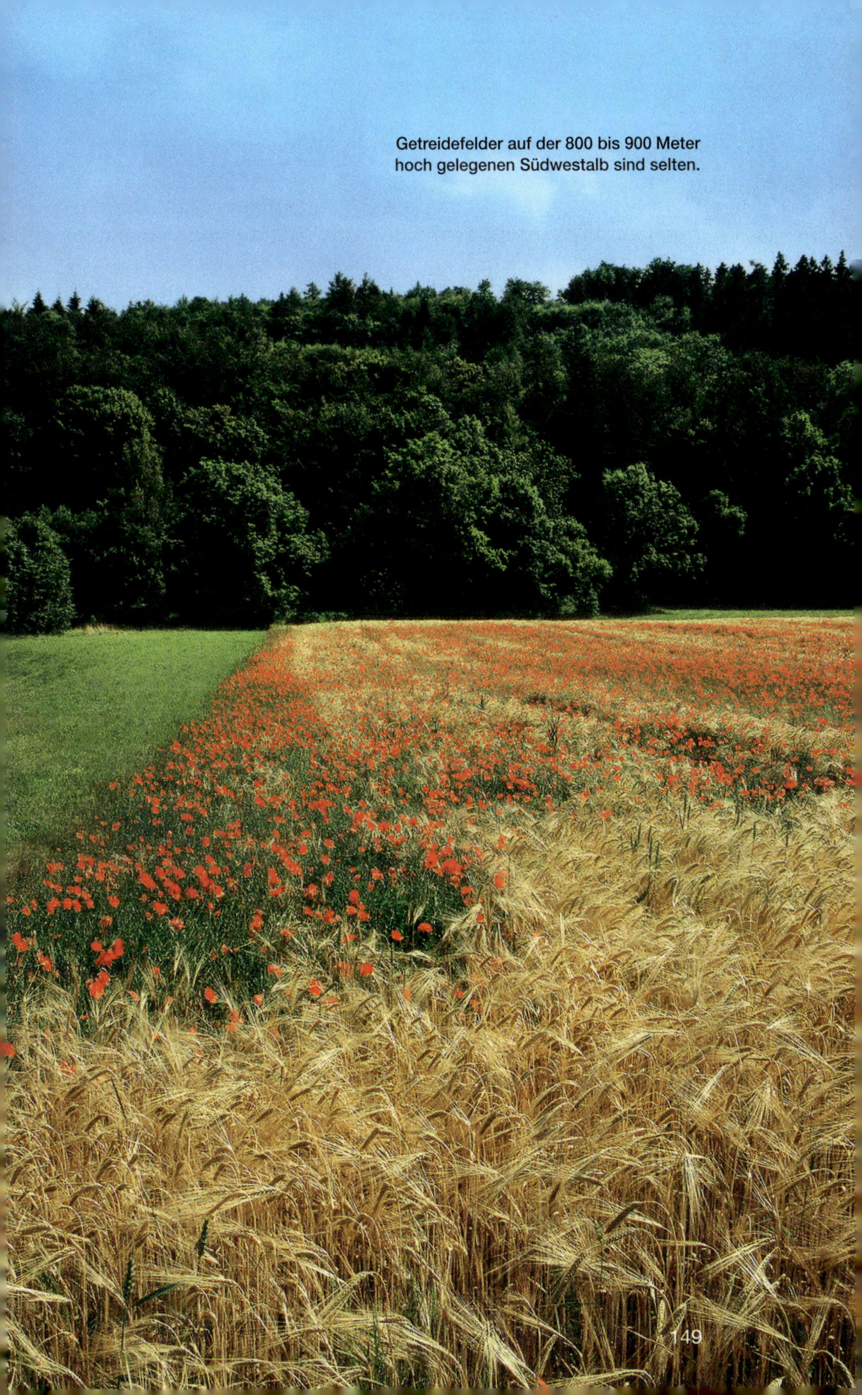

Getreidefelder auf der 800 bis 900 Meter hoch gelegenen Südwestalb sind selten.

34 | 3:00 Std. | 250 hm ↑ 250 hm ↓ | 9,5 km

Zum Böllat nach Burgfelden

Die Wanderung führt aus dem Eyachtal hinauf nach Burgfelden mit romanischer Kirche und zum Felssporn Böllat, einem Aussichtspunkt. Am Talhang erstreckt sich als Folge eines Bergsturzes ein »Felsenmeer« mit bemoosten Felstrümmern, an der Talkante sitzt eine Burgruine.

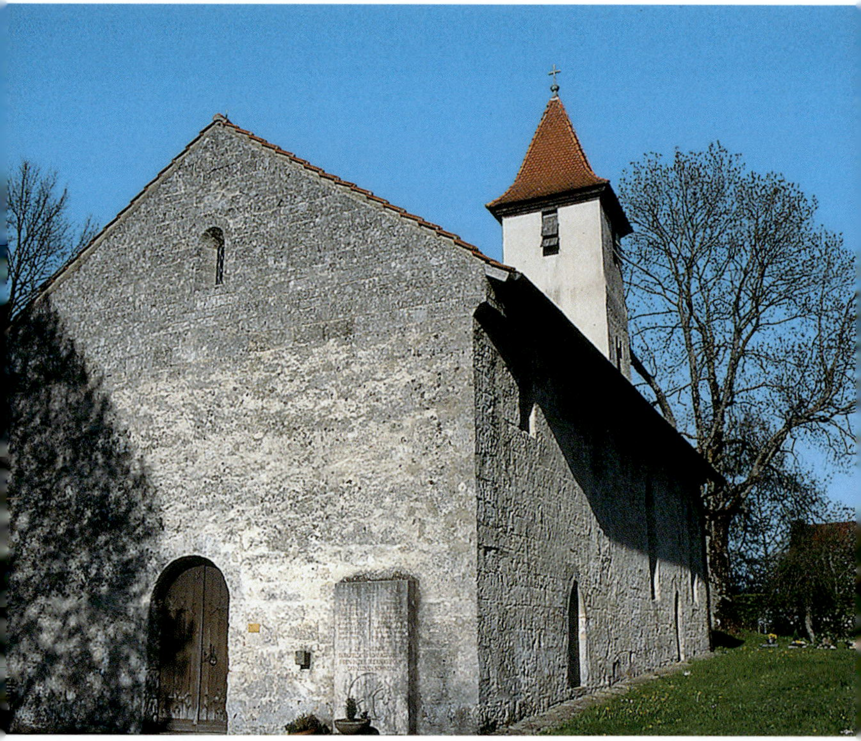

Die romanische Michaelskirche (11. Jh.) in Burgfelden

Der Wegverlauf

Vom **Wanderparkplatz Steinberg** A am Ortsrand von Laufen a. d. Eyach steigen Sie auf einem Forstweg an (Markierung rotes Dreieck, »Burgfelden«; HW 1, HW 3), halten sich nach 100 m an einer Weggabelung rechts (Ausschilderung »Felsenmeer, Heersberg«) und erreichen nach wenigen Minuten eine Wegkreuzung. Nach links (Markierung rote Raute, »Burgfelden«) steigen Sie steil an und gelangen an die Rechtsabzweigung eines Wegs zu einem **Felsenmeer** ❶ (0:45 Std.).

Der Abstecher (hin und zurück 0:15 Std.; Markierung roter Winkel) führt Sie durch ein Gewirr von bemoosten Felstrümmern als Folge eines Bergsturzes. Solche Bergstürze, als Felsenmeere oder »Teufelsküchen« bezeichnet, verkleinern seit Millionen von Jahren die Schwäbische Alb, deren Nordrand einst bei Stuttgart verlief. Der Schwund beträgt zwei Meter in 1000 Jahren. In das rissige Kalkgestein eindringendes und wiederholt gefrierendes Regenwasser spaltet allmählich Felsmassen vom Albrand ab, sodass in Jahrmillionen die Alb völlig verschwunden sein wird.

Der Weg führt vollends hinauf zur Talkante am Heersberg (954 m), und nach links gelangen Sie auf einem Fahrweg und in der Straße Burgweg zur Hauptkreuzung in **Burgfelden** ❷ (1:30 Std.). Mitten im Ort steht die romanische Michaelskirche (den Kirchenschlüssel erhält man bei Herrn R. Mayer, Tel. 07435-555; www.foer-

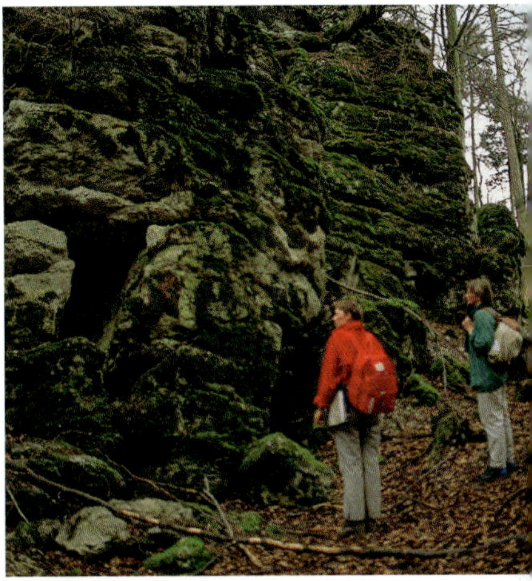

Im Felsenmeer am Heersberg

Wegbeschaffenheit
Forst- und Waldwege, Fußweg, vor und in Burgfelden auf Asphalt
Ausgangspunkt
Albstadt-Laufen an der Eyach, Wanderparkplatz Steinberg am nördlichen Ortsrand
Anfahrt
Bahn: Balingen–Albstadt, Haltestelle »Albstadt-Laufen Ort«. Pkw: B 463 Ri. Albstadt nach Laufen, in den Ort und nach links in der Steinbergstraße zum Ortsrand, 200 m zum Parkplatz

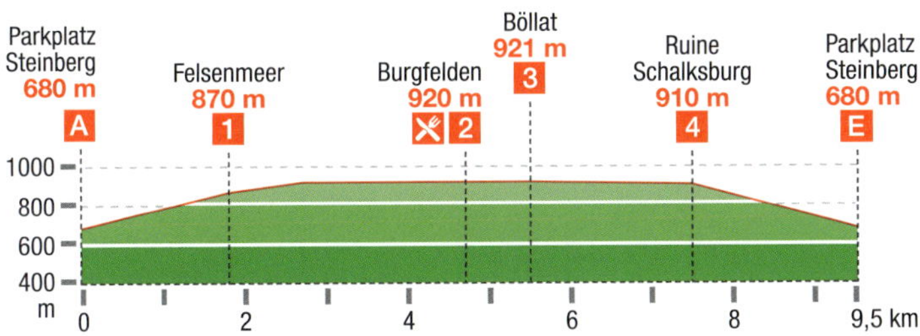

derverein-burgfelden.de). Die schlichte romanische Saalkirche mit Wandmalereien stammt aus der Zeit um das Jahr 1100; die Vorgängerkirche datiert in die erste Hälfte des 8. Jh. und gehört damit zu den frühesten Kirchen in Baden-Württemberg. Da der Erzengel Michael der Schutzheilige der Alamannen war, vermutet man einen alamannischen Adligen als Kirchengründer.

Kirche & Burgruine

Nach einem längeren Anstieg im Wald gelangt man auf der Albhochfläche bequem nach Burgfelden mit einer der ältesten Kirchen im schwäbischen Raum. Erlebenswert sind auch der felsige Aussichtspunkt Böllat und die an der Talkante in Aussichtslage stehende Ruine Schalksburg, die man über einen schmalen, ungefährlichen Grat erreicht.

Zurück an der Hauptkreuzung wenden Sie sich nach rechts (Markierung rotes Dreieck) und gelangen auf einem asphaltierten Fußweg wenig später zum Felssporn **Böllat** 3 (1:45 Std.), einem hervorragenden Aussichtspunkt mit Blick in das Wannental mit dem historischen Gehöft gleichen Namens, auf das Albvorland und bis in den Schwarzwald.

Sie kehren in den Ort zurück und wenden sich nach rechts in die Straße Burgweg. Bei den letzten Häusern führt in einem Linksknick der Straße geradeaus ein Wiesenweg (Markierung rotes Dreieck) zur Hangkante, wo Sie nach rechts absteigen und über einen schmalen, aber ungefährlichen Grat die Burgruine **Schalksburg** 4 (2:30 Std.) erreichen; der einstige Bergfried wurde als Aussichtsturm wieder aufgebaut.

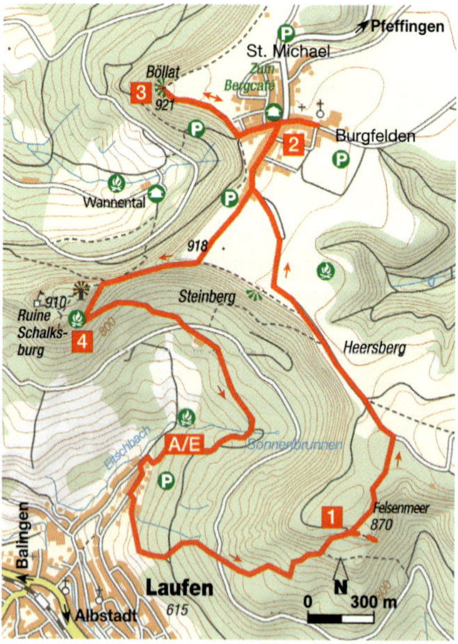

Ein Pfad führt zur westlichen Kante des Felsplateaus, wo eine zweite Burg saß. Sie kehren zur Schalksburg zurück, steigen auf einem rechts abzweigenden Pfad (Markierung rotes Dreieck) ab zu einem stetig fallenden Forstweg und kehren zum **Wanderparkplatz Steinberg** E (3:00 Std.) zurück.

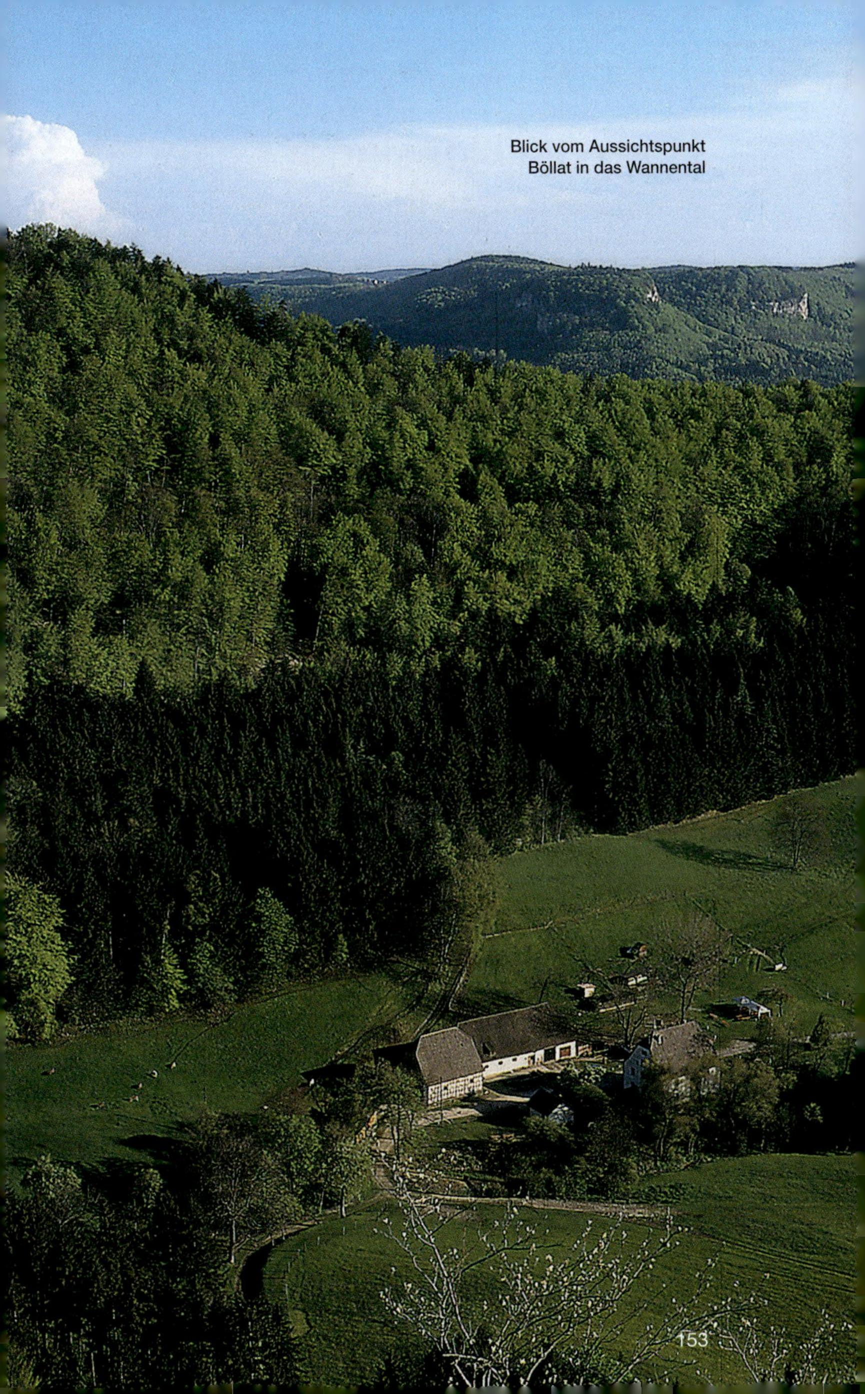

Blick vom Aussichtspunkt
Böllat in das Wannental

35 | 3:45 Std. | ↑ 340 hm ↓ 340 hm | ↔ 11 km

Über die Hossinger Leiter

In vorgeschichtlicher Zeit war der Gräbelesberg ein bevorzugter Siedlungsplatz, denn die im Eyachtal sehr steilen Hänge schützten vor Angriffen. Weniger begeistert waren im 19. Jahrhundert die Einwohner von Hossingen, mussten sie doch über Holzleitern ins Eyachtal absteigen.

Der Wegverlauf

Von Ihrem **Parkplatz** A bei der Bahnhaltestelle Laufen-Ort folgen Sie vom Parkplatz in der Steinstraße zunächst dieser Straße talaufwärts, wenden sich dann nach rechts in die Dobelstraße (Markierung rote Raute) und gleich darauf nach links in die zum Ortsrand ansteigende Ziegelstraße.

Ein breiter Wirtschaftsweg führt am Nordhang des steil aufragenden Gräbelesbergs (915 m) zunächst kurzzeitig zwischen Wiesen, an-

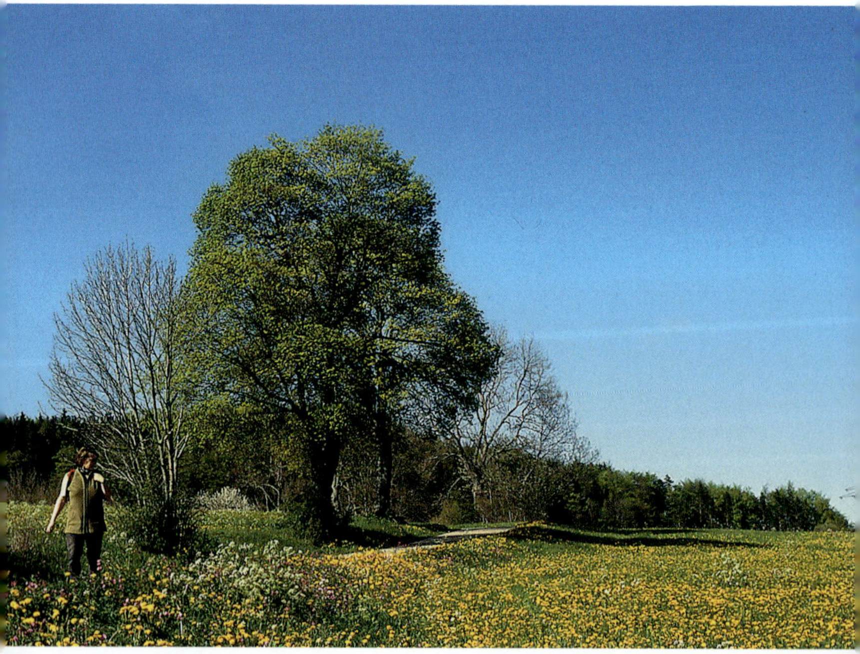

Die Albhochfläche zwischen Hossingen und dem Gräbelesberg

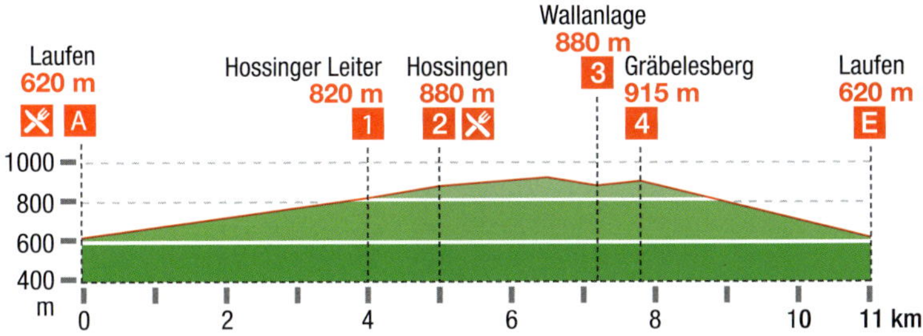

schließend im Wald recht steil bergauf. Nach etwa 300 m im Wald, kurz nach einem alten Steinbruch rechts des Wegs, zweigt ein mit der Markierung rote Raute versehener Waldweg rechts ab. Sie aber bleiben auf dem breiten Forstweg (keine Markierung), der nun recht bequem am Osthang des Gräbelesbergs im Brunnental talaufwärts führt.

Sehenswerte Felsen

Beeindruckend sind der felsige Abschluss des Brunnentals und die Hossinger Leiter, eine gesicherte Metalltreppe in diesem felsigen Talschluss. Nach deren Überwindung gelangt man auf die Hochfläche nach Hossingen und dann leider auf Asphalt zur weit in das Eyachtal vorspringenden Berghalbinsel Gräbelesberg.

Kurz nach einer Linkskehre des nun in Richtung Talausgang umschwenkenden Wegs biegen Sie rechts ab (Markierung rote Raute) auf einen Waldweg, der zu dem von einer Felswand gebildeten Talschluss ansteigt. Entlang der Felswand folgen Sie einem mit einem Geländer gesicherten Weg und erreichen mittels einer Metalltreppe, der sogenannten **Hossinger Leiter** 1 (1:30 Std.), die über eine mehrere Meter hohe Felsstufe hinweghilft, die Talkante.

Solange das kleine Dorf Hossingen nur aus Bauernfamilien bestand, musste man nicht ins Eyachtal absteigen, denn die Felder, Wiesen und Weiden lagen auf der Albhochfläche. War ein Besuch der Kirmes oder eines Krämermarkts in Laufen oder Lautlingen vorgesehen, wählte man für den Abstieg ins Tal einen Weg bei Tieringen beziehungsweise Meßstetten. Diese Situation änderte sich jedoch in der zweiten Hälfte des 19. Jh. mit der Industrialisierung. Im Tal entstanden Arbeitsplätze in Gewerbebetrieben, sodass die Männer morgens auf möglichst kurzem Weg zu ihren Arbeitplätzen gelangen mussten und abends möglichst rasch ins Dorf zurückkehren konnten. Mit Hilfe von zwei fest verzurrten Holzleitern stiegen sie im felsigen Talschluss ab – ein gefährlicher Weg, vor allem im Regen und bei eisigen Temperaturen im Schnee.

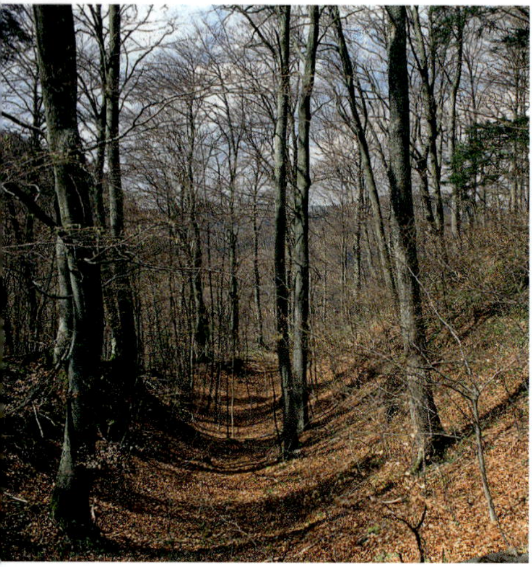

Vorchristliche Wallanlage am Gräbelesberg

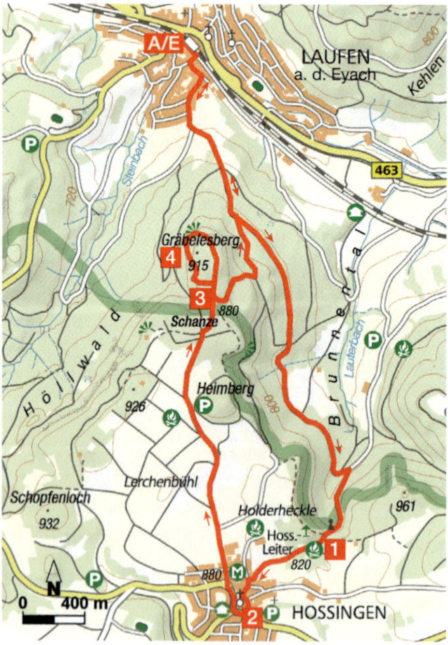

Von der Talkante führen ein ansteigender Wiesenweg und anschließend ein Fahrweg nach **Hossingen** ❷ **(2:00 Std.)**. Der Markierung (rote Raute) folgend, gehen Sie durch das knapp 900 m hoch gelegene Dorf, wenden sich kurz hinter der Kirche nach rechts und biegen von der Ortsdurchfahrt rechts ab (Markierung rote Raute) auf ein Sträßchen.

Zwischen Wiesen gelangen Sie bequem zu einer Grillstelle am Fuß der bewaldeten Kuppe des Heimbergs (943 m) und gehen geradeaus auf den Gräbelesberg zu, der nur noch durch eine etwa 100 m breite Engstelle mit dem Albkörper verbunden ist. Noch vor dieser Engstelle passieren Sie am Waldrand eine erste **Wallanlage** ❸ **(2:45 Std.)** und am schmalen Zugang zur bewaldeten Hochfläche des Gräbelesbergs einen weiteren Wall. Bis zum Ende des Burgenbaus im 16. Jh. – Burgmauern boten kaum mehr Schutz gegen immer durchschlagskräftigere Geschütze – waren schwer zugängliche Orte mit steilen Hängen und einem schmalen, leicht abzuriegelnden Zugang, wie beim Gräbelesberg der Fall, bevorzugte Siedlungsplätze. Die beiden heutigen Wälle sind die erodierten Überreste von Mauern, die vermutlich während der Hallstattzeit (8.–5. Jh. v. Chr,) errichtet wurden. In jenen Jahrhunderten entwickelte sich im Raum Ostfrankreich–Schweiz–Süddeutschland die schriftlose Kultur der Kelten mit gemeinsamer Sprache und Religion, gleichen Bestattungssitten und gleichen künstlerischen Ausdrucksformen. Der keltische Kulturkreis umfasste schließlich auch Spanien, Frankreich (Gallien) und England, den Balkan und Teile der Türkei (Galatien). Um die Zeitenwende verschwanden die Kelten aufgrund der Niederlagen gegen die römischen Legionen des Julius Caesar und durch Verschmelzung mit anderen Völkern aus der Geschichte.

Am zweiten Wall beginnt rechter Hand der Abstieg nach Laufen. Zuvor allerdings lohnt der Weg geradeaus (Markierung roter Winkel) zu einem Aussichtspunkt an der Kante des **Gräbelesbergs** 4 (3:00 Std.). Von hier bieten sich schöne Blicke auf das Eyachtal und mehrere in das Tal vorragende Bergsporne sowie auf die Burgruine Schalksburg am gegenüberliegenden Talhang.

Sie kehren zurück zur Engstelle, steigen nach links (Markierung rote Raute) steil zu dem breiten Wirtschaftsweg ab, auf dem Sie die Tour begonnen haben, und kehren so zu Ihrem **Parkplatz** E (3:45 Std.) in Laufen a. d. Eyach zurück.

Wegbeschaffenheit
Wirtschafts-, Forst- und Waldwege, gesicherter Weg an Felswand und Metallleiter

Ausgangspunkt
Laufen a. d. Eyach, Parken in der Steinstraße bei Bahnhaltestelle »Laufen-Ort«

Anfahrt
Bahn: Linie Balingen–Albstadt, Haltestelle »Albstadt–Laufen-Ort«. Pkw: Von Balingen auf der B 463 Richtung Albstadt, in Laufen von der Durchgangsstraße abbiegen und zur Bahnhaltestelle

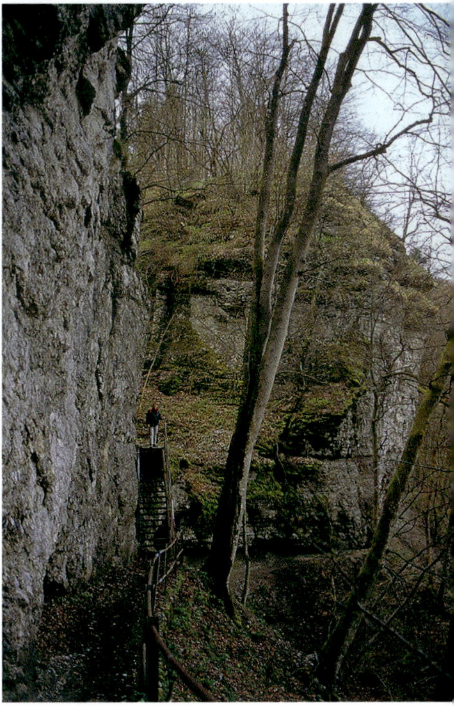

Die heute bequem begehbare Hossinger Leiter an der Felswand, die das Brunnental abschließt

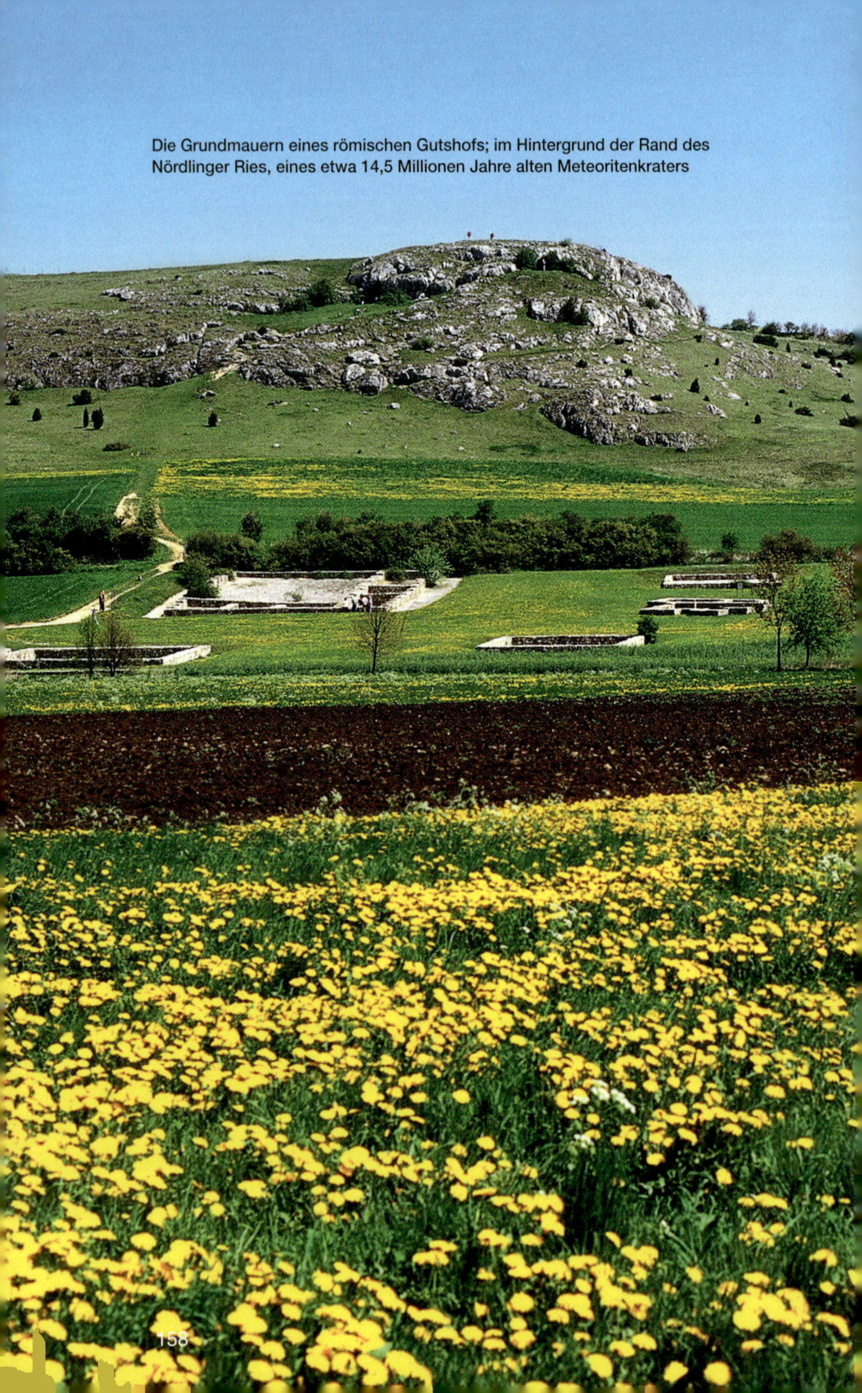

Die Grundmauern eines römischen Gutshofs; im Hintergrund der Rand des Nördlinger Ries, eines etwa 14,5 Millionen Jahre alten Meteoritenkraters

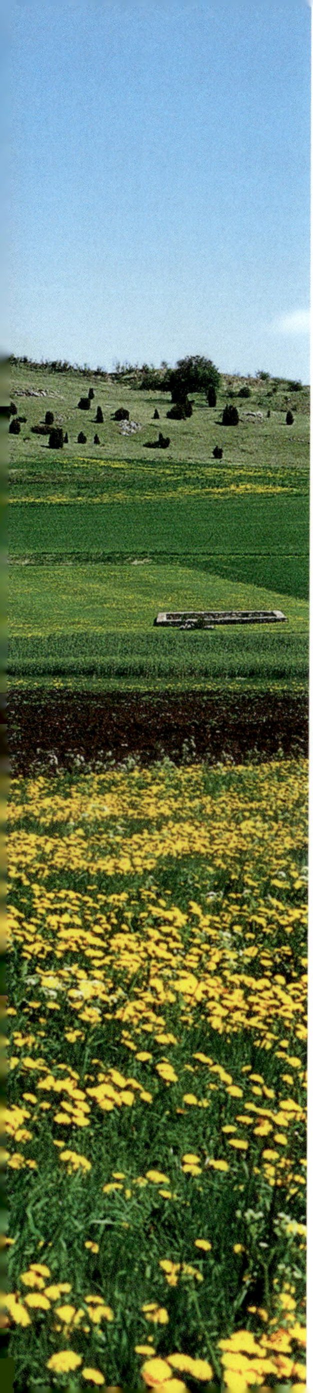

Top 5

Ruhige Touren

Vom Ipf zum Schloss Baldern

Auf dem Ipf und in Schloss Baldern wird man nicht allein sein, wohl aber auf dem Wanderweg. **Tour 1**

Am Rand des Nördlinger Ries'

Wenig begangen ist der Weg zu den Ofnethöhlen und zum Suevit-Steinbruch nahe der Gaststätte Alte Bürg. **Tour 2**

Seeburger Tal

Nur in Seeburg, auf der Ruine Hohenwittlingen und an der Schillerhöhle wird man auf dieser Tour ein paar Wanderern begegnen. **Tour 22**

Fehla- und Laucherttal

Sehr ruhig ist es im autofreien Tal der Fehla, etwas belebter in Hettingen und am Teufelstorfelsen. **Tour 31**

Über die Hossinger Leiter

Der zweistündige Anstieg im Brunnental und über die Hossinger Leiter scheint viele Wanderer abzuschrecken – Einsamkeit garantiert. **Tour 36**

36 3:30 Std. ↑ 350 hm ↓ 350 hm ↔ 10,5 km

Abseits des Trubels

Zum Lochen und Schafberg

Steil steigen die Balinger Berge wie Plettenberg, Schafberg oder Lochenstein aus dem Albvorland beziehungsweise dem Eyachtal bis rund 1000 m Höhe an und bieten hervorragende Ausblicke. Interessant, da selten auf der Alb, ist ein natürlicher Fichtenwald am Schafberg.

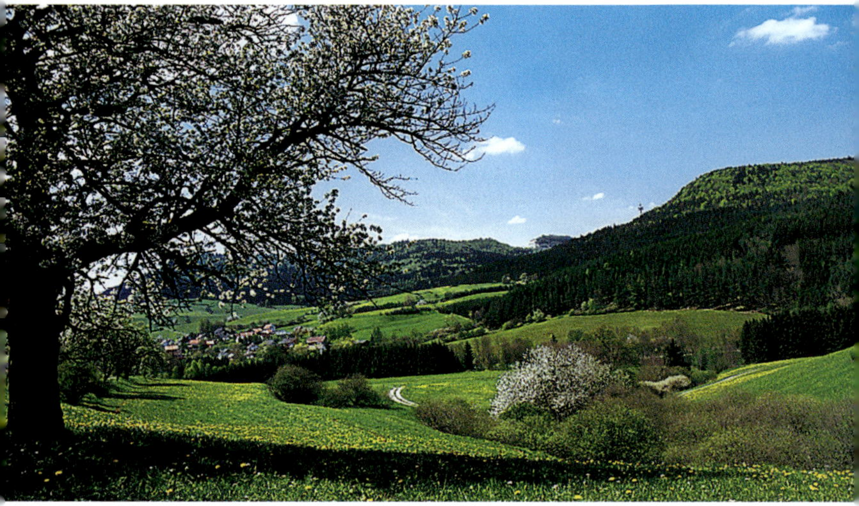

Unterhalb der Balinger Berge liegt im grünen Schlichemtal der Weiler Hausen am Tann.

Der Wegverlauf

Vom Parkplatz am Ortsrand des kleinen, am Flüsschen Schlichem liegenden Dorfs **Hausen am Tann** A gehen Sie zurück in den Ort und folgen der Ortsdurchfahrt geradeaus in Richtung Tieringen. Nach 250 m biegen Sie links ab (Markierung rote Raute) auf ein Sträßchen, das durch einen schmalen Waldstreifen und anschließend zwischen Wiesen leicht ansteigt zum stattlichen, aus mehreren Gebäuden bestehenden und inmitten einer ausgedehnten Lichtung gelegenen Gehöft Oberhausen, einem ehemaligen Rittergut.

Zwischen den Gebäuden steigt ein Wirtschaftsweg weiter an, führt in den Wald und am Fuß der Erhebung Wenzelstein mit den Mauerresten der Burgruine Wenzelstein entlang; vermutlich war diese um das Jahr 1100 erbaute Burg nur etwa 100 Jahre lang bewohnt. In nur noch

leichtem Anstieg gelangen Sie an den Fuß des Lochensteins (963 m), der auch unter der verkürzten Bezeichnung »Lochen« bekannt ist.
Hier, zwischen dem Lochen und dem Schafberg zur Linken, erstreckt sich eine ausgedehnte Wacholderheide, auf der im April und Mai der geschützte Frühlingsenzian blüht. Nach rechts folgen Sie einem Wirtschaftsweg bequem am Fuß des Lochen entlang zum Parkplatz Lochengründle an der Straße über den **Lochenpass 1 (1:45 Std.)**; rechter Hand steht auf der anderen Straßenseite die Jugendherberge Lochen.
Der Einschnitt des Lochenpasses zwischen dem Lochen und der Erhebung Bühlen (953 m) wurde, wie Funde vermuten lassen, schon in vorchristlicher Zeit als Übergang zwischen dem Tal der Eyach im Norden und dem Tal der zur Donau fließenden Bära benutzt, zumal der schwer anzugreifende Lochen vermutlich schon in der Jungsteinzeit (rund 5500–1800 v. Chr.) zumindest zeitweise besiedelt war.
Vom Parkplatz Lochengründle steigen Sie auf einem stellenweise mit Stufen versehenen Pfad (Markierung rotes Dreieck) zunächst zwischen Felsen und anschließend über eine karge Bergwiese am steilen Südhang hinauf zur ausgedehnten, unbewaldeten Gipfelhochfläche des

Ausblicke

Nach dem Anstieg, anfangs leider auf Asphalt, genießen Sie weite Ausblicke vom felsigen Lochen, einem an sonnigen Wochenenden viel besuchten Ausflugsziel, und vom Schafberg, einem der 10 »Tausender« auf der Alb. Sie passieren Wacholderheiden und steigen gegen Ende der Wanderung auf einem gesicherten Pfad steil ab.

Wegbeschaffenheit
Zu Beginn auf Straße, sonst Wirtschafts- und Waldwege beziehungsweise Pfade
Ausgangspunkt
Hausen am Tann; von der Ortsdurchfahrt links abbiegen zum Parkplatz am Ortsrand
Anfahrt
Pkw: Auf der B 27 Tübingen–Rottweil nach Schömberg; im Ort links abbiegen, über Ratshausen nach Hausen am Tann und im Ort in einer Rechtskurve links abbiegen, an Gabelung erneut links

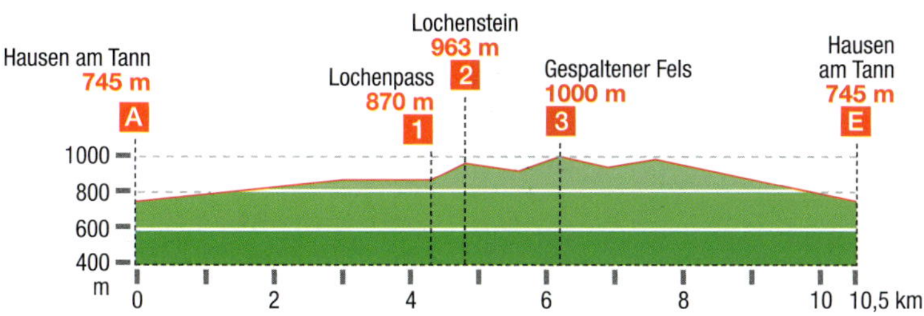

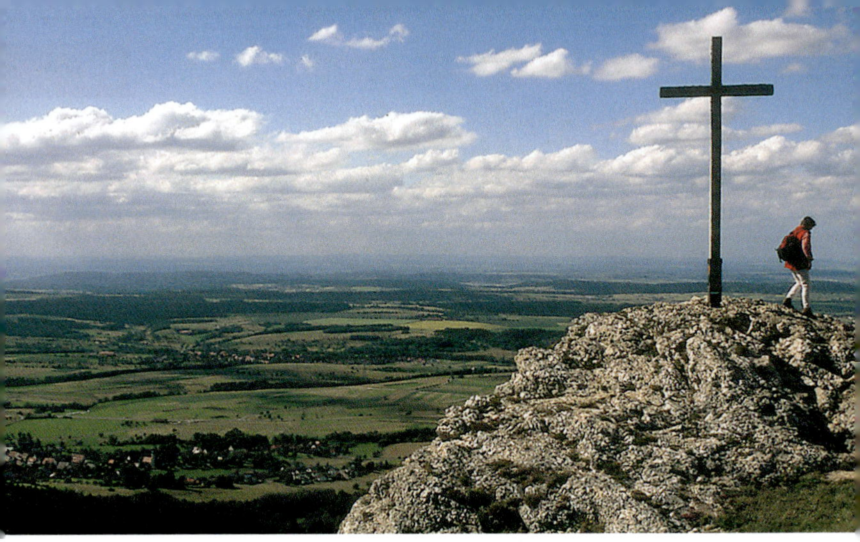

Panorama vom Lochenstein

Lochensteins ❷ (2:00 Std.) mit einem Häuschen, dem höchstgelegenen Wanderheim des Schwäbischen Albvereins (www.tuerme-und-wanderheime-albverein.net). Vom Gipfelkreuz an der felsigen Nordwestkante, einem herrlichen Aussichtspunkt, blicken Sie auf den Nordwestrand der Schwäbischen Alb mit dem Hohenzollern, auf den Schwarzwald und auf die als Baar bezeichnete Region, die sich zwischen Schwarzwald und Alb erstreckt.

Vom Gipfelkreuz steigen Sie entlang der westlichen Steilkante zu dem schon bekannten Weg am Fuß des Lochen ab und halten sich an einer Gabelung bei einem Grillplatz auf der schon erwähnten Wacholderheide rechts. In einem Sattel zwischen Wenzelstein und Schafberg verlassen SIe den Wirtschaftsweg nach rechts auf einem Wiesenweg (Ausschilderung »Gespaltener Fels«), der auf der Scheitelhöhe eines Schafberg-Ausläufers über eine Wacholderheide recht steil hinaufführt zum **Gespaltenen Fels** ❸ (2:30 Std.), dem höchsten Punkt des Schafbergs (1000 m).

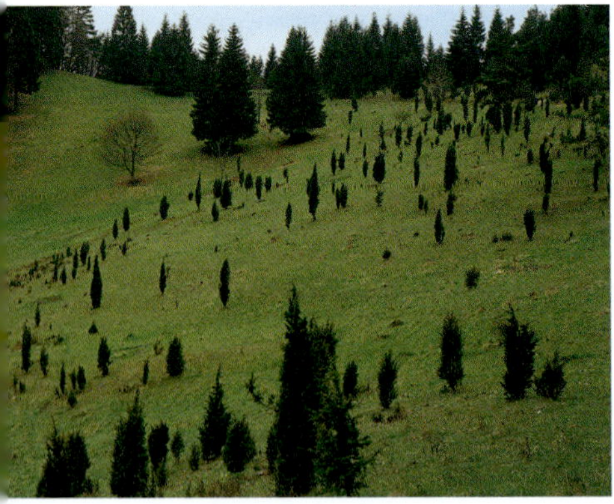

Wacholderheide beim Lochen

Hier ist gut zu sehen, wie der Albrand allmählich zurückweicht: Die Albkante bricht aufgrund von Verwitterungsprozessen ab, und eines Tages werden die durch Verwitterungsprozesse vom Albkörper losgelösten, schon leicht gekippt stehenden Felsen als Bergsturz zu Tal rutschen. Dieser schon seit Jahrmillionen andauernde Prozess sorgt dafür, dass die Alb in weiteren Jahrmillionen gänzlich verschwunden sein wird.

Entlang der nordwestlichen Hangkante des Vorderen Schafbergs gelangen Sie wenig später zum Hohen Fels (996 m), von dem aus Sie den riesigen Steinbruch am Plettenberg sehen; das abgebaute Gestein wird mit einer Materialseilbahn in das Zementwerk Dotternhausen am Fuß der Alb transportiert.

Nach Durchqueren eines Sattels zwischen dem Vorderen und dem Hinteren Schafberg steigt der Weg (Markierung rote Raute) nochmals leicht an zu einem Aussichtsfelsen (987 m), von dem sich ein Blick ins Tal der Schlichem bietet.

Über eine Wacholderheide erreichen Sie die südliche Hangkante und steigen am steilen, bewaldeten Hang in Kehren zum Fuß des Schafbergs ab. An einer Wegkreuzung wenden Sie sich nach rechts (Markierung rote Raute) und kehren nach **Hausen am Tann** E **(3:30 Std.)** und zum Parkplatz am Ortsrand zurück.

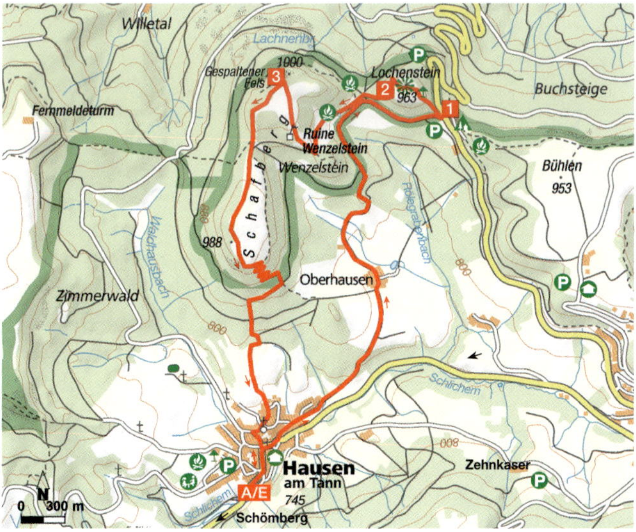

37 | 3:30 Std. | ↑ 290 hm ↓ 290 hm | ↔ 11 km

Auf den Dreifaltigkeitsberg

Die Rundwanderung führt zu einer Wallfahrtskirche in Aussichtslage auf dem Dreifaltigkeitsberg. Dieser wurde in vorchristlicher Zeit als Fliehburg befestigt, im Mittelalter als Standort einer wehrhaften Burg erwählt und seit dem 17. Jahrhundert als Wallfahrtsort geschätzt.

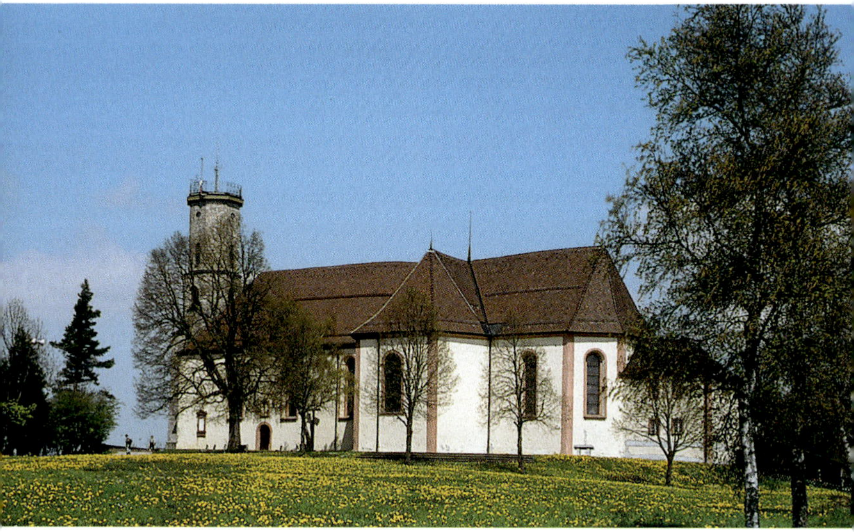

Wallfahrtskirche auf dem Dreifaltigkeitsberg

Der Wegverlauf

Der Dreifaltigkeitsbergstraße in **Spaichingen** A folgen Sie hangaufwärts zum Stadtrand und hier einem rechts abzweigenden Fahrweg (Markierung roter Balken, HW 3) zum Waldrand. Ein schattiger Kreuzweg, der mehrfach die Zufahrtsstraße der Kirche kreuzt beziehungsweise berührt, führt steil hinauf zur **Wallfahrtskirche** 1 **(1:00 Std.)** auf dem Dreifaltigkeitsberg (983 m).

1415 wurde auf dem Gipfel eine erste Steinkapelle mit Altar geweiht und nach der Heiligen Dreieinigkeit benannt. Spaichingen gehörte damals, seit 1381, zu Vorderösterreich, da die Hoheitsrechte in Spaichingen an Herzog Leopold von Österreich verkauft worden waren. Bis 1805, das heißt mehr als 400 Jahre lang, war Spaichingen vorderösterreichisch. In dieser Zeit wurde der Berg zum Wallfahrtsort. Die Kapelle wurde aufgrund der Anzahl der Wallfahrer 1673 ersetzt durch eine Kirche, und fortan hieß der Berg (bis dato Baldenberg genannt) Dreifaltigkeitsberg. Im 18. Jh. wurde die Kirche in spätbarockem Stil erweitert, und rund 100 Jahre später wurde die Decke der Kirche verschönert und ausgeschmückt, unter anderem von Joseph Anton Feuchtmayer. 1923 wurden Grund und Gebäude der Kongregation der »Söhne des unbefleckten Herzens Mariä«, den sogenannten Claretinern, überlassen, die hier ein Missionshaus erbauten (Claretiner widmen sich der Glaubensverbreitung und der Erziehung der Jugend). Neben der Kirche befindet sich die Gaststätte Dreifaltigkeitsberg mit Terrasse (Mi–Sa ab 11 Uhr; So ab 8.30 Uhr; www.spaichingen-clarentiner.de) und von der Hangkante genießen Sie einen herrlichen Ausblick: auf die Baar, den Schwarzwald, auf einige Vulkanschlote im Hegau und die Alpen.

Sie folgen der Straße, passieren einen hohen Wall aus vorchristlicher Zeit und halten sich in einer Linkskehre der Straße geradeaus auf einem schattigen Wirtschaftsweg (Markierung rotes Dreieck). Wenig später führt ein Pfad parallel zum Fahrweg und entlang des Albtraufs zu einem Hotel-Restaurant (Ruhetag Di und Mi; ansonsten ab 11 Uhr; www.hotel-klippeneck.de)

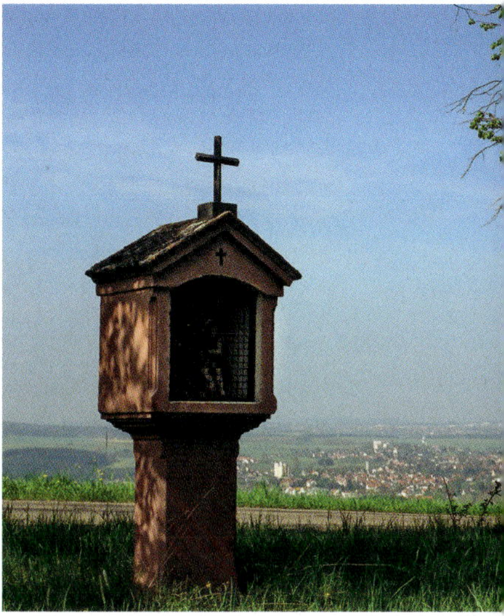

Kreuzwegstation oberhalb von Denklingen

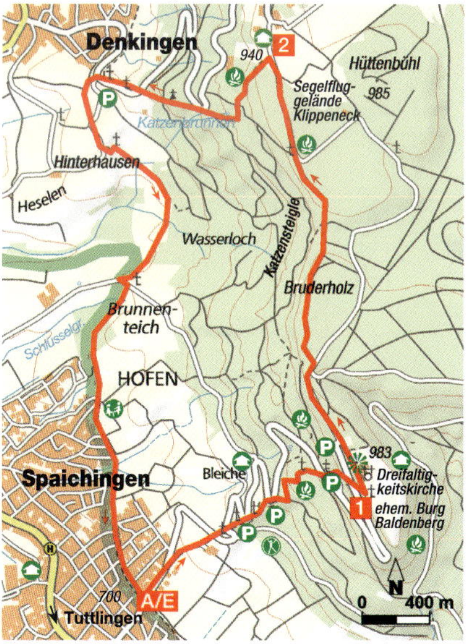

am **Segelfluggelände Klippeneck** ❷ **(1:45 Std.)**. Das Fluggelände Klippeneck ist mit seiner Lage in fast 1000 m Höhe der höchstgelegene Segelflugplatz in Deutschland. Hier fällt die Hochebene der Alb steil nach Westen hin ab. Dadurch entstand eine kilometerlange Hangkante, was wohl den Namen Klippeneck erklärt. Hier wird zwischen Mai und September geflogen und in der ersten Woche der Baden-Württembergischen Sommerferien findet der Internationale Klippeneck-Wettbewerb statt. Wer an einem Flug interessiert ist, kann nach Absprache mit einem der Flieger zum Selbstkostenpreis mitfliegen, etwa im Motorflugzeug Porsche-Remorquer, in Motorseglern und Segelflugzeugen.
Sie kehren zum Waldrand zurück und steigen erst auf einem Waldweg (Markierung blaues Dreieck), dann auf einem Kreuzweg steil ab. Am Waldrand passieren Sie ein Schützenhaus (Ruhetage Sa und So) und erreichen kurz vor dem Ortsrand von Denkingen einen links der Straße angelegten Parkplatz.
Vom Parkplatz führt ein Pfad in Treppenstufen zu einem tiefer am Hang verlaufenden Fahrweg (Markierung blaue Gabel), dem Sie nach links folgen. Bei diesem schattenlosen, aber recht bequemen Weg, dem Denkinger Dammweg, handelt es sich um die rund 18 km lange Trasse der Heubergbahn, die zwischen 1928 und 1966 hier verkehrte. Sie verband die Heuberggemeinden Denkingen, Gosheim, Wehingen, Harras und Reichenbach mit Spaichingen und sollte die industrielle Entwicklung der Region ankurbeln. Doch die Baukosten erhöhten sich aufgrund bautechnischer Probleme: Nur mithilfe dreier Brücken und einem Tunnel konnte der steile Anstieg am Albtrauf

Gut besuchter Berg

Wenn Sie Ruhe suchen, sollten Sie an schönen Sommerwochenenden den Dreifaltigkeitsberg meiden, so abwechslungsreich die Tour auch ist mit einem Kreuzweg beim An- und Abstieg und einer Wallfahrtskirche, mit weiten Ausblicken von der Talkante, einem Segelfluggelände mit regem Flugbetrieb und mit zwei gut besuchten Gasthäusern.

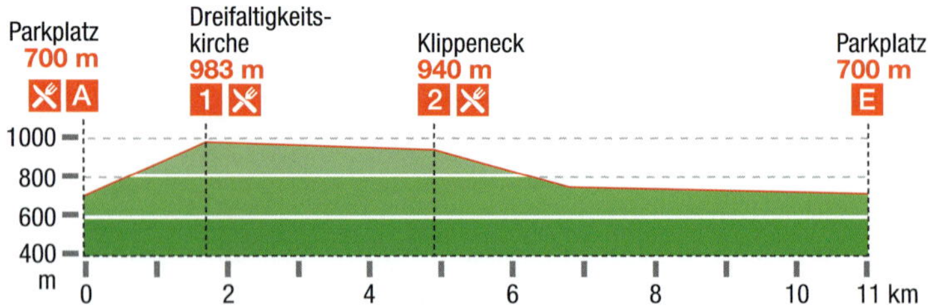

37

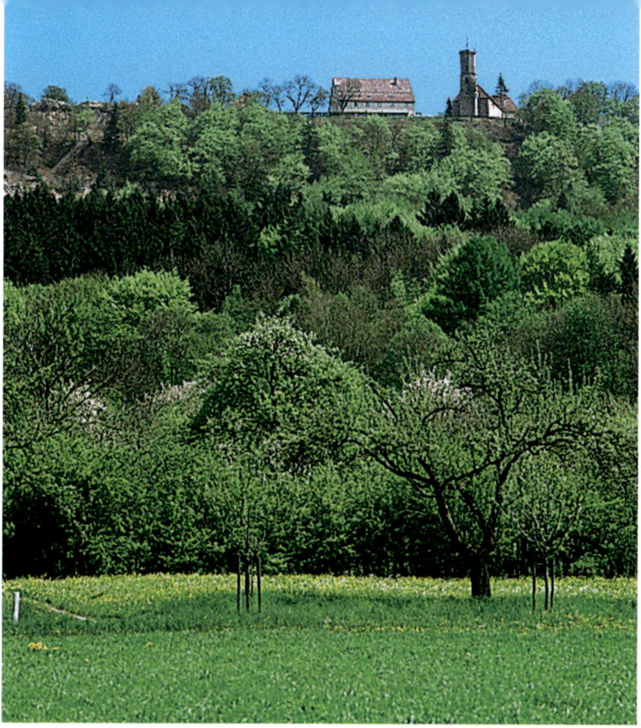

Von Weitem sichtbar ist die Wallfahrtskirche auf der Hochfläche des Dreifaltigkeitsbergs.

überwunden werden. »Millionenloch« wird deshalb ein Teilstück der Strecke im Volksmund genannt. 1966 wurde die Heubergbahn bereits wieder stillgelegt, sie rentierte sich nicht. Die Gleise wurden abgebaut und die Trasse zu einem Rad- und Wanderweg ausgebaut, der eine herrliche Aussicht über die Baar bis zum Schwarzwald bietet. Von der ehemaligen Bahnstrecke blieben zwei Viadukte, mehrere Pfeiler und der Autunnel erhalten.

Zwischen Wiesen und Feldern, vorbei an zwei Grillstellen, gelangen Sie bequem wieder nach Spaichingen. Geradeaus gehen Sie am Stadtrand entlang, stoßen auf die Heubergstraße und folgen ihr zur Dreifaltigkeitsbergstraße, Ihrem **Ausgangspunkt** E (3:30 Std.).

Wegbeschaffenheit

Wald- und Forst- beziehungsweise Wirtschaftswege, zweimal kurz auf Asphalt

Ausgangspunkt

Spaichingen, Parken in der Dreifaltigkeitsbergstraße

Anfahrt

Bahn: Spaichingen ist Station an der Bahnlinie Stuttgart–Singen. Pkw: A 81 Stuttgart–Singen, Ausfahrt Rottweil; B 14 nach Spaichingen, in der Stadt links in die Dreifaltigkeitsbergstraße

38 | 3:30 Std. | 200 hm 200 hm | 11 km

Das Donau-Durchbruchstal

Bei Fridingen beginnt das Durchbruchstal der Donau: Diese fraß sich durch die Gesteinsschichten der Schwäbischen Alb und windet sich heute durch ein enges, steilwandiges und streckenweise felsiges Tal. An einer Versickerungsstelle kann man den Fluss auf Trittsteinen überqueren.

Der Wegverlauf

Von der Kirche in **Fridingen an der Donau** A (Markierungen gelbes Dreieck, dann rote Gabel) steigen Sie hoch zum Laibfelsen, der einen schönen Ausblick bietet auf das Donautal und die beeindruckende Felsformation des Stiegelesfelsens.

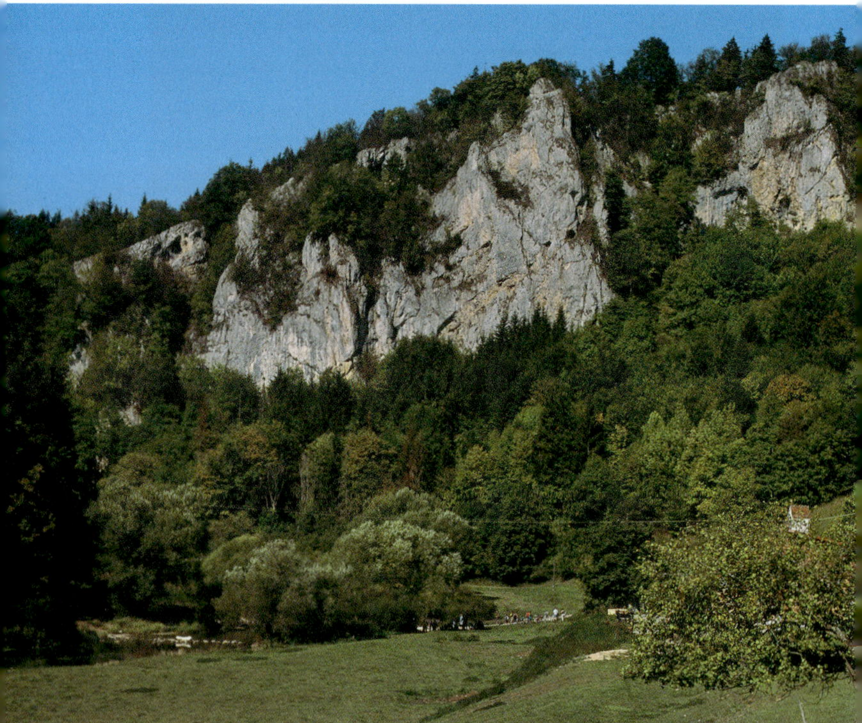

Fahr- und Wanderweg zum Jägerhaus im Donautal

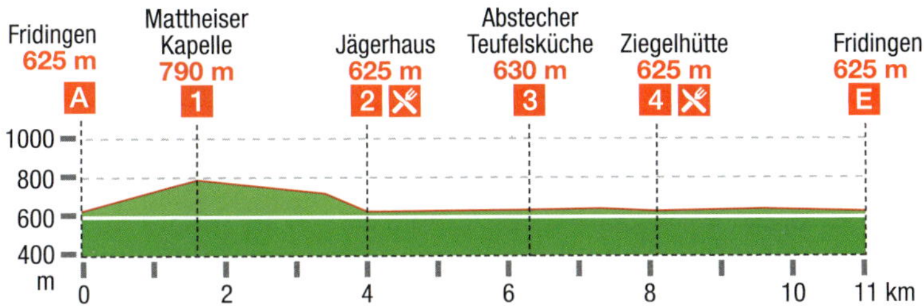

Entlang der Hangkante des Donautals gelangen Sie zur **Mattheiser Kapelle** ① (0:45 Std.), die 1921 zur Erinnerung an Gefallene des Ersten Weltkriegs erbaut wurde. Wenig später erreichen Sie den Kopf des Stiegelesfelsens (778 m), ein Naturschutzgebiet, wo im Felsen gefährdete Pflanzen wachsen und Gämsen leben – der Fels darf deshalb nicht betreten werden.

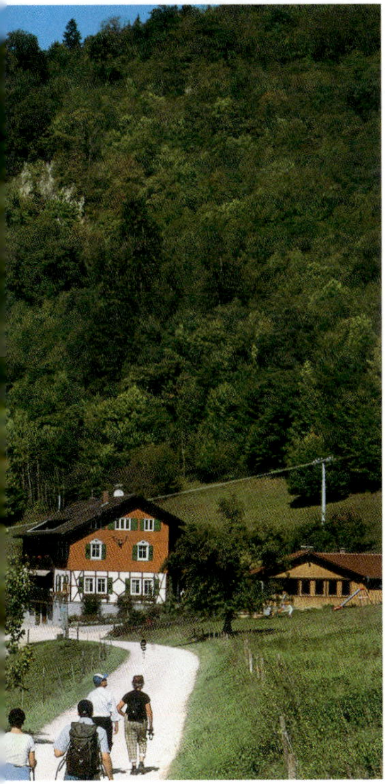

Kurz darauf halten Sie sich in einer Waldecke geradeaus (Markierung rote Gabel). Bequem verläuft der Weg auf einem schmalen Bergrücken und führt recht steil hinunter zur Donau. Im Sommer bereitet es normalerweise kein Problem, auf großen Trittsteinen trockenen Fußes die Donau zu überqueren beziehungsweise den hier sehr flachen Fluss zu durchwaten. Zur Zeit der Schneeschmelze oder nach kräftigen Niederschlägen jedoch

Viele Radler

Probleme bereiten können die Parkplatzsuche in Fridingen und der an sonnigen Wochenenden rege Radlerverkehr auf dem Weg entlang der Donau. Ansonsten erleben Sie eine schöne Tour mit Blick vom Laibfelsen auf die Donau und einer außergewöhnlichen Donaufurt, mit einer Donauversickerungsstelle und zwei Einkehrmöglichkeiten.

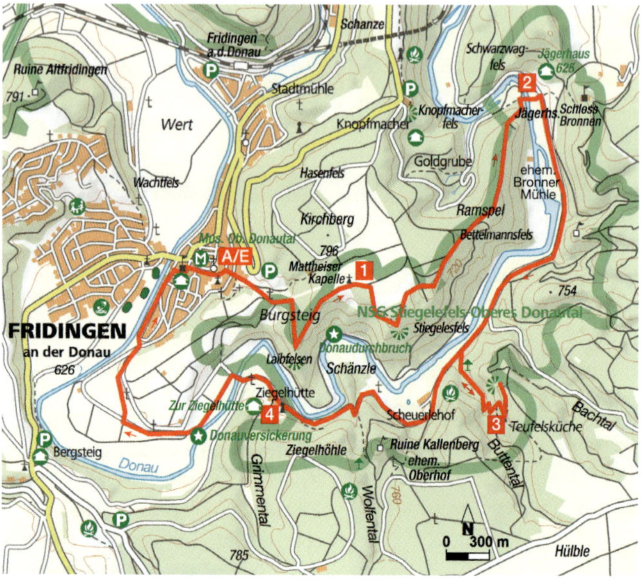

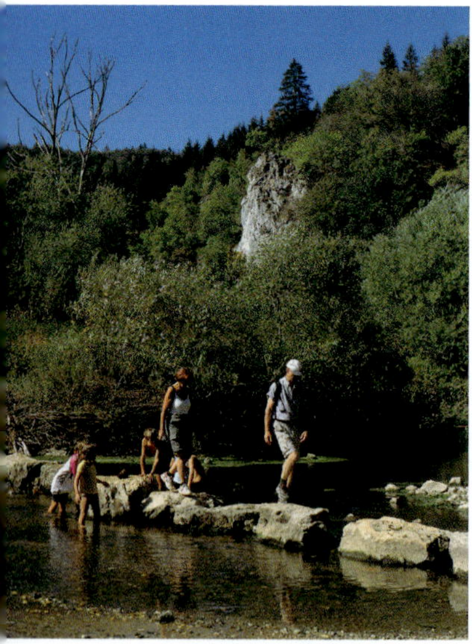

Trittsteine in der Donau

empfiehlt es sich, den Steg zu benutzen. Für Kinder ist diese Donau-Flachstelle ideal zum Planschen.

Am anderen Flussufer liegt die **Gaststätte Jägerhaus** ❷ (1:30 Std.) mit Biergarten (Kiosk Mi–So 11.30 Uhr, Restaurant Mi/Fr/Sa ab 18 Uhr; www.jaegerhaus.de), in deren Umgebung Zeburinder auffallen. Vom Jägerhaus folgen Sie einem geschotterten Fahrweg talaufwärts (Markierung rotes Dreieck). Achtung: Zwar ist der Fahrweg an den Wochenenden für Autos gesperrt, aber hier sind zahlreiche Radfahrer unterwegs! Sie passieren den einstigen Standort der Bronner Mühle und nach weiteren 1,5 km ist nach links ein kurzer Abstecher möglich zum Felslabyrinth **Teufelsküche** ❸ (2:15 Std.).

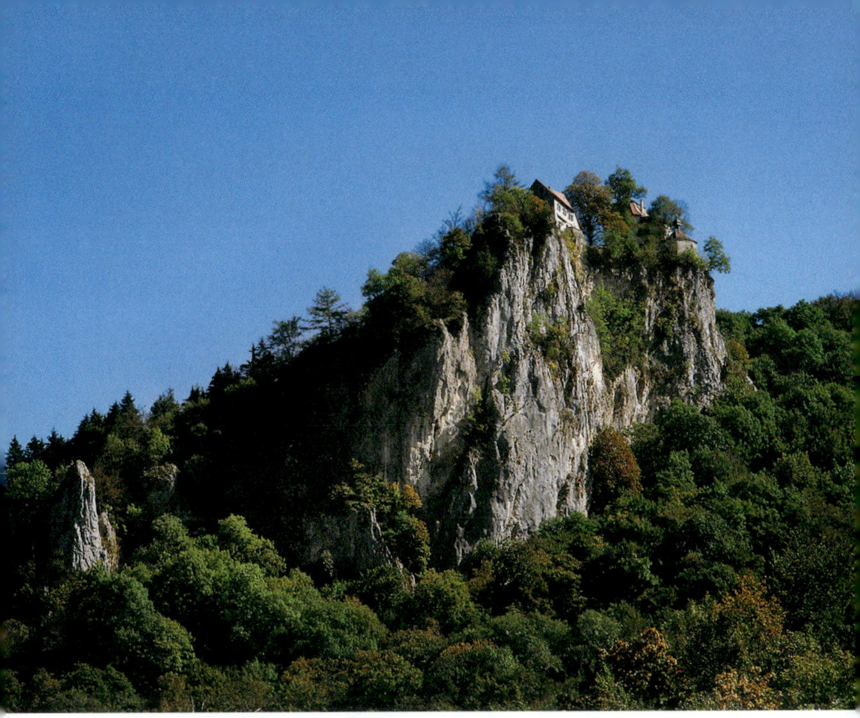

Das oberhalb der Gaststätte Jägerhaus sitzende Schloss Bronnen

Vorbei am Gehöft Scheuerlehof erreichen Sie den **Hof Ziegelhütte** **4** **(2:30 Std.)**, eine Vesperwirtschaft (Ostern–Okt. 9–21 Uhr; Nov. bis Ostern, 10–18 Uhr; www.ziegelhuette.de).

Kurz darauf überqueren Sie auf dem nun asphaltierten Fahrweg die Donau und wenden sich nach links (Markierung gelbe Raute). Nach wenigen Hundert Metern ist an einer Versickerungsstelle zu beobachten, wie ein Teil des Donauwassers verschwindet – im 20 km südlich gelegenen Aachtopf tritt das Wasser dann wieder aus.

Etwa 200 m nach einer kleinen Mariengrotte biegen Sie rechts ab (Markierung gelbe Raute), erreichen Fridingen und wenden sich in der Ortsmitte nach rechts zur Kirche, Ihrem **Ausgangspunkt** **E** **(3:30 Std.)**.

Wegbeschaffenheit

Waldwege, Wirtschaftsweg (Mo–Sa mit Autoverkehr), zuletzt auf Straße

Ausgangspunkt

Fridingen a. d. Donau, Parkplatz bei Rathaus/Kirche

Anfahrt

Bahn: Tuttlingen–Sigmaringen, Mai–Mitte Okt. auch »Naturpark-Express«; Bus: Tuttlingen–Sigmaringen, in Fridingen Haltestelle »Bären«. Pkw: Landstraße Tuttlingen–Sigmaringen nach Fridingen

39 3:00 Std. 200 hm 200 hm 9,8 km

Zur Burg Wildenstein

Auf der Rundwanderung, die nahezu durchgehend in Waldgebieten verläuft, führt ein steiler Anstieg vom Kloster Beuron im Donautal hinauf zur Talkante und vorbei an herrlichen Aussichtsfelsen zur vollständig erhaltenen Burg Wildenstein.

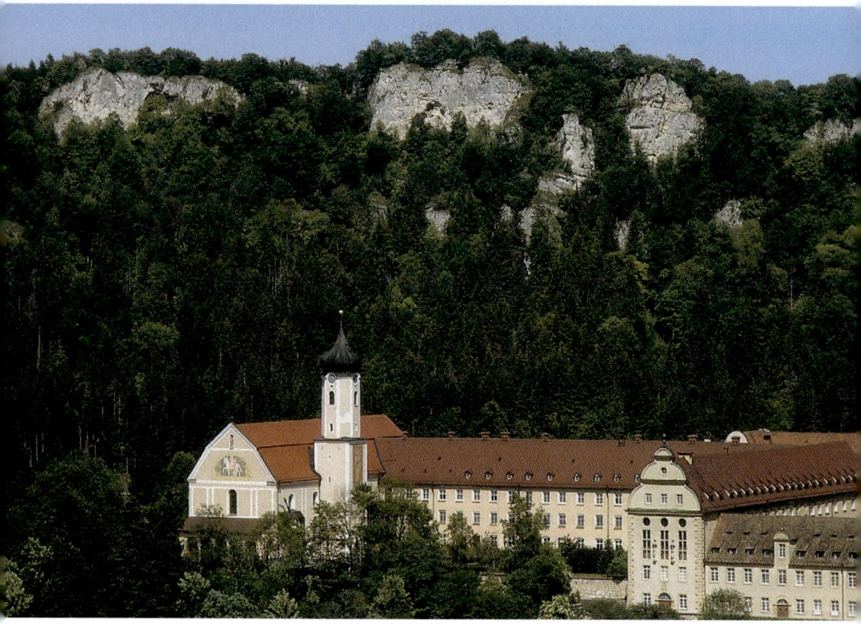

Das Benediktinerkloster Beuron

Der Wegverlauf

Start der Wanderung ist am **Kloster Beuron** A (www.erzabtei-beuron.de), dessen Kirche einen Besuch lohnt. Urkundlich belegt ist das Benediktinerkloster Beuron für das 11. Jh., sein heutiges Aussehen jedoch erhielt es nach der Zerstörung im 17. Jh. Anfang des 19. Jh. wurde das Kloster aufgelöst, aber schon wenige Jahrzehnte später zogen wieder Mönche ein. Deren Leben wird bestimmt von »ora et labora«, von Gebet und Arbeit: Neben den täglichen Gottesdiensten steht gleichwertig die Arbeit in der Landwirtschaft, in verschiedenen Handwerkszweigen und in der Bibelforschung, in der Publikation von Büchern zu religiöser Kunst und theologischen Fragen. Die Klosterkirche ist ganzjährig von 5–20 Uhr geöffnet und kann außerhalb der Gottesdienstzeiten besichtigt werden; auch Führungen können vereinbart werden (Tel. 07466/17-0). Da eine Führung durch das Kloster nicht möglich ist, besteht für interessierte Gruppen die Möglichkeit, sich nach vorheriger Terminvereinbarung mit dem Gästepater ein 25-minütiges Tonbild zeigen zu lassen, das einen Einblick in das Leben der Mönche gibt.

Anziehungspunkte

Der kleine Ort Beuron mit seinem Kloster – vor allem mit der Kirche und einem Klosterladen – sowie die völlig intakte Burg Wildenstein mit Burgschänke, Spielplatz und Grillstelle locken bei entsprechendem Wetter zahlreiche Besucher an. Der Wanderweg von Beuron zur Burg und der Rückweg dagegen sind angenehm ruhig.

Vom Parkplatz vor dem Kloster Beuron folgen Sie der ansteigenden Ortsdurchfahrt, überqueren eine Eisenbahnbrücke und biegen nach 25 m links ab auf einen Kreuzweg (rotes Dreieck, »Wildenstein«). Der breite Weg führt am bewaldeten Talhang bergauf, und wenig später steigen Sie an einer Weggabelung geradeaus steil an (rotes Dreieck). Nach etwa 70 m können Sie wählen: entweder geradeaus auf einem breiten Forstweg (rotes Dreieck) auf direktem Weg zur Hangkante oder aber scharf rechts abbiegen und auf einem schmalen Waldweg (rote Raute) zur Hangkante ansteigen. Kurzweiliger ist der rechts abzweigende Waldweg, denn er führt über den felsiger werdenden Hang zu einem mit einem Geländer gesicherten Felsabsatz, von dem aus man das auf einem massigen Felsklotz thronende Schloss Bronnen sehen kann. Entlang der Scheitelhöhe des Bergsporns – Vorsicht: Wenige Meter rechts des Wegs verbirgt sich hinter dem felsigen Grat des Bergsporns ein Steilabfall! – erreichen Sie die Hangkante, wo sich der **ehemalige Steighof** ❶ (0:45 Std.) befand.

Bequem gelangen Sie entlang der Talkante (Markierung rotes Dreieck), vorbei an mehreren Zugängen zu Aussichtsfelsen, zu einem Forstweg, der an den Rand einer ausgedehnten Lichtung und zu einem Parkplatz führt. Nach links erreichen Sie wenig später die beein-

Wegbeschaffenheit

Im Ort auf Straße, ansonsten Wald- und Forstwege

Ausgangspunkt

Kloster Beuron im Donautal

Anfahrt

Bahn: »Naturpark-Express« Sigmaringen–Immendingen, 1. Mai–Mitte Okt. Sa, So, feiertags (www.naturpark-obere-donau.de). Pkw: Von Tuttlingen bzw. Sigmaringen nach Beuron; Parkplatz am Kloster

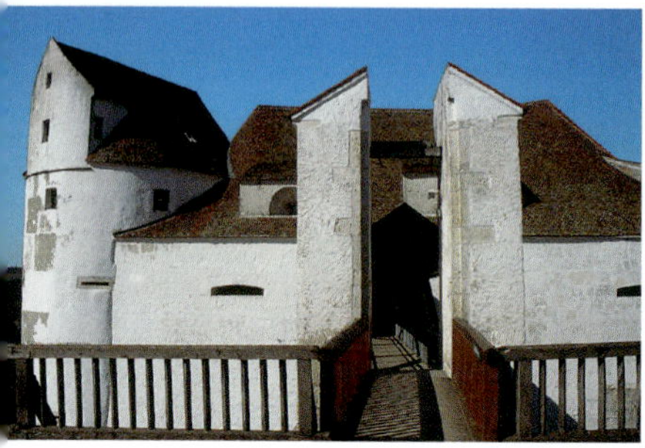

In der Burg Wildenstein führt ein Steg anstelle der ursprünglichen Zugbrücke aus der Vorburg in die Kernburg.

druckend gut erhaltene **Burg Wildenstein** ❷ (1:45 Std.), die, weithin sichtbar, auf einem mächtigen Felsklotz 200 m über dem Donautal steht.

Wildenstein, im 13. Jh. vermutlich durch die letzten Herren von Wildenstein erbaut, gehört zu den am besten erhaltenen Burgen Südwestdeutschlands, denn während die meisten mittelalterlichen Burgen im 16. Jh. verlassen oder in komfortable Schlösser umgebaut wurden – gegen durchschlagskräftige Geschütze bot eine Burg keinen Schutz mehr –, verstärkte man Wildenstein mit Bastionen zu einer Festung. Zwischen 1520 und 1550 ließ der damalige Burgherr Gottfried Werner von Zimmern die Burg zur Festung ausbauen, die über Jahrhunderte als Zufluchtsort und wehrhafte Verteidigungsanlage für die Umgebung diente, unter anderem während der Zeit der Bauernaufstände und während des Schmalkaldischen Krieges (1546/47). 1594 starben die Herren von Zimmern im Mannesstamme aus, und die Burg fiel an die Grafen von Helfenstein-Gundelfingen. 1971 wurde die Burg an das Jugendherbergswerk Schwaben verkauft.

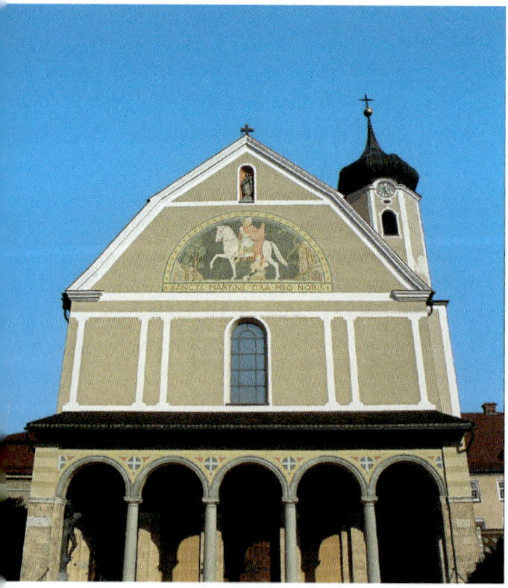

Giebelfront der Klosterkirche

Über den äußeren Burggraben betritt man durch eine Zwingermauer – sie schützte vor feindlichem Beschuss aus geringer Entfernung – die Vorburg. Ein Steg, der eine Zugbrücke ersetzt, führt über den inneren, schluchtartigen Graben durch einen tunnelartigen Gang in den Innenhof der Burg. Vor der Burg wurde ein Grillplatz angelegt, in der Burg sind eine Jugendherberge und eine Burgschenke untergebracht. Der Burghof und die Burgschenke sind für jedermann frei zugänglich (Burgschenke

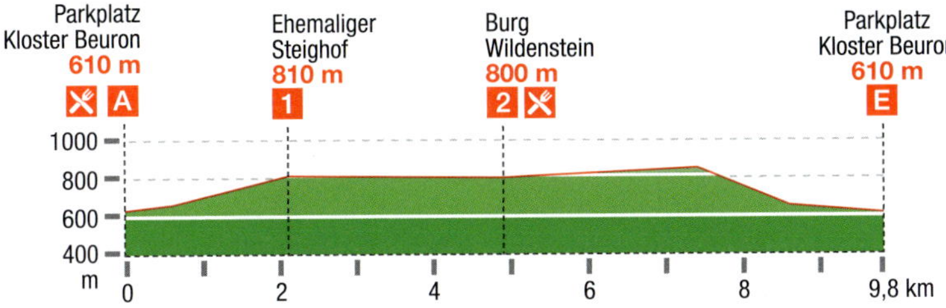

Ostern–Okt. täglich außer Mo von 11–17 Uhr geöffnet; in Schulferien auch Mo; www.messkirch.de/tourismus/gaesteservice).

Von der Burg Wildenstein kehren Sie zum Parkplatz und in den Wald zurück (rotes Dreieck), halten sich nach 100 m an einer Weggabelung rechts bergab (rote Gabel, »Beuron«) und folgen in einer Rechtskehre dieses Forstwegs einem Waldweg geradeaus (rote Gabel).

Kurz oberhalb der Talsohle wenden Sie sich auf einem Querweg nach links (rote Gabel). Dieser Weg ist dem Talweg vorzuziehen, denn hier sind keine Radfahrer unterwegs. Nach leichtem Auf und Ab und vorbei am Fuß mehrerer Felsformationen stoßen Sie auf denjenigen Weg, auf dem Sie die Wanderung begonnen haben, und kehren zum Ausgangspunkt beim **Kloster Beuron** E (3:00 Std.) zurück.

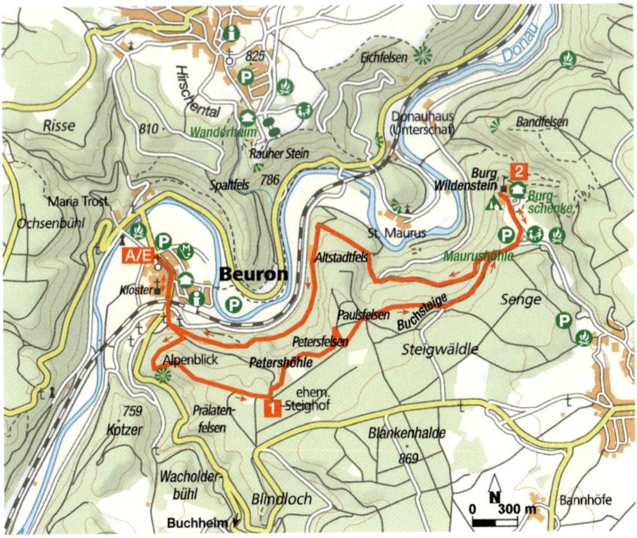

40 | 4:00 Std. | ↑ 370 hm ↓ 380 hm | ↔ 12 km

Zum Schaufelsen im Donautal

Die Streckenwanderung von Hausen im Tal nach Thiergarten führt auf einem Panoramaweg an der Kante des Donau-Durchbruchstals entlang zu Burgruinen und Aussichtsfelsen wie dem Schaufelsen, einer gut 500 m langen Felswand, die von der Talsohle etwa 200 m hoch aufragt.

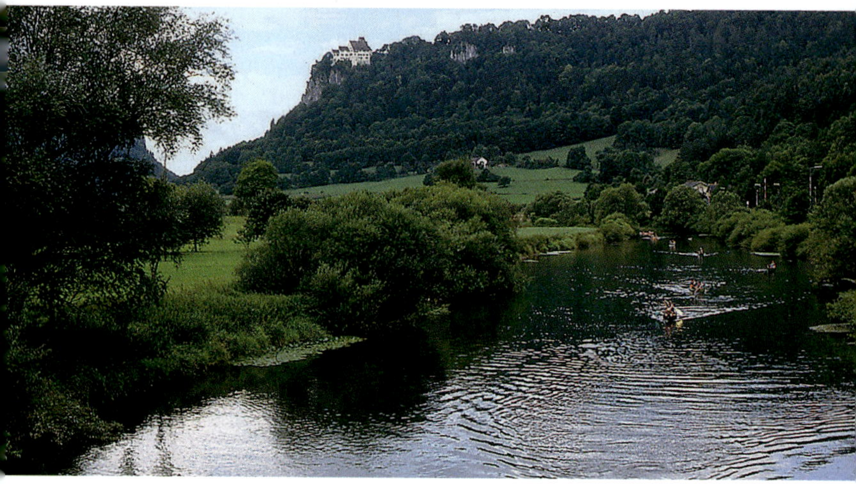

Kanufahrt auf der Donau; im Hintergund Schloss Werenwag

Wegbeschaffenheit
Zu Beginn und am Ende auf Straßen, sonst Wald- und Forstwege

Ausgangspunkt
Parkplatz bei Hausen im Tal

Anfahrt
Bahn: »Naturpark-Express« im Donautal, Mai–Mitte Okt. Sa, So, feiertags (www.naturpark-obere-donau.de); oder Bus Sigmaringen–Tuttlingen, täglich.
Pkw: Westlich von Hausen im Tal über die Donau zum Parkplatz

Der Wegverlauf

Beim **Parkplatz** **A** bei Hausen im Tal überqueren Sie die Donau – linker Hand erblickt man das auf einem Felsen stehende, nicht zugängliche Schloss Werenwag – und gehen entlang der Talstraße nach Hausen im Tal.

Dort folgen Sie der links nach Schwenningen abzweigenden Straße (Markierung rote Raute) und der Markierung hangaufwärts zum Ortsende. In

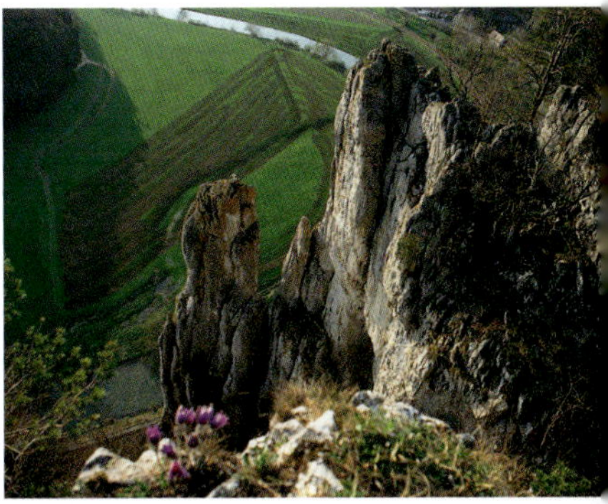

Blick vom Schaufelsen

Kehren führt ein Pfad am steilen, felsigen Talhang hinauf zur **Burgruine Hausen** ❶ **(1:00 Std.)**, ein herrlicher Aussichtspunkt, der auf einem Holzsteg über den Graben zugänglich ist (www.alleburgen.de).

Vor einem Forsthaus aus dem 19. Jh. wenden Sie sich an der Ecke der Umfassungsmauer des heute nicht mehr existenten Schlosses Hausen nach rechts und folgen der Talkante (Markierung rote Raute). Vorbei am Korneliusfelsen, an dem häufig Kletterer zu beobachten sind, erreichen Sie nach einigen Minuten einen Forstweg (Markierung rotes Dreieck), der an die Kante des Reiftals führt.

Ein rechts abzweigender Waldweg (Markierung rotes Dreieck) durchquert diesen Einschnitt im Talhang, und auf einem Wirtschaftsweg gelangen Sie bequem zu den **Steighöfen** ❷ **(2:15 Std.)** mit dem Naturfreundehaus »Donautal« (April–Ende Okt. Sa und So geöffnet; www.naturfreunde-tuttlingen.de).

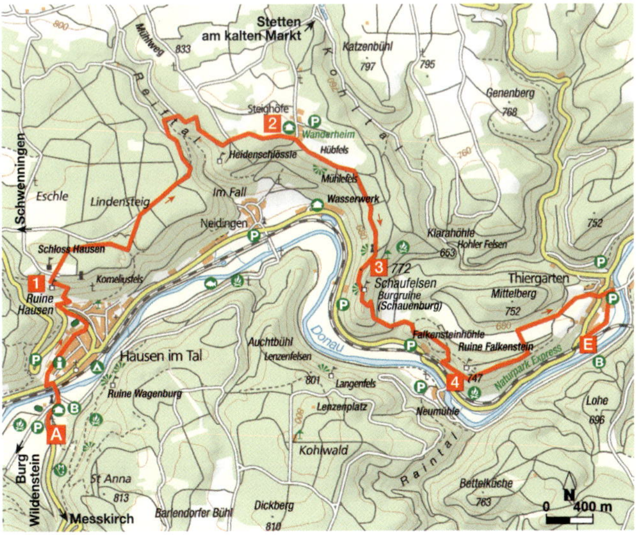

Ausblick vom Felsen

Nach dem steilen Anstieg über knapp 200 Hm aus dem Donautal hinauf zur Burgruine Hausen erleben Sie eine schöne Wanderung, auf der Sie über weite Strecken allein sind. Höhepunkt ist der Ausblick vom fast 200 m hoch aufragenden Schaufelsen, während Kinder das Gemäuer der Burgruine Falkenstein faszinieren wird.

Vorbei an den Aussichtspunkten Hülbfels und Mühlefels sowie an einer Grillstelle mit Schutzhütte gelangen Sie zu einem mit einem Geländer gesicherten Aussichtspunkt (772 m) auf den **Schaufelsen** ❸ **(2:45 Std.)**, einer Felswand, auf deren höchstem Punkt (780 m) die Mauerreste der Burgruine Schauenburg zu sehen sind.

In Kehren führt der Weg in eine trocken gefallene Donauschlinge hinab. Am Nordwesthang eines schmalen, parallel zur Donau verlaufenden und zum Fluss steil abfallenden Bergrückens steigen Sie wieder an und halten sich an einer Weggabelung rechts bergauf zu der auf einem mächtigen Schwammriff sitzenden **Burgruine Falkenstein** ❹ **(3:15 Std.)** (747 m; Grillstelle). Auf einem vorspringenden Felsen befinden sich die wenigen Reste der Burgruine Unterfalkenstein (www.junge-donau-magazin.de/falkenstein).

Am Nordhang des Bergrückens folgen Sie einem Weg, von dem Sie kurz darauf links abzweigen auf einen Pfad (Markierung rotes Dreieck) und die schmale Sohle eines flachen Tales durchqueren. Talabwärts gelangen Sie auf einem Wirtschaftsweg zu einem Steinbruch und auf dessen Zufahrtsstraße in den kleinen Ort **Thiergarten** E **(4:00 Std.)**. Der Ortsname erinnert an das Wildgehege der einstigen Burgherren von Falkenstein.

Obwohl die Markierung rote Gabel an der Durchgangsstraße nach rechts zur Bahnhaltestelle weist, empfiehlt es sich wegen des Autoverkehrs, die Straße zu überqueren und an der folgenden Straßenkreuzung nach rechts zur Bahnhaltestelle zu gehen.

Mit dem »Naturpark-Express« kehren Sie schnell und bequem nach **Hausen im Tal** zurück.

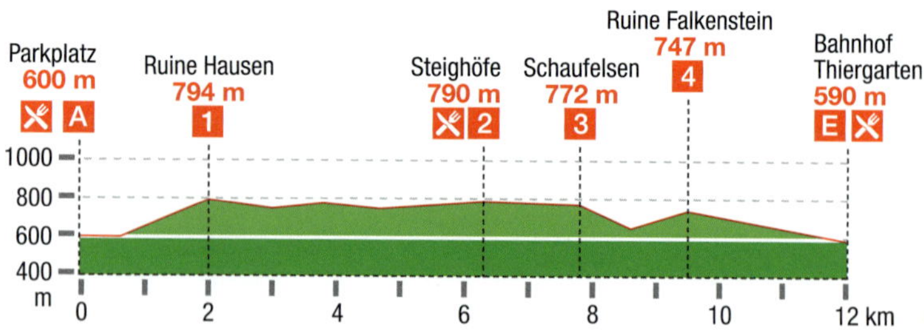

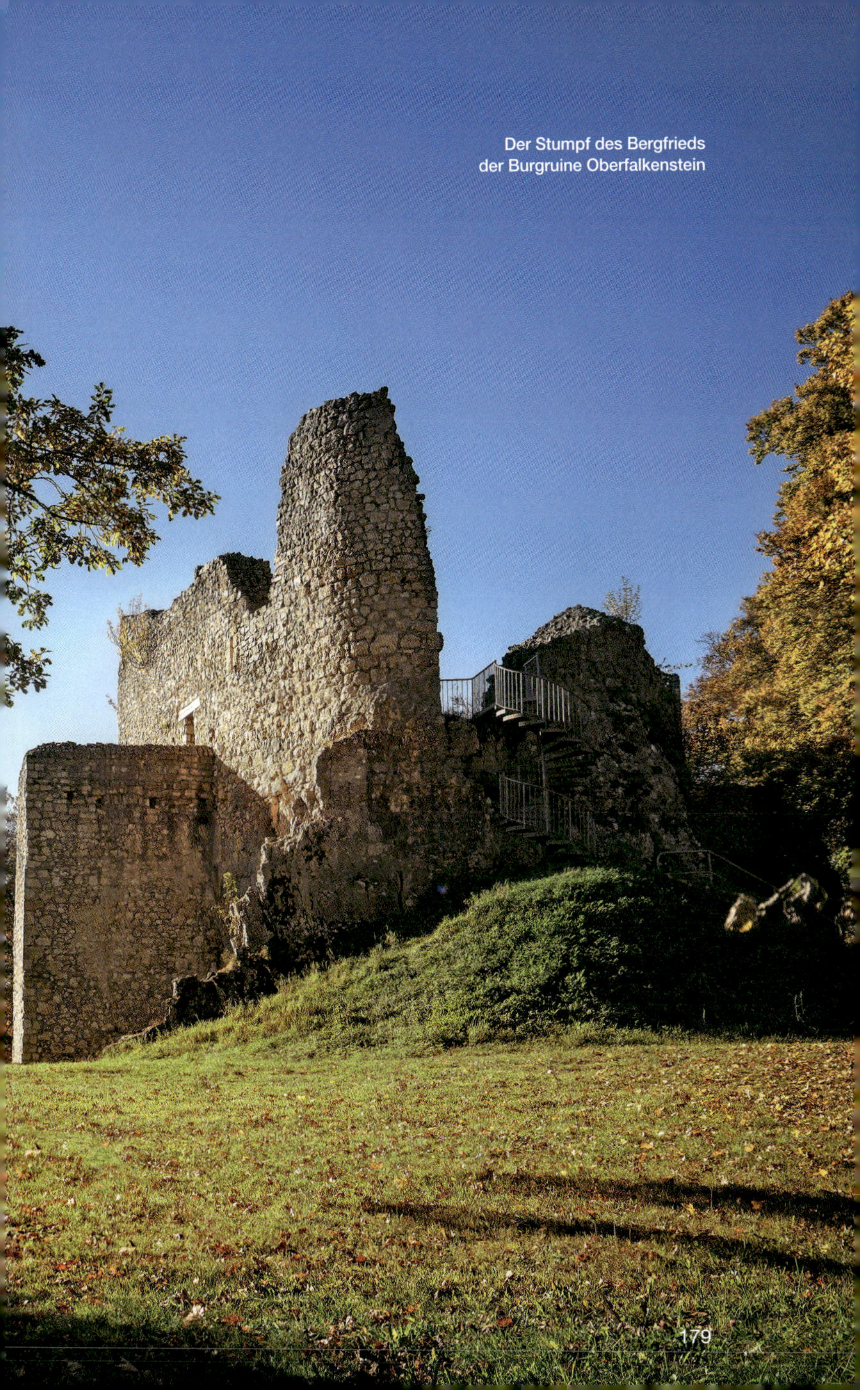

Der Stumpf des Bergfrieds
der Burgruine Oberfalkenstein

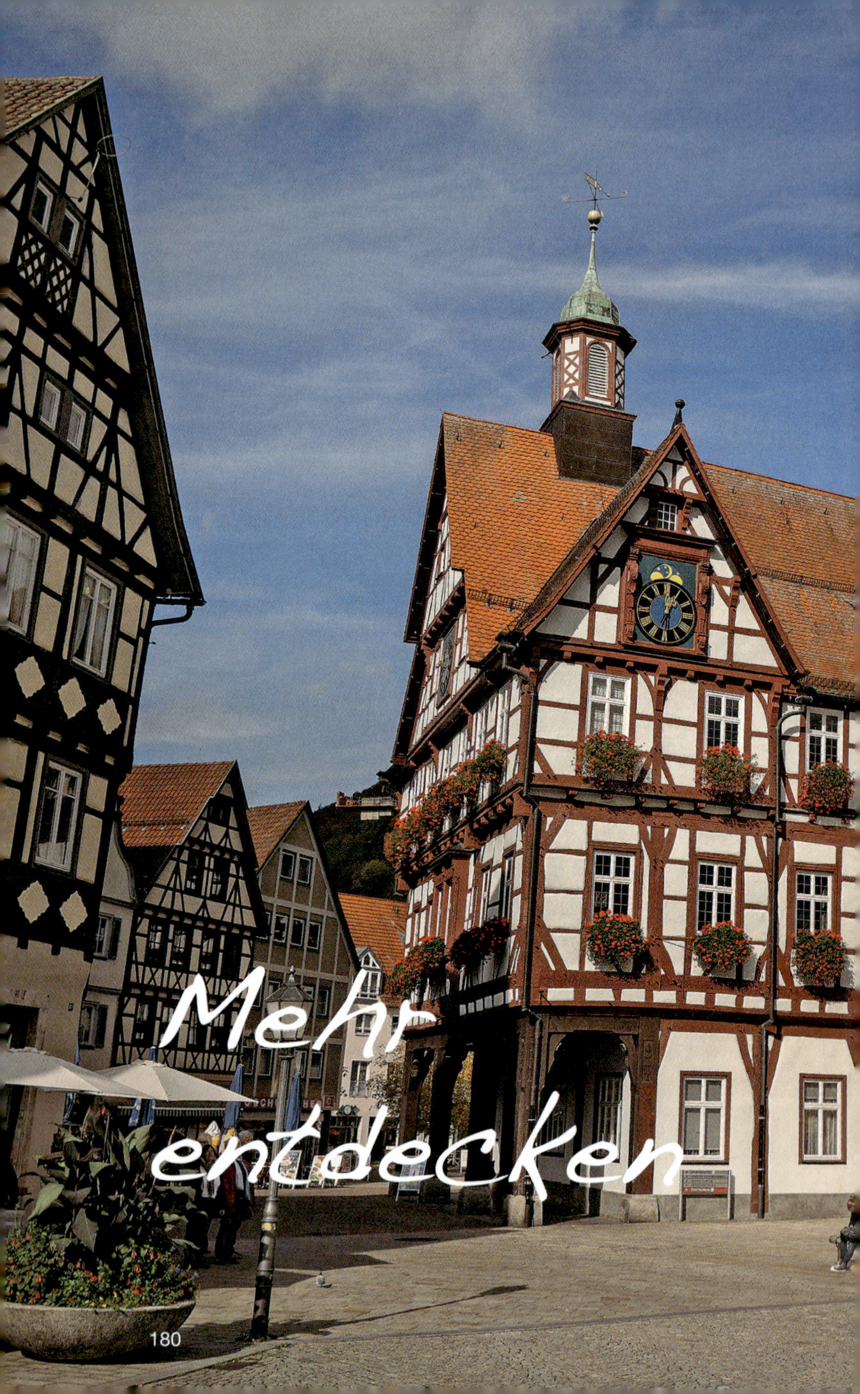

Mehr entdecken

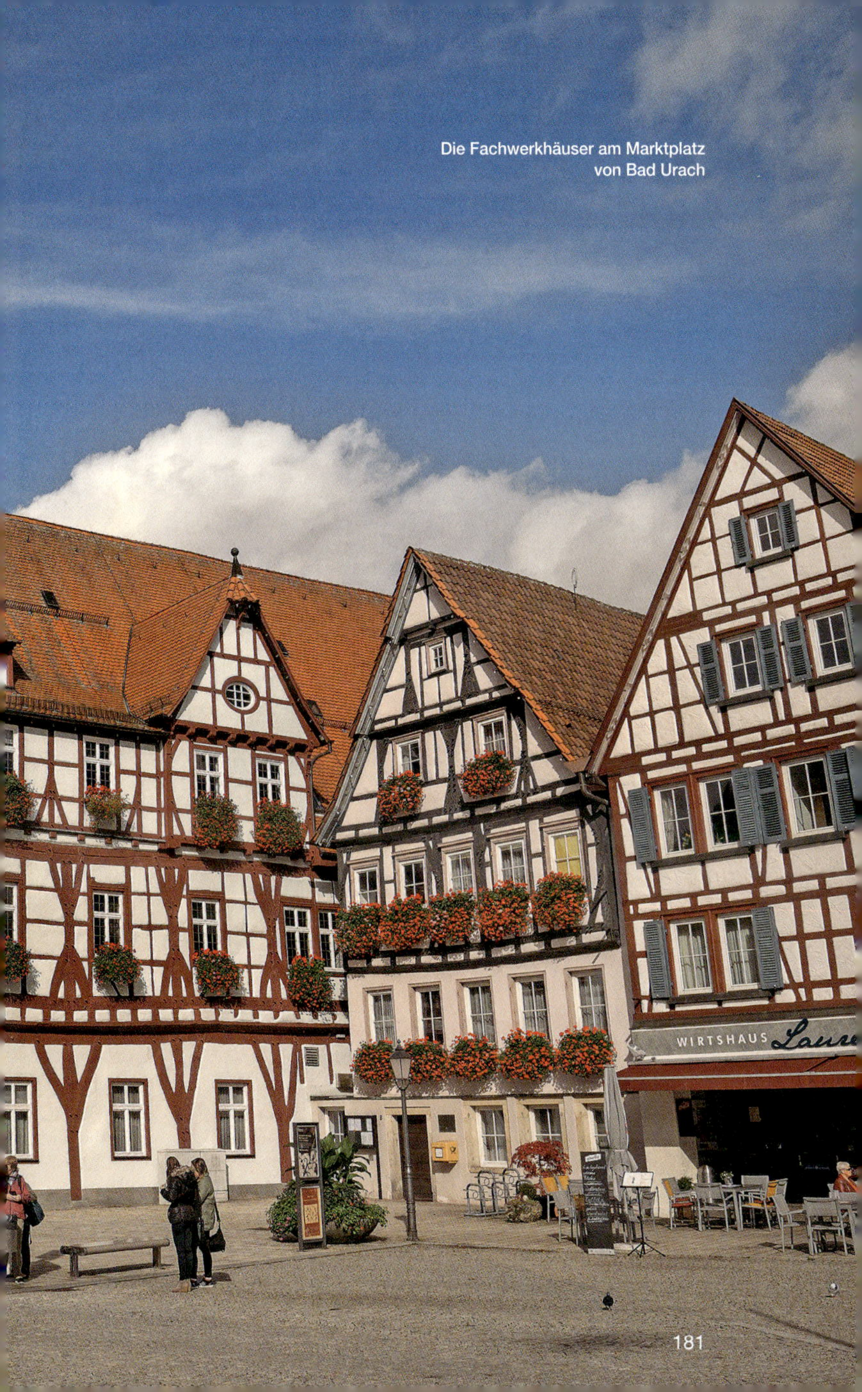

Die Fachwerkhäuser am Marktplatz
von Bad Urach

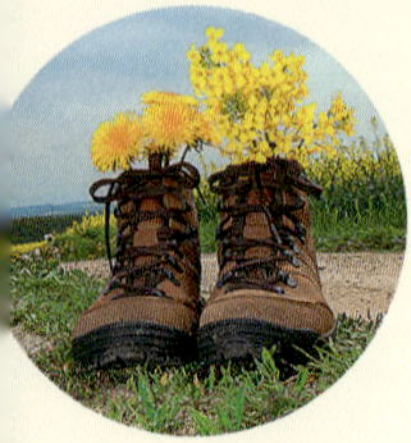

Mehr entdecken

Stadtrundgang Ulm

Vom Marktplatz mit dem gotischen Rathaus und vorbei am Stadtmuseum – hier ist der im Lonetal ausgegrabene »Löwenmensch« zu sehen – gehen Sie durch den Metzgerturm zur Donau und folgen nach rechts dem Donauschwabenufer, wo vor allem im 19. Jh. Auswanderer auf »Ulmer Schachteln« den Balkan erreichten und beispielsweise in Siebenbürgen und Bessarabien siedelten. Wenig später biegen Sie rechts ab in das alte Fischer- und Gerberviertel, passieren das Schwörhaus und halten sich geradeaus zum gotischen Münster. Nach Verlassen des Münsters halten Sie sich rechts in die Platzgasse zum Büchsenstadel und nach links zum Salzstadel (Brotmuseum). Durch die Pfauen- oder Platzgasse kehren Sie zum Münsterplatz zurück (www.ulm.de).

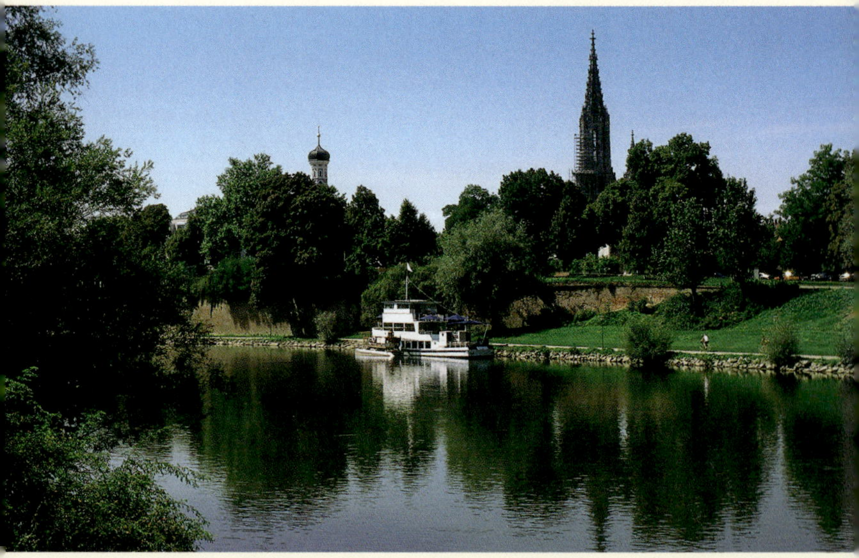

Rundgang in Blaubeuren

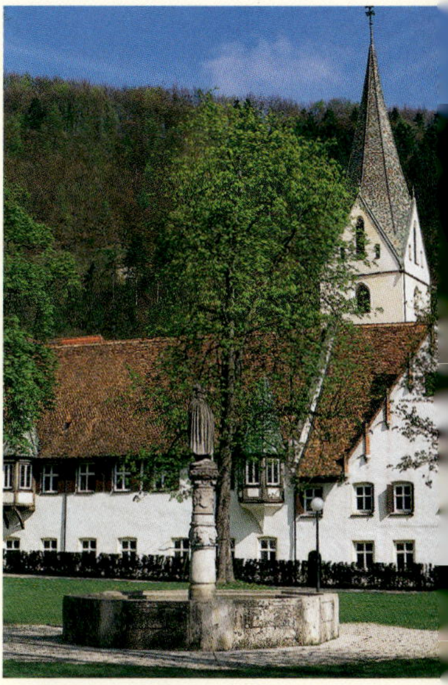

Im weitläufigen Klosterhof steht rechter Hand ein Fachwerkgebäude, das einstige Badehaus der Mönche, und in der ehemaligen Klosterkirche befindet sich eine Sammlung von Altarbildern. Durch das Klostertor und nach rechts erreichen Sie den Blautopf – nach starken Regenfällen ist das Wasser aufgrund der Schmutzpartikel im Wasser türkisgrün – mit einer Hammerschmiede. Sie kehren um und gelangen über die Blautopfstraße und nach links über die Klosterstraße zum Rathaus am Marktplatz und bei der Kirche zum höchst interessanten Urgeschichtlichen Museum (www.urmu.de). Ausgestellt sind unter anderem einige der weltberühmten, in mehreren Höhlen der Alb ausgegrabenen Elfenbein-Miniaturschnitzereien (www.blaubeuren.de).

Spaziergang in Bad Urach

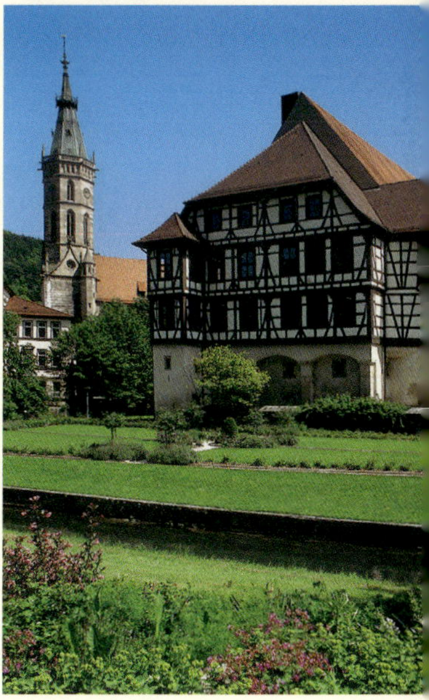

Der im engen Ermstal gelegene Kurort hat einen von Fachwerkhäusern eingerahmten Marktplatz, an dem das Rathaus mit Arkaden auffällt. Wenn Sie am spätgotischen Brunnen vor dem Rathaus der Kirchstraße folgen, stoßen Sie auf die spätgotische Amanduskirche. Gleich rechts der Kirche befindet sich ein ehemaliges Stift, und links der Kirche steht ein aus einer Wasserburg entstandenes Schloss. Geradeaus entlang der Kirche gelangen Sie zu einem Gebäude mit gelbem Fachwerk: In diesem Beginenhaus lebten Frauen in Gemeinschaft wie Nonnen, konnten die Gemeinschaft aber jederzeit wieder verlassen. Linker Hand steht die einstige Schlossmühle, heute eine Bibliothek.
Ein besonderes Erlebnis ist der Uracher Schäferlauf, der alle zwei Jahre (ungerade Zahl) stattfindet (www.badurach.de).

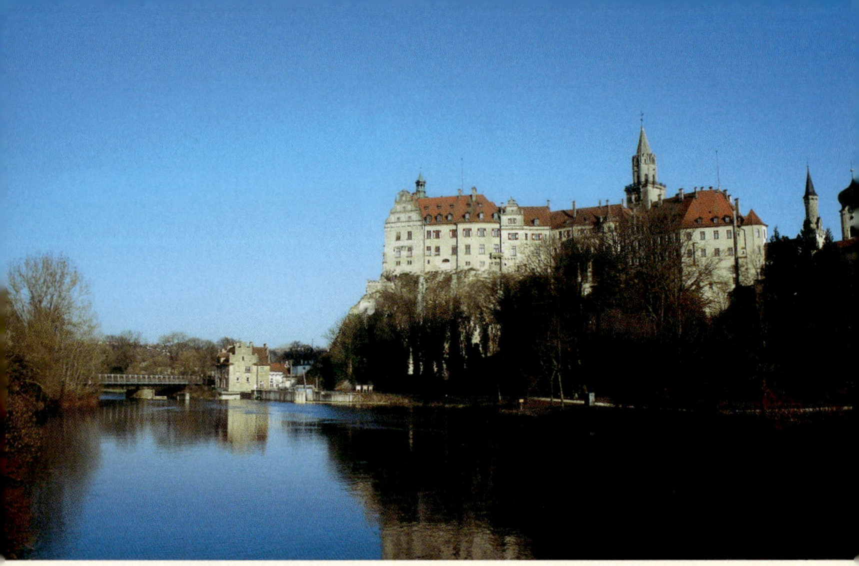

Schloss Sigmaringen

Das Schloss, das während der vergangenen Jahrhunderte immer wieder im jeweils modernen Architekturstil erweitert und umgebaut wurde, ist eine riesige Schatzkammer: Hier kann man Säle und Salons mit prächtigem Mobiliar und wertvollem Porzellan bewundern, Kunstwerke vor allem schwäbischer Maler, Bildhauer und Kunstschmiede, Jagdtrophäen in der Hubertushalle, Gobelins in der Portugiesischen Galerie, 3000 Ausstellungsstücke in der Waffenhalle, Kutschen und Schlitten im Marstallmuseum sowie Sammlungen zur Vor- und Frühgeschichte (Besichtigung nur im Rahmen einer Führung, geöffnet März–Okt. täglich 10–17 Uhr; www.schloss-sigmaringen.de).

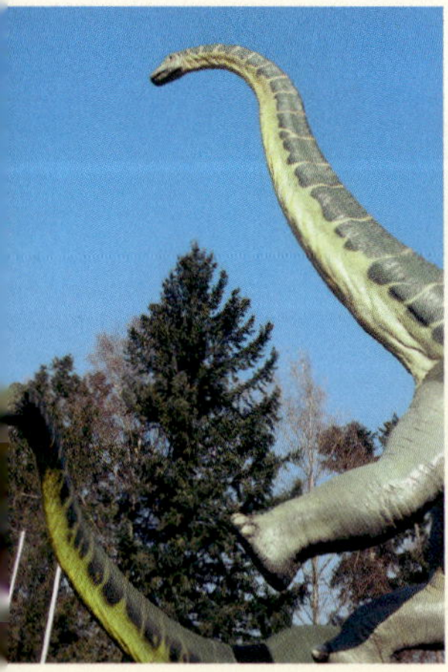

Urweltmuseum Hauff in Holzmaden

Seelilien, Fischsaurier, Flugsaurier: Rund 500 außergewöhnliche Fossilien aus den Schiefern von Holzmaden gibt's hier zu bewundern. Zudem sind auf dem Freigelände des Museums lebensgroße Nachbildungen einiger einst an Land lebender Saurier aufgestellt. Schaubilder, Modelle und ein Videofilm informieren über das Leben im einstigen Jurameer (geöffnet täglich außer Mo 9–17 Uhr; www.urweltmuseum.de).

Die keltische Heuneburg

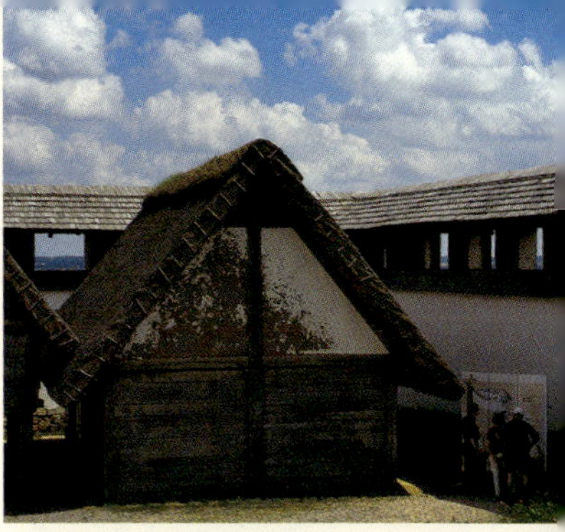

Probegrabungen im Waldgebiet nördlich der Heuneburg lassen vermuten, dass die aus dem 5. Jh. v. Chr. stammende Heuneburg als Herrensitz eines keltischen Stammesführers oder Fürsten der als Burg befestigte Teil einer umfangreichen Großsiedlung war. Rekonstruiert wurden ein Abschnitt der für das feuchte mitteleuropäische Klima ungeeignet erscheinenden Lehmziegelmauer und einige Holz-Strohdach-Häuser. In einem Gebäude ist eine Ausstellung untergebracht (geöffnet Mitte März bis Ende Okt. täglich außer Mo 10–17 Uhr; www.heuneburg.de).

Limesmuseum Aalen

Neben den freigelegten Grundmauern des größten römischen Reiterkastells nördlich der Alpen wurden ein großes Museumsgebäude und einige Kastellgebäude errichtet, wie sie vielleicht einmal ausgesehen haben. Die hier stationierte Kavallerie diente als schnelle Eingreiftruppe, falls Germanen den etwas weiter nördlich verlaufenden Limes angreifen sollten. Einmal im Jahr finden auf dem Museumsgelände Vorführungen wie Reiterkämpfe und Lagerleben statt (geöffnet täglich außer Mo 10–17 Uhr, kostenlose Führung am 1. So. jedes Monats um 14.30 Uhr; www.limesmuseum.de).

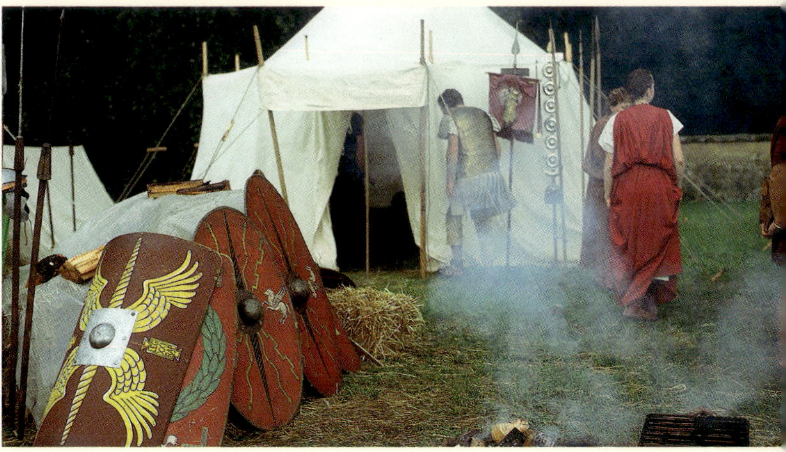

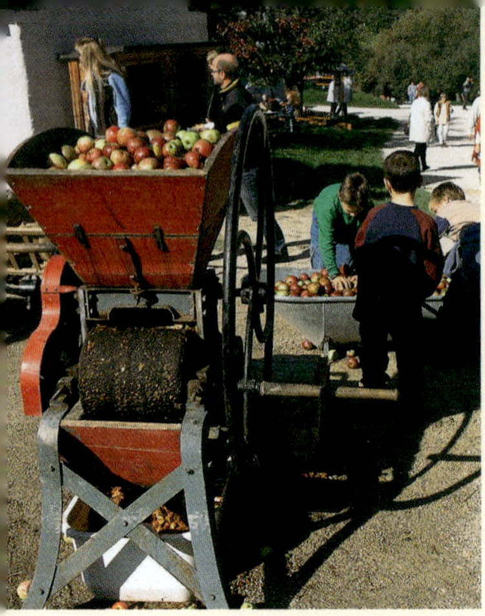

Freilichtmuseum Beuren

Am Fuß der Alb, zwischen Burg Teck und dem Hohenneuffen, stehen mehr als 20 originale Gebäude, die von ihren ursprünglichen Standorten hierher gebracht wurden. Außer den alljährlich stattfindenden Veranstaltungen wie Mostfest oder Schäfertag gibt es zahlreiche weitere Veranstaltungen unterschiedlichster Art, insbesondere auch für Kinder (geöffnet Mitte/Ende Mai bis Anfang Nov. täglich außer Mo 11–18 Uhr; www.freilichtmuseum-beuren.de).

Abtei Neresheim

Im 11. Jh. gegründet, geht das heutige Erscheinungsbild des Klosters auf das 18. Jh. zurück, als der Barockbaumeister Balthasar Neumann eine Neugestaltung vornahm. Faszinierend sind die Klosterbibliothek – leider nicht zugänglich, da im Klausurbereich der Mönche – und die Kirche. Mit der Grundfarbe Weiß und nur wenigen goldfarbenen Schmuckelementen wirkt sie sehr hell und freundlich. Ein ganz besonderes Erlebnis ist hier ein Konzert, denn die Akustik ist kaum zu übertreffen. Die Kirche ist frei zugänglich; Führungen. Die Kirche ist frei zugänglich. Wann Führungen, Konzerte und weitere Veranstaltungen stattfinden, erfahren Sie unter www.abtei-neresheim.de

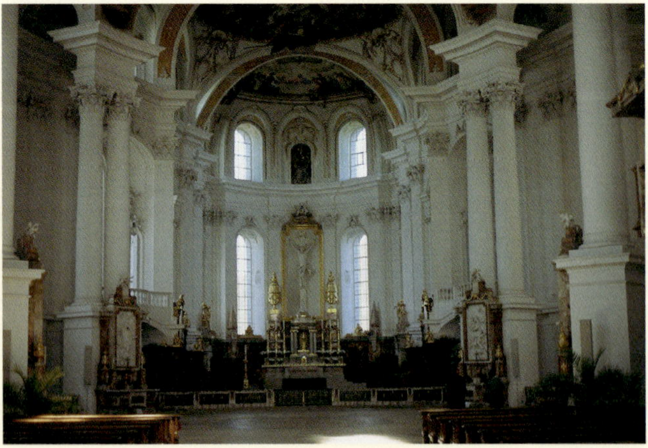

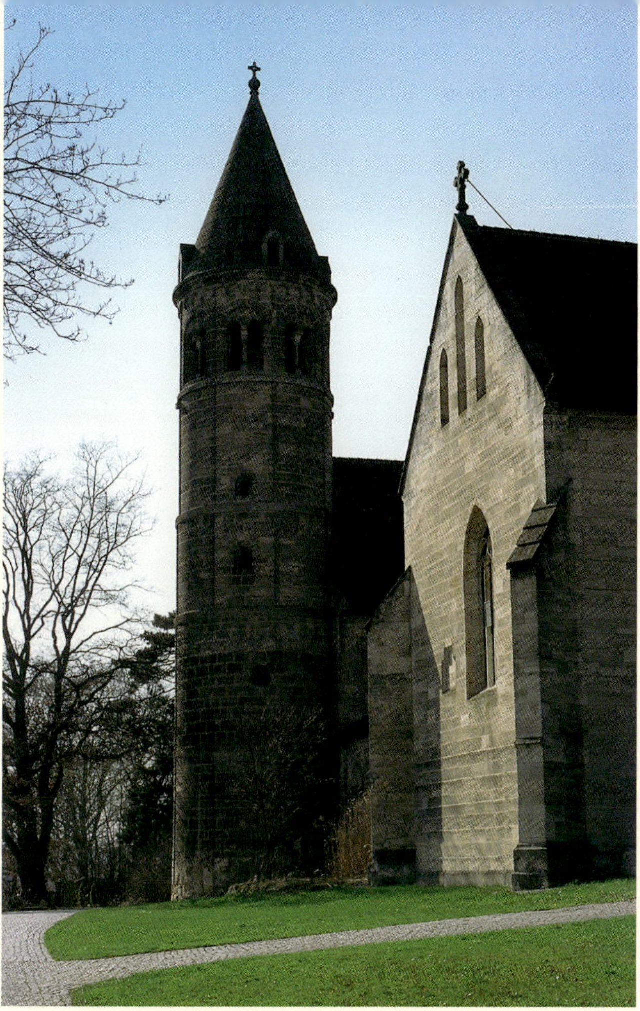

Kloster Lorch

Das im Remstal zwischen Schorndorf und Schwäbisch Gmünd stehende Kloster wurde von den Staufern, einer schwäbischen Hochadelsfamilie, vermutlich im 11. Jh. gegründet. Als »Hauskloster« sollte es der Familie als Grablege dienen; sicher bezeugt sind Bestattungen aber von nur wenigen Familienmitgliedern. Von den ursprünglichen Gebäuden im Stil der Romanik ist nur noch ein kleiner Teil erhalten, sehenswert ist ein modernes monumentales Rundbild zur Geschichte der Staufer im Kapitelsaal (Mi–So 11–18 Uhr; www.kloster-lorch.com).

Register

In gleicher Reihe erschienen ...

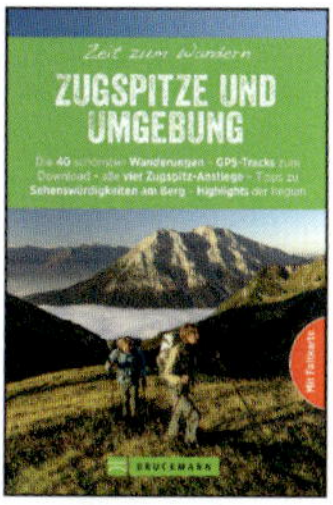

ISBN 978-3-7343-0761-4

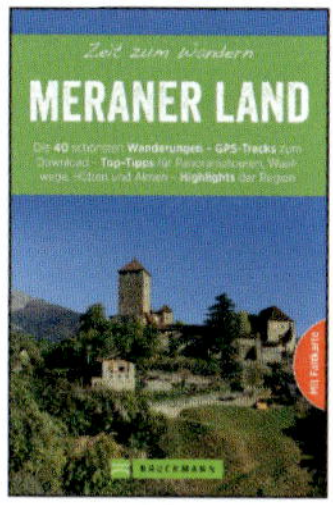

ISBN 978-3-7654-6071-5

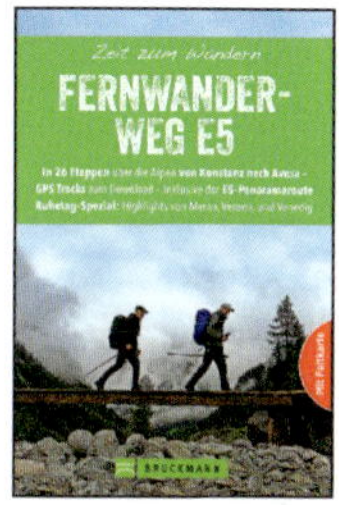

ISBN 978-3-7343-0759-1

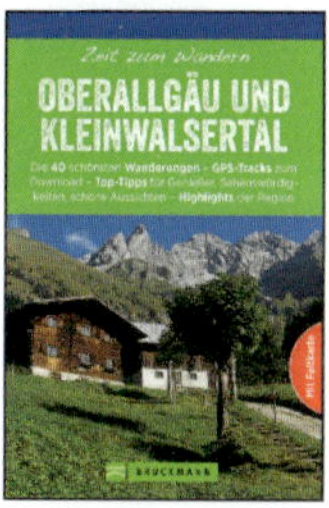

ISBN 978-3-7343-0461-3

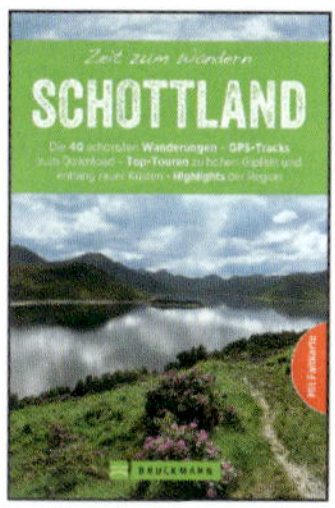

ISBN 978-3-7343-0763-8

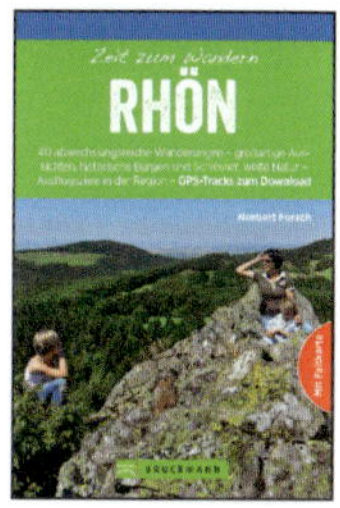

ISBN 978-3-7654-6021-0

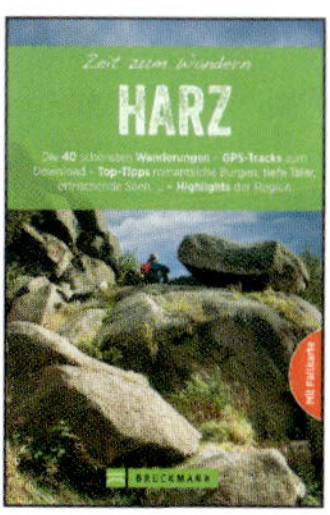

ISBN 978-3-7343-0760-7

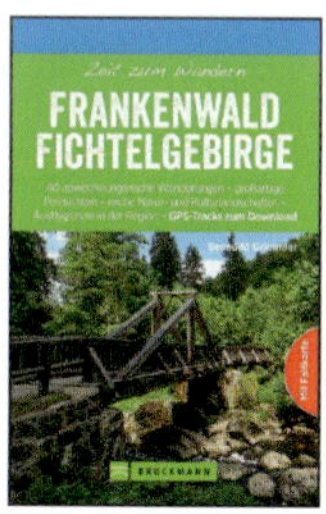

ISBN 978-3-7343-1190-1

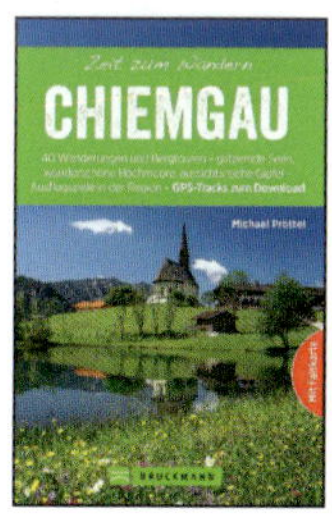

ISBN 978-3-7343-1189-5

Der Autor: Peter Freier lebt am Fuß der Schwäbischen Alb und erkundet mit seiner Frau Ute Freier als freier Reisejournalist seit über 20 Jahren ausgewählte Regionen Europas, insbesondere Südwestdeutschland und hier die Schwäbische Alb, Skandinavien und die Britischen Inseln. Bisher haben sie etwa 50 Reise- und Ausflugsführer, Rad- und Wanderführer erstellt.

Impressum

Verantwortlich: Stefanie Krüger
Redaktion: Anette Späth
Layout: BUCHFLINK Rüdiger Wagner
Kartografie: Bruckmann Verlag GmbH, Heidi Schmalfuß; Huber Kartographie, Heike Block

Umschlaggestaltung: ZERO Werbeagentur
Repro: Cromika/LUDWIG:media
Herstellung: Stephanie Schlemmer

Printed in Slovenia by Florjancic

★★★★★

Sind Sie mit diesem Titel zufrieden? Dann würden wir uns über Ihre Weiterempfehlung freuen. Erzählen Sie es im Freundeskreis, berichten Sie Ihrem Buchhändler, oder bewerten Sie beim Onlinekauf. Und wenn Sie Kritik, Korrekturen, Aktualisierungen haben, freuen wir uns über Ihre Nachricht an Bruckmann Verlag, Postfach 40 02 09, D-80702 München oder per E-Mail an lektorat@verlagshaus.de.

Unser komplettes Programm finden Sie unter

Empfehlung der Redaktion Sie sind auf der Suche nach weiterführender Literatur? Dann empfehlen wir Ihnen den Titel »Vergessene Pfade Schwäbische Alb« von Janina und Markus Meier. Oder Sie werfen einen Blick in die Zeitschrift »Bergsteiger«. Hier werden Sie bestimmt fündig.

Bildnachweis: Alle Bilder im Innenteil stammen vom Autor mit folgenden Ausnahmen: mauritius images/Udo Siebig: S. 14/15; lookphotos/Bayerl, Günther: S. 20/21; Cornel Meriuta/shutterstock.com: S. 28; lookphotos/Bayerl, Günther: S. 42/43; Christopher_Cook/shutterstock.com: S. 47; sunday pictures/shutterstock.com: S. 61; Japelka/shutterstock.com: S. 76/77; lookphotos/Pompe, Ingolf: S. 78; Juergen Schwab/shutterstock.com: S. 85; Moritz Klingenstein/shutterstock.com: S. 104; lookphotos/Strauß, Andreas: S. 116; MaximilianCaptures/shutterstock.com: S. 118; ThePhotoFab/shutterstock.com: S. 128; lookphotos/Bayerl, Günther: S. 136. 179 und 180/181

Umschlagvorderseite: Wandern im Naturpark Obere Donau (INTERFOTO/image BROKER/Mathias Heuser)

Die Deutsche Nationalbibliothek verzeichnet diese Publikation in der Deutschen Nationalbibliografie; detaillierte bibliografische Daten sind im Internet über http://dnb.d-nb.de abrufbar.

3. aktualisierte Neuauflage

ISBN 978-3-7343-0757-7